Klaus Günzel
»Viele Gäste wünsch ich heut' / Mir zu meinem Tische!«

VERLAG HERMANN BÖHLAUS NACHFOLGER
16 24
WEIMAR

Klaus Günzel

»Viele Gäste wünsch ich heut' Mir zu meinem Tische!«

Goethes Besucher im Haus am Frauenplan

1999
Verlag Hermann Böhlaus Nachfolger Weimar

Die Deutsche Bibliothek – CIP-Einheitsaufnahme

Günzel, Klaus:
»Viele Gäste wünsch ich heut' mir zu meinem Tische!« : Goethes
Besucher im Haus Frauenplan / Klaus Günzel. – Weimar :
Verlag Hermann Böhlaus Nachfolger, 1999
ISBN 3-7400-1099-1

Gedruckt auf chlorfrei gebleichtem, säurefreiem und alterungsbeständigem
Papier

ISBN 3-7400-1099-1

© 1999 Verlag Hermann Böhlaus Nachfolger Weimar
Umschlaggestaltung: Ise Billig
Umschlagmotiv: Hermann Junker, *Des Dichters Jubeltag, 7. November 1825*
(Stiftung Weimarer Klassik, Goethe-Nationalmuseum; Foto: Sigrid Geske)
Satz: Typomedia Satztechn. GmbH, 73760 Ostfildern
Druck und Bindung: Franz Spiegel Buch GmbH, Ulm
Printed in Germany

Inhalt

Prolog

Ein Magnet

Erste Zeit in Weimar: aus Goethe, dem Gast, wird ein Gastgeber – Die ersten Gäste: die Brüder Stolberg – Genietreiben im Gartenhaus an der Ilm – Die »kleinen Menschengesichter« – Ungebetene »Stürmer und Dränger«: Lenz und Klinger – Corona Schröter – Peter im Baumgarten – Der Kriegsrat Merck – Der Zeichenlehrer Oeser – Der Schauspieler Schröder – Der Theologe Tobler – Die Marchesa Branconi – Erhebung in den Adelsstand und Umzug ins Haus am Frauenplan

Er kam zunächst selbst nur als Gast – und wurde dann Weimars berühmtester Gastgeber.

Am Dienstag, den 7. November 1775, morgens um fünf Uhr, kam Goethe in Weimar an, durchgeschüttelt von der schwankenden Kutsche, die für die Fahrt von Frankfurt bis hierher vier Tage gebraucht hatte. Zwei Begleiter waren mit ihm gereist: im Auftrag des Herzogs der Kammerherr August von Kalb sowie, als soeben angestellter persönlicher Diener, der zwanzigjährige Philipp Seidel, Sohn eines Frankfurter Spenglers. Goethe folgte der Einladung Carl Augusts, des Herzogs von Sachsen-Weimar, der gerade, achtzehnjährig, die Regierungsgeschäfte aus der Hand seiner Mutter übernommen hatte. In Frankfurt war man sich nähergekommen, der junge thüringische Fürstensproß und der reichsstädtische Patriziersohn, der als Verfasser des *Götz* und des *Werther* schon ersten Poetenruhm genoß.

Beinahe wäre die geplante Tour unterblieben, da sich in Frankfurt die Kutsche nicht hatte blicken lassen. Goethe, nun einmal zum Reisen entschlossen, war daraufhin zu einer

1

Fahrt nach Italien aufgebrochen, vom Vater mit einer kleinen italienischen Handbibliothek ausstaffiert, und bis nach Heidelberg gekommen, wo ihn die Stafette des Herrn von Kalb eingeholt hatte. Er solle doch gleich, ließ man ihn wissen, seinen Reiseplan ändern, nach Frankfurt zurückkehren und dem Kammerherrn die Beschämung ersparen, ohne ihn in Weimar anzukommen. Es war, wie sich später herausstellte, der vielleicht wichtigste Augenblick in Goethes Leben, der eine Entscheidung erheischte zwischen dem Land, das jenseits der Alpen lockte, und dem verschlafenen Residenzstädtchen, das irgendwo im nebelverhangenen Osten lag.

Der Entschluß zugunsten Weimars war schnell gefaßt worden, und kaum etwas vermag die Dramatik der Stunde so in Worte zu fassen wie das *Egmont*-Zitat, mit dem Goethe seine Heidelberger Wirtin beschwichtigt haben will, die ihn von Weimar hatte abhalten wollen: »Kind, Kind! nicht weiter! Wie von unsichtbaren Geistern gepeitscht, gehen die Sonnenpferde der Zeit mit unsers Schicksals leichtem Wagen durch, und uns bleibt nichts, als mutig gefaßt die Zügel festzuhalten und bald rechts, bald links, vom Steine hier, vom Sturze da, die Räder abzulenken. Wohin es geht, wer weiß es? Erinnert er sich doch kaum, woher er kam!« Auf solche Weise, literarisch stilisiert, beschrieb Goethe, aus der Rückschau von mehr als einem halben Jahrhundert, die folgenreiche Szene, mit der die Autobiographie *Dichtung und Wahrheit* endet.

Nun also, an einem frühen Novembermorgen, fuhr die Kutsche in Weimar ein, gezogen nicht gerade von den »Sonnenpferden der Zeit«, sondern von schweren Gäulen, die, mühselig genug und an den Poststationen immer wieder ausgewechselt, über schlechte Wege und Stege getrottet waren. Sie hielten am Töpfenmarkt, vor dem nahe der Stadtkirche gelegenen Deutschherrenhaus, das dem Kammerpräsidenten Carl Alexander von Kalb gehörte, dem Vater von Goethes Reisebegleiter. Da es sich ja, wie es hieß, nur um einen Besuch handelte, konnte der junge Reichsstädter das Logis gern annehmen, das ihm der Kammerpräsident in seinem Haus anbot. Daß aus dem Besuch dann fast 57 Jahre werden sollten, war damals überhaupt nicht abzusehen.

Die ersten vier Monate davon verbrachte Goethe als Hausgast des Kammerpräsidenten, nächtigend in einem engen Gemach mit dem Diener Seidel, der sich als umsichtiger Helfer bewährte. Gleich an der ersten Mittagstafel, wenige Stunden nach seiner Ankunft, lernte er Wieland kennen, der vom Charme des Neuankömmlings regelrecht angetan war. »Wie ganz der Mensch beim ersten Anblick nach meinem Herzen war! Wie verliebt ich in ihn wurde, da ich am nämlichen Tage an der Seite des herrlichen Jünglings zu Tische saß«, schwärmte Wieland, als Protagonist des Zeitalters der Empfindsamkeit in einem Brief, obwohl er doch noch vor kurzem durch den jungen Mann in einer boshaften Farce lächerlich gemacht worden war. Das gemeinsame Mittagessen begründete eine Lebensfreundschaft, die bis zum Tod des Älteren anhalten sollte.

Wieland war Goethes erste Eroberung in Weimar, der er nun fast täglich weitere folgen ließ. »Jedermann hing an ihm, sonderlich die Damen«, erzählte später Carl Ludwig von Knebel, der Erzieher von Carl Augusts jüngerem Bruder, dem Prinzen Constantin. Besonders schlugen die Herzen der Damen höher, wenn der Autor des *Werther* in der Kleidung seines tragischen Helden einherschritt: in blauem Frack, gelber Weste und Hose sowie braunen Stulpenstiefeln, den runden Filzhut lässig schwenkend. Jedoch schien der Weltschmerz Werthers einer heiteren Grazie gewichen zu sein, die den Gast aus der Krönungsstadt römisch-deutscher Kaiser mit dem Flair des geschmeidigen Kavaliers versah. Daß er gleichwohl kein glatter und frivoler Höfling war, sondern ein wirklicher Dichter und phantasiereicher Projektemacher, erkannten einige der Weimarer Damen sofort. Zu ihnen gehörten die bisherige Regentin Herzogin Anna Amalia, die sich jetzt ganz ihrem Musenhof widmete, und deren Schwiegertochter, die junge Herzogin Louise, die unmittelbar vor Goethe, aus Darmstadt kommend, hier eingetroffen war.

Wohl schon am 11. November, vier Tage nach seiner Anreise, lernte er die Frau kennen, mit der er demnächst einen schwierigen, an Glanz und Verzicht reichen Seelenbund stiften sollte: Charlotte von Stein, die Gattin eines Mannes, der als Oberstallmeister im herzoglichen Dienst stand.

An und für sich war Weimar kaum ein Ort, der einen weltläufigen Gast hätte fesseln können. Noch zehn Jahre später nannte Herder das Gemeinwesen ein »unselig Mittelding zwischen Hofstadt und Dorf«, und in der Tat lebten die meisten der etwa 6000 Einwohner vom Hof oder von der Landwirtschaft. In den engen Gassen lagen Abfälle und Fäkalien zuhauf, das Vieh schritt darüber hinweg, wenn es auf die Weiden vor den Toren der Stadt getrieben wurde. Aber auch der »Hof« war alles andere als eine illustre Institution, seit – anderthalb Jahre vor Goethes Ankunft – das Schloß den Flammen zum Opfer gefallen war. Carl August residierte mit seiner jungen Gemahlin im »Fürstenhaus«, einem schmucklosen und tristen Verwaltungsgebäude, das eigentlich für die Sitzungen der Weimarer Landstände errichtet worden war. Den prächtigen Säulenvorbau, der es heute ziert, erhielt das kasernenhaft wirkende Anwesen, das Carl August einen »viereckigen Kasten« nannte, erst über hundert Jahre später. Die Herzogin-Mutter Anna Amalia logierte im Wittumspalais, das ihr der Minister von Fritsch nach dem Schloßbrand zur Verfügung gestellt hatte, wenn sie nicht gerade in den Schlößchen von Ettersburg oder Tiefurt ihrem kleinen Musenhof präsidierte.

Alle diese Herzogs- und Witwensitze waren vergleichsweise schlicht und anspruchslos, keinesfalls mondän oder gar prächtig. Geschmack, Esprit und Phantasie mußten die fehlenden pekuniären Mittel weitgehend ersetzen. Von hier aus wurde das Herzogtum regiert, dessen einzelne Flecken, hervorgegangen aus mehreren Erbteilungen und geographisch nicht miteinander verbunden, bis nach Eisenach reichten. Es war eine zusammengewürfelte Kleinwelt, mehr desolat als idyllisch, deren Duodezformat auch die »Armee« entsprach, die aus 571 Mann bestand.

Ob Carl August bei der Einladung Goethes nach Weimar bereits genauere Vorstellungen von der künftigen Rolle seines Gastes im Residenz-Getriebe hatte, ist unklar, aber nicht auszuschließen. Vorläufig gefielen sich die beiden Jünglinge erst einmal in einem geräuschvollen Sturm-und-Drang-Gehabe, das wie die wilde Jagd über die braven Untertanen hereinbrach. Man knallte ohrenbetäubend mit Hetzpeitschen auf dem Markt, warf Gläser aus den Fenstern des Fürstenhauses auf die Straße, fegte mit einer kläffenden Hundemeute über Stock und Stein. Von solchem Lärm hallte Deutschlands literarische Provinz wider, und Klopstock, der feierliche Sänger des *Messias*, suchte Goethe in einer strengen Epistel zur Ordnung zu rufen. Der Gescholtene reagierte erst nach zwei Monaten, wegwerfend, wie auf eine ungebührliche Zumutung: »Verschonen Sie uns ins Künftige mit solchen Briefen, lieber Klopstock!« Dadurch war nun allerdings der Bruch mit diesem Repräsentanten der Humanität, in dem viele den größten Dichter der Nation sahen, ein für allemal vollzogen.

Das rüde Treiben, das den Streichen flegelhafter Studenten ähnlicher sein mochte als dem abgezirkelten Zeremoniell eines Fürstenhofs, trog jedoch. Schon bald muß der Herzog entschlossen gewesen sein, Goethe in das Geheime Consilium, die oberste Regierungsbehörde des Landes, zu rufen. Seinen Entschluß setzte er gegen die Bedenken des Ministers von Fritsch, des Präsidenten dieses Gremiums, beharrlich durch. »Goethe kommt nicht wieder von hier los. Carl August kann nicht mehr ohne ihn schwimmen noch waten. 's ist aber noch nichts Entschiedenes«, raunte Wieland schon im Januar 1776 hinter vorgehaltener Hand einem auswärtigen Korrespondenten gegenüber. Vier Monate später, Anfang Mai, ritt Goethe zum ersten Mal nach Ilmenau, um dort die Möglichkeit der Reaktivierung des seit langem zerstörten Bergwerks zu prüfen. Es war nur der Beginn eines zwanzig Jahre anhaltenden Bemühens reich an Rückschlägen, aber auch an mineralogisch-geologischen Studien, die eine lebenslange Passion werden sollten. Im Juni war es dann so weit: Der Favorit des Herzogs erhielt als Legationsrat Sitz und Stimme im Geheimen Consilium. Der Stürmer und Dränger begab sich auf einen schwierigen Weg, hin zu Selbstdisziplinierung und immer wieder neuen »Häutungen«.

Jedenfalls muß ihm bereits im März 1776 klar gewesen sein, daß der »Besuch« in Weimar ein wenig länger dauern würde. Er verließ das Deutschherrenhaus des Herrn von Kalb und mietete eine Wohnung im Haus des Hofkassierers König hinter der Wache, mit der Sicht auf die Ruine des niedergebrannten Schlosses. Zeitweilig stand ihm auch ein Quartier im Erdgeschoß des Fürstenhauses zur Verfügung sowie, als besonders geschätztes »Absteigequartiergen«, ein Logis in der Seifengasse, der Frau von Stein unmittelbar benachbart.

Goethe, der einstweilen nur als Gast gekommen war, zog von Anfang an einen Kometenschweif weiterer Gäste hinter sich her nach Weimar. Früh mußten sogar seine Gegner erkennen, daß die bisher nicht eben attraktive Residenzstadt in ihm einen wahren Magneten gewonnen hatte, der originelle Köpfe anzulocken vermochte. Zu den ersten Besuchern, die seinetwegen kamen, gehörten die Reichsgrafen zu Stolberg, zwei poetische Enthusiasten aus Norddeutschland, mit denen Goethe bereits die erste Reise in die Schweiz absolviert hatte. In Weimar trafen sie Ende November 1775 ein, kaum drei Wochen nach Goethes Ankunft.

Das »Genietreiben« war hier bereits im vollem Gang, sehr zur Begeisterung der beiden Grafen. Ein Aschenkrug, hervorgescharrt aus einem alten Grabhügel, diente Friedrich Stolberg als Pokal, den er auf die Gesundheit Thuiskons leerte, des Stammvaters der Germanen, von dem sich alle »wahrhaft Teutschen« herleiteten. Danach tranken die versammelten Zechgenossen aus dem Scherben, auch Goethe und der Herzog. Einmal las Goethe seinen *Urfaust* vor. »Ein herrliches Stück«, fand Friedrich Stolberg, »die Herzoginnen waren gewaltig gerührt bei einigen Szenen.« Eines Abends, so

Stolberg weiter, sei die »Herzogin-Mutter mit der schönen Frau von Stein« feierlich durch die Tür geschritten, »jede ein drei Ellen langes Schwert aus dem Zeughause in der Hand, um uns zu Rittern zu schlagen«. So verfuhren die beiden Damen mit den Genies, die sich halb gerührt, halb lachend dem Mummenschanz unterwarfen. »Nach Tische wurde lange blinde Kuh gespielt. Einigen steifen Hofleuten waren wir, glaub' ich, ein Dorn im Auge, aber alle guten waren uns herzlich gut. Den letzten Abend, nachdem wir uns schon bei Hofe beurlaubt hatten, aßen wir mit Goethe und Wieland allein.«

Der Herzog hätte nur zu gern auch Friedrich Stolberg als Kammerherrn für Weimar gewonnen, aber dieser Plan scheiterte am Einspruch Klopstocks. Wie er Goethe, dem leichtfüßigen Fürsten-Günstling, die Freundschaft kündigte, so wollte er seinen literarischen Schützling Stolberg nicht an die Weimarer Lotterwirtschaft verlieren.

Solche Vorfälle und mehr noch der inzwischen fest begründete Freundschaftsbund mit Goethe mögen Herzog Carl August vor Augen geführt haben, wie wichtig es war, den gewonnenen Magneten dauerhaft in seinen Hof und in sein Land zu integrieren. Er mußte in der Stadt seßhaft werden, um hier beständig wirken zu können. Mit der Berufung ins Consilium war es noch nicht getan, aus dem Frankfurter Gast mußte ein Weimarer Bürger werden, damit sein Aufenthalt kein brillantes Feuerwerk blieb, das schnell verpuffte. So griff der Herzog persönlich ein, als sein Favorit Interesse an einem verfallenen Gartenhaus bekundete, das vor den Toren der Stadt, ganz in der Nähe der Ilm, zum Verkauf stand. Das hohe Dach war brüchig, die Esse schadhaft, der Garten verwildert. Goethe nahm es als Anreiz, ein kleines Reich nach eigenen Vorstellungen zu gestalten. Am 21. April 1786, einem Sonntag, wurden Haus und Garten sein Eigentum, ihm vom Herzog zum Geschenk gemacht.

Goethes erste Weimarer Zeit schien von einem rasanten Tempo beherrscht zu sein. Vor noch nicht einem halben Jahr war er hier angekommen, jetzt war er als Grundeigentümer zum Bürger der Stadt geworden. Ebenso rasch wurde nun das Grundstück am »Stern«, dem alten Wegekreuz unweit des rechten Ilmufers, in eine belebte Idylle verwandelt, die Raum zur Arbeit, zur Ruhe und zum geselligen Umgang mit Gästen bot. Unter der Aufsicht des neuen Hausherrn waren Handwerker, Gärtner und Tagelöhner geschäftig. Binnen vier Wochen wurde das Häuschen wieder bewohnbar, während der Garten anmutige Wege und Terrassen erhielt und frisch bepflanzt wurde. »Hab ein liebes Gärtgen vorm Tore an der Ilm schönen Wiesen in einem Tale. Ist ein altes Häusgen drinne, das ich mir reparieren lasse. Alles blüht, alle Vögel singen. Es ist eine herrliche Empfindung dahausen im Felde zu sitzen. Alles ist so still. Ich höre nur meine Uhr dacken, und den Wind und das Wehr von fern«, hieß es in einem Brief an Auguste Stolberg, die Schwester jener beiden norddeutschen Grafenbürder. Hier, im »Erdsälgen« des eigenen Hauses und draußen bei den eben erst eingewurzelten Rosenstöcken, konnte Goethe, der Gast, selbst zum Gastgeber werden.

Die ersten Besucher, die das Besitztum in Augenschein nahmen, kamen aus dem nächsten Umkreis: die Herzogin-Mutter Anna Amalia, die Herzogin Louise, die mit einem Frühstück bewirtet wurde, sowie Carl August, der großzügige Stifter. Bereits Ende April fand sich Frau von Stein mit ihren Kindern ein, die Goethe »Grasaffen« zu nennen pflegte. Am 10. Mai berichtete die Oberstallmeisterin einem Bekannten: »In Goethens Garten hab ich schon einmal Kaffee getrunken und von seinem Spargel gegessen, den er selbst gestochen und in seinem Ziehbrunnen gewaschen hatte. In Goethens Garten ist die schönste Aussicht, die hier zu haben ist. Er liegt an einem Berg, und unten ist die Wiese, die von einem kleinen Fluß durchschlungen wird.«

Der Junggesellenhaushalt wurde vom Diener Philipp Seidel versorgt, dem sich als zweiter Helfer bald Christoph Sutor zugesellte, der Sohn eines Erfurter Bäckers. Für das

Goethes Gartenhaus im Park an der Ilm.
Nach einer Zeichnung von Otto Wagner, 1827.

leibliche Wohl des Wirtes und seiner Gäste war Dorothee
Wagenknecht zuständig, von nun an Goethes Köchin für fast
anderthalb Jahrzehnte. Paul Götze, der sechzehnjährige Sohn
eines duchgebrannten Militärmusikanten, kam ins Haus und
erwies sich als ein geschicktes Universal-Faktotum, auch
geeignet als Schreiber, Kutscher und umsichtiger Organisator. Das war der Kern von Goethes Personal, ohne das er den
Zustrom der Besucher kaum hätte bewältigen können.

Eine Attraktion eigener Art, die allen in Erinnerung blieb,
waren die heiteren Stunden, in denen Goethe die Kinder
seiner Freunde oder aus anderen Weimarer Familien willkommen hieß. »Ihr kleinen Menschengesichter!« titulierte er
die Buben und Mädchen, wenn sie sich in seinem Garten zu
einem Sommerball einfanden. Er soll dabei stets seine Hof-
gala angelegt und mit einer der kleinen Damen den Ball
eröffnet haben, um anschließend dem Trubel der Kinder
freien Lauf zu lassen. Manchmal brachte er ihnen Kunststücke bei, so den Kindern der Frau von Stein das Backen von
Eierkuchen oder das Balancieren auf einem Seil.

Besonders umjubelt waren die Überraschungen, die der
einfallsreiche Herr des Hauses seinen kleinen Gästen zu
Ostern bescherte. Karl von Lyncker, damals Page am Hof und
später Landrat in Jena, erzählt aus der Rückschau von mehr
als 60 Jahren von diesen Lustbarkeiten:»Ein in Weimar noch
nie gesehenes Fest gab der junge Legationsrat Goethe am
Oster-Heiligabend [Gründonnerstag] in seinem soeben erst
bezogenen, an den oberweimarischen Wiesen gelegenen Garten eine Menge Knaben aus guten Häusern. In allen Winkeln
des Gartens waren Orangen und bunte Eier versteckt, die wir
suchen mußten. Alles war erlaubt. Unsere Hofmeister
schmausten an einem besonderen Tische und durften uns
nicht stören. Gegen Abend ließen sich dann zwei hohe wan-
delnde Pyramiden sehen, welche mit Eßwaren aller Art,
namentlich mit Bratwürsten, Karbonaden und dergleichen
behangen waren. An diesen sprang die muntere Jugend in
die Höhe, rupfte sich nach Belieben herunter, was ihr an-

nehmlich schien, und geriet vor lauter Lust dergestalt außer sich, daß sie die eine umwarf, aus welcher Bauinspektor Götze, damals noch Paul genannt, zu allgemeinem Gelächter hervorkroch.«

Solche scherzhaften Spiele zeigen den Goethe der ersten Weimarer Jahre als eine Lichtgestalt, fast zu harmlos, um vermuten zu lassen, daß er doch dabei war, inneren und äußeren Abstand zu der Frankfurter Jugendzeit zu schaffen. Aber es kamen auch andere Gäste, die lange Schatten warfen. Einer von ihnen war Jacob Michael Reinhold Lenz, seit der Straßburger Zeit einer der engsten Freunde. Er kam Anfang April 1776, uneingeladen, vielleicht um am Glück des »Bruders« Goethe teilzunehmen. Auch hatte er von der lustigen Wirtschaft am Weimarer Hof gehört und deshalb angenommen, daß dort ein frischer Wind wehen müßte. Verhieß das nicht ein Leben, das ihm, dem Verächter der Konventionen, gefallen konnte? Goethe ging gerade mit dem Gedanken um, sich im Gartenhaus an der Ilm einzunisten, und Lenz war es dann auch, dem er als ersten eine Übernachtung im neuen Domizil gestattete.

Vorläufig fand er ein Obdach im Gasthof »Zum Erbprinzen«, neben dem »Elephanten« am Marktplatz. Er war völlig mittellos, dazu seelisch lädiert durch ein unwürdiges Hofmeister-Dasein und durch unglückliche Liebesaffären, von denen eine Friederike Brion, der verlassenen Freundin Goethes in Sesenheim, gegolten hatte, ohne daß er bei ihr zum Zuge gekommen war. Jetzt schien Goethe der letzte noch sichere Nothelfer zu sein. Lenz sandte ihm einen Zettel, versehen mit den Worten: »Der lahme Kranich ist angekommen. Er sucht, wo er seine Fuß hinsetze.«

Zunächst ließ sich alles ganz gut an. Lenz war als Literat damals kaum weniger bekannt als Goethe, seine beiden Tragikomödien *Der Hofmeister* und *Die Soldaten* hatte er schon geschrieben. Er wurde am Hof herumgereicht, wo man seine Bizarrerien amüsant fand. Goethe nahm ihn kameradschaftlich auf und fragte sogleich bei Frau von Stein an: ». . . darf ich heute früh mit Lenzen kommen...?« Als Gast des Gartenhauses an der Ilm steht sein Name mehrfach in Goethes Tagebuch: »Geschl[afen] mit Lenz im Garten.« (23. Mai) – »Nachts im Garten mit Lenz.« (10. Juni) – »Herrlicher Abend mit Wieland und Lenz, von Vergangenheiten.« (23. Juni)

Sie mögen oft von gemeinsamen Straßburger »Vergangenheiten« gesprochen, dabei auch pokuliert und gelacht haben, aber von einer gemeinsamen Weimarer Zukunft war wohl von Anfang an nicht die Rede. Erst allmählich muß es Lenz deutlich geworden sein, daß der Freund damit beschäftigt war, Ordnung in das eigene Dasein zu bringen und sich in einer überschaubaren Welt seßhaft zu machen, deren Spielregeln er anerkannte. Es waren Normen, die auch am Weimarer Hof weiterhin galten und durch die mutwilligen Streiche des Herzogs und seines Favoriten keineswegs außer Kraft gesetzt wurden. Lenz verkannte dies alles in der ersten Zeit, fiel durch kuriose Reformvorschläge auf und schmachtete ganz ungeniert die Herzogin Louise an, von der er wußte, daß sie mit Carl August in einer traurigen Ehe lebte. Er war nicht imstande und auch nicht willens, seine Manieren auf eine Sphäre zurechtzuschleifen, in der ihn allenfalls die Rolle eines shakespeareschen Hofnarren oder das Schicksal eines Tasso erwartet hätte.

Wann sich der Himmel über Lenzens Weimar-Aufenthalt verdüsterte, ist schwer auszumachen, auch sind die Einzelheiten seiner »Verfehlungen« nicht überliefert. Als ihm dämmerte, daß er für Goethe zu einer Belastung zu werden begann, entwich er für einige Zeit ins nahe Berka, wo er, umgeben von Wiesen und Wäldern, an seinem unvollendet gebliebenen Briefroman *Der Waldbruder* werkelte. Darin ist der Gegensatz zwischen ihm, der sich hier »Herz« nennt, und Goethe, der als »Rothe« figuriert, vielsagend verarbeitet. Goethe kam mehrfach von Weimar herüber und ließ den Einsiedler, in dem er noch immer den Freund sah, durch seinen Diener Seidel mit allem Lebensnotwendigen versorgen. Aber die Spannungen wuchsen, und sie verdichteten sich weiter, als Lenz für einige Wochen Frau von Stein auf ihrem Schloß Groß-Kochberg besuchte.

Nach seiner Rückkehr in den Weimarer Kreis, um den 25. November, kam es zwischen den beiden zum Bruch, über dessen Anlaß alle Eingeweihten strengstes Stillschweigen bewahrten, auch später noch. Ob Lenz sich auf einem Ball, der nur Adligen vorbehalten war, ungebührlich aufgeführt oder, was wahrscheinlicher ist, Goethe beleidigt hat, bleibt für immer im dunklen. In Goethes Tagebuch vom 26. November ist, ziemlich orakelhaft, von »Lenzens Eseley« die Rede, ohne daß eine solche dort oder anderswo näher definiert wäre. Goethes Geduld mit dem exzentrischen Freund war am Ende: er setzte beim Herzog die Abschiebung des Unbequemen aus Weimar durch. Lenz selbst gab an, er sei »ausgestoßen aus dem Himmel als ein Landläufer, Rebell, Pasquillant«, womit er seine Situation illusionslos, aber leider genau beschrieb. Ob er in einem »Pasquill« die Hofgesellschaft oder Goethe brüskiert hat, ob bereits erste Vorboten der späteren Geisteskrankheit ihn zu zerstören anfingen, ist nie aufgeklärt worden.

Im kalten Dezemberwind mußte der Vagant wieder hinaus auf die Landstraße, die von nun an sein Zuhause blieb. Er wanderte ziellos umher, im Rheinland, im Elsaß und in der Schweiz, brach zusammen, von der »Melancholie« zur Strecke gebracht, kehrte zurück in seine livländische Heimat, von der er einst gekommen war, wandte sich nach Sankt Petersburg und von dort nach Moskau, wo man ihn im Morgengrauen des 24. Mai 1792 tot auf der Straße fand. Goethe hat diesem ungebetenen Gast, der zu keiner Geborgenheit taugte, ein schlechtes Andenken bewahrt und ihn einen »Schelm der Einbildung« genannt. Das Verdikt sollte mehr als ein Jahrhundert lang den Blick der Nachwelt auf Lenz trüben, der ein genialer Dichter und unglücklicher Mensch war.

Nicht viel besser ist es einem anderen Jugendgefährten Goethes ergangen, der im Juni 1776 nach Weimar kam, als da bereits Lenz auf den Beistand des Freundes hoffte. Friedrich Maximilian Klinger war Goethes Frankfurter Landsmann, jedoch Sohn eines Stadtsoldaten und einer Waschfrau, daher – im Gegensatz zu dem Patriziersprößling – aus dem sozialen Bodensatz der Gesellschaft stammend. Goethe hatte ihn bisher unterstützt, auch finanziell, sah sich aber nun durch diesen zweiten Bittsteller in jeder Weise überfordert: »Klinger kann nicht mit mir wandeln, der drückt mich, ich habs ihm gesagt, darüber er außer sich war und es nicht verstund und ichs nicht erklären konnte und mochte.« Klinger las dem Freund sein neuestes wildes Stück *Wirrwarr* vor, dessen Titel dann in *Sturm und Drang* geändert wurde, womit die ganze literarische Bewegung ihren Namen erhielt. Goethe gefiel es nicht, er sprang vom Stuhl auf und lief davon. »Teufel«, resümierte Klinger und klappte sein Manuskript zu, »das ist schon der zweite, mit dem mir das heute passiert ist.«

Weimar war kein Nährboden für *Sturm und Drang*, und schon gar nicht, wenn man bei jemandem anklopfte, der im Begriff stand, sich eine ganz andere Existenz aufzubauen. »Lenz ist unter uns wie ein krankes Kind, und Klinger wie ein Splitter im Fleisch, er schwürt, und wird sich heraus schwüren leider«, schrieb Goethe Mitte September 1776 und stellte damit gleich beiden Gästen, Lenz und Klinger, eine schlimme Diagnose. Klinger »schwürte« sich tatsächlich hinaus, zunächst aus Weimar, dann aus Deutschland. Er ging, wie Lenz, nach Rußland, scheiterte dort aber nicht, sondern brachte es zum Vorleser beim Großfürsten Paul, zum General, zur Kurator der Universität Dorpat und zur Erhebung in den Adelsstand. Später kam zwischen den beiden Frankfurtern, deren Wege sich in Weimar getrennt hatten, wieder eine Korrespondenz zustande. Als Goethe Ende März 1831, ein Jahr vor dem eigenen Ende, die Nachricht von Klingers Tod erhielt, erinnerte er sich ohne Groll an den ehemaligen Freund: »Das war ein treuer, fester, derber Kerl wie keiner.«

Lenz und Klinger waren in dem Residenzstädtchen uneingeladen aufgetaucht. Anders verhielt es sich mit einer jungen

Dame, der Goethe bereits in seiner Leipziger Studentenzeit gehuldigt hatte. Nun reiste er, im Auftrag des Herzogs, nach Leipzig, um sie für Weimar zu gewinnen: Corona Schröter, die Sängerin und Schauspielerin, die damals, als Mittzwanzigerin, schon nicht mehr im Vollbesitz einer makellosen Stimme war. Um so faszinierender muß die Ausstrahlung der kultivierten schönen Frau mit den braunen Locken und den leuchtenden Augen gewesen sein. Goethe erlag sofort der alten Verzauberung und schwärmte in einem Brief an Frau von Stein: »Die Schröter ist ein Engel, wenn mir doch Gott so ein Weib bescheren wollte, daß ich euch könnt' in Frieden lassen.« Es waren unvorsichtige Worte, die möglicherweise die Aversion, ja die Eifersucht von Goethes strenger Patronin gegenüber Corona Schröter begründeten.

Mitte November 1776 kam sie in Weimar an, wo es seit dem Schloßbrand von zwei Jahren zuvor kein Theater gab. Angehörige des Hofs und der Bürgerschaft machten aus der Not eine Tugend und spielten selbst Theater, im Redoutenhaus, im Fürstenhaus, im Komödiensaal und auf der Naturbühne von Schloß Ettersburg sowie im Park von Tiefurt. Inmitten dieser Dilettantenschar agierte die Schröter als einzige professionelle Schauspielerin unter der ingeniösen Leitung Goethes, der hier seine ersten praktischen Erfahrungen als Theaterleiter sammelte.

Sie spielte die Mädchen- und Frauenrollen in seinen frühen Stücken und deklamierte den Monolog *Proserpina*, den er für sie geschrieben hatte. Sie sang, umrauscht von den Bäumen des Parks von Tiefurt, in seinem Singspiel *Die Fischerin* die Ballade vom *Erlkönig*, die sie selbst, lange vor Schubert, vertont hatte. Der Höhepunkt ihrer Laufbahn war die Uraufführung der Prosafassung von *Iphigenie auf Tauris*, mit Goethe als Orest an ihrer Seite. Der äußere Rahmen dieser Sternstunde der Theatergeschichte konnte kaum schlichter sein, denn sie fand in einem Zimmer im Haus des Posthalters Hauptmann an der Esplanade zu Weimar statt. Aber hier und wenig später im Schloßpark von Ettersburg wußte Corona mit ihrer »wahrhaft hellenischen Schönheit« zu fesseln. »... gar gute Wirkung davon, besonders auf reine Menschen«, notierte der Dichter im Tagebuch.

Sie war scheu, den Männern gegenüber abweisend. Wenn sie bei Goethe im Gartenhaus zu Gast war, erschien sie nie ohne eine korpulente Begleiterin, die seit Leipzig schon als ihre Vertraute und Bedienstete fungierte. Corona trug oft ein griechisch stilisiertes Kleid, während sie über die Ilmwiesen dahinschritt. Wieland meinte, daß »die schöne Schröterin in der unendlich edlen, attischen Eleganz ihrer ganzen Gestalt und in ihrem ganz simplen und doch unendlich raffinierten und insidiosen Anzug wie die Nymphe dieser anmutigen Gegend aussah«.

Corona musizierte mit Goethe oder unternahm mit ihm Spaziergänge und Ausritte. Anschließend kam es schon mal vor, daß sie im Gartenhaus die Müdigkeit überfiel. Am 19. Juli 1777 hat der Dichter die Schlafende gezeichnet und ihr ebenmäßiges Gesicht unter dem leicht in die Stirn geneigten Hut für immer festgehalten.

Daß Corona ihn nicht nur als Schauspielerin beeindruckt hat, ist leicht anzunehmen, obwohl die direkten Quellen dazu schweigen. Frau von Stein gab der Schauspielerin daher ihre Antipathie zu erkennen und blieb sogar der Uraufführung der *Iphigenie* fern. Mindestens zweimal riskierte Goethe Zusammenstöße mit dem Herzog, um Corona vor dessen Nachstellungen zu schützen. Carl August brachte das Flair der vergeblich Umworbenen auf die für ihn kürzeste Formel: »Marmorschön und marmorkalt«. Als diese menschlich-allzumenschlichen Wirrsale verebbt waren, kamen Corona und der Herzog wieder im Gartenhaus zusammen, und Goethe konnte mit einer gewissen Befriedigung notieren: »Da wir alle nicht mehr verliebt sind und die Lavaoberfläche verkühlt ist, gings recht munter und artig; nur in die Ritzen darf man noch nicht visitieren, da brennts noch.« Ein rätselhafter Rest bleibt jedoch, auch in dem einzigen Brief Goethes an Corona, der überliefert ist: »Das Vergangene können wir nicht zurück-

Corona Schröter und Goethe in der Iphigenie.
Ölgemälde von Georg Melchior Kraus, 1779.

rufen, über die Zukunft sind wir eher Meister, wenn wir klug und gut sind. Ich habe keinen Argwohn mehr gegen Dich, stoß mich nicht zurück und verdirb mir nicht die Stunden, die ich mit Dir zubringen kann, denn sonst muß ich Dich freilich meiden.«

Allmählich zog sie sich zurück, erst vom Theater und dann aus Weimar, obwohl sie noch gelegentlich Gast im Haus am Frauenplan war. Corona Schröter vertauschte die Bühne mit der Staffelei und malte noch in Ilmenau, wo sie, ohne Erfolg, Genesung von einem Brustleiden suchte. In Ilmenau ist Goethes erste Iphigenie 1802, einundfünfzigjährig, gestorben. Ihrem Sarg folgte kein einziger der früheren Weimarer Bewunderer. Es war schon lange her, daß ihr größter Verehrer sie derart gefeiert hatte:

> Ihr Freunde, Platz! Weicht einen kleinen Schritt!
> Seht, wer da kommt und festlich näher tritt!
> Sie ist es selbst; die Gute fehlt uns nie;
> Wir sind erhört, die Musen senden sie.
> Ihr kennt sie wohl; sie ists, die stets gefällt;
> Als eine Blume zeigt sie sich der Welt:
> Zum Muster wuchs das schöne Bild empor,
> Vollendet nun, sie ist's und stellt es vor.
> Es gönnten ihr die Musen jede Gunst,
> Und die Natur erschuf in ihr die Kunst.
> So häuft sie willig jeden Reiz auf sich,
> Und selbst dein Name ziert, Corona, dich...

Solch hohe Worte wären einem anderen Gast gegenüber völlig deplaziert gewesen, der eine Zeitlang sogar Goethes Schützling werden sollte. Mitte August 1777 stand auf der Schwelle des Gartenhauses plötzlich ein staubbedeckter Knabe, die qualmende Pfeife im Mund, einen kläffenden Spitz an der Seite. Diese beiden Attribute hätten ihn Goethe eigentlich suspekt machen müssen, denn Raucher und Hunde fand er abscheulich. Nicht so bei diesem Besucher, der erst vor kurzem seiner Fürsorge empfohlen worden war. Als Hirtenjunge war er auf den Alpenmatten des Berner Oberlandes aufgewachsen, wo ihn ein deutscher Baron entdeckt und zum Pflegesohn erkoren hatte. Peter im Baumgarten, wie er von nun an genannt wurde, sollte in einer Schweizer Knabenanstalt eine durch Rousseau inspirierte Erziehung genießen. Der Baron ging indessen als hessischer Offizier nach Amerika, nicht ohne zuvor noch Goethe um Aufmerksamkeit für den kleinen Peter gebeten zu haben, und fiel beim Sturm auf das Fort Washington. Der Knabe aber hatte genug von pädagogischen Experimenten, vor allem vom Erlernen fremder Sprachen, und wanderte, eskortiert von jenem Spitz, nach Weimar zu dem berühmten Mann, an den er sich fortan zu halten gedachte.

Goethe war, anders als beim Auftauchen von Lenz und Klinger, freudig überrascht und nahm Peter gern in sein Haus. In einem Brief an Lavater frohlockte er geradezu: »Der Junge ist nun mein, und wenn ichs recht kann, so soll er, wenn ich die Augen zutue oder ihn verlasse oder er mich, von niemanden abhängen, weil er von allem abzuhängen fühlen muß.« Lavater, der meinte, von der Physiognomie eines Menschen auf dessen Wesen schließen zu können, gab von Peters Antlitz sogleich eine abgründige Deutung, die der Goethe-Forscher Ernst Beutler folgendermaßen zusammenfaßte: ein »tiefes, treffendes, bestimmtes Auge, hinschauende Helle, im Munde froher Knabenmut, viel feiner Sinn in der Nase, etwas Wollüstiges in der unteren Hälfte des Gesichts«. Ein Knabe »von denen, die entweder außerordentlich gut oder außerordentlich schlimm werden«.

Sei es nun, daß Peter eine solche Analyse irritierte oder daß ihm überhaupt das Dasein im Windschatten klassischer Menschenbildung nicht gefiel, jedenfalls enttäuschte er zutiefst alle Erwartungen seines Gönners. Er verübte impertinente Streiche, beschmierte Lavaters Büste mit Tinte, riß nachts aus und mußte wieder eingefangen werden, erwies sich als durch und durch unbezähmbar. Was nutzte es, daß Goethe Frau von Stein und den Generalsuperintendenten Herder an der Erziehung beteiligte? Selten sind die pädagogischen Bemühungen gleich mehrerer sublimer Geister an einem Menschen so wirkungslos abgeprallt wie an Peter im Baumgarten. Goethe blieb nichts anderes übrig, als den ungeratenen Pflegling aus dem Haus zu geben.

In Ilmenau erlernte er die Jägerei, versuchte sich als Kupferstecher, verführte in Berka die Pfarrerstochter, heiratete sie und zeugte sechs Kinder, von denen eines Goethe zum Paten bekam. Dann verschwand er auf Nimmerwiedersehen, ohne eine Spur zu hinterlassen, und blieb von da an verschollen. Einer seiner Söhne, später Seifensieder in Berka, verfiel dann auf die fixe Idee, der durchgebrannte Peter sei ein illegitimer Sohn Goethes gewesen. Noch abenteuerlicher war eine andere Version des offenbar phantasiebegabten Nachkommen, als er seinen Vater mit der inzwischen längst verstorbenen Herzogin Anna Amalia in den engsten Zusammenhang brachte. Diese habe, so der Seifensieder, auf ihrer Reise in die Schweiz höchst diskret ein Kind zur Welt gebracht! Gewiß war Peter im Baumgarten kein Kaspar Hauser, aber als Gast und Pflegling blieb er eine ziemlich exotische Erscheinung.

Andere Gestalten von weit seriöserem Zuschnitt, die in Goethes vorweimarer Jahren eine Rolle gespielt hatten, vermochten freilich ebensowenig Fuß zu fassen, wie schon Lenz und Klinger erfahren mußten. Diese Erfahrung blieb auch dem Kriegsrat Johann Heinrich Merck aus Darmstadt nicht erspart, der mit Goethe bereits in der Zeit vor dem *Werther* auf vertrautem Fuß gestanden hatte. Er war ein kritischer, zu schonungsloser Beobachtung neigender Geist, ein Virtuose des Spottes und der Negation, so daß einige in ihm das Urbild des Mephisto sehen. Aber er litt auch am Ungenügen an der Zeit und an schweren körperlichen Leiden, so daß er später im Freitod endete. Das »infame Klima« des Weimarer Hofs sei dem Dichter nicht zuträglich, soll Merck zu Goethes Mutter gesagt haben. Als er im Sommer 1779 Gast Anna

Amalias auf Schloß Ettersburg war, suchte er mehrmals auch das Haus an der Ilm auf, aber man verstand einander nicht mehr. »Bei seiner Ministerschaft in Weimar ist er mir vergangnen Sommer oft mit einer Trockenheit und Kälte begegnet, als ob ich aus seinem alten Freunde ein subalterner Diener und ein Supplikant geworden wäre«, beschwerte sich Merck bei Herzogin Anna Amalia, und kurz darauf schrieb er an Wieland, »kein einziger reiner Ton« habe mehr zwischen ihm und Goethe geherrscht. Der Kriegsrat reiste ab und kam nie wieder.

Andere Gäste kamen oft wieder, etwa der Zeichenlehrer Adam Friedrich Oeser, der Goethe in dessen Leipziger Studentenzeit zuerst mit dem klassizistischen Kunstgeschmack vertraut gemacht hatte. Jetzt kam er von Leipzig oft herüber, ging dann im Wittumspalais und in das Gartenhaus des Dichters ein und aus, entwarf Monumente und Theaterdekorationen, bestrickte mit seinem österreichischen Charme, denn er war ein geborener Preßburger, und gab unentwegt Anregungen, die allesamt auf die Propagierung von Winckelmanns »edler Einfalt und stiller Größe« hinausliefen. »Der Alte«, berichtet Goethe, »hatte den ganzen Tag etwas zu kramen, anzugeben, zu verändern, zu zeichnen, zu deuten, zu besprechen, zu lehren, so daß keine Minute leer war. Herzogin Anna Amalia war sehr vergnügt, wenn er da war.« Daß Oeser, obwohl Mitte Sechzig, eine Kammerjungfer der Herzogin-Mutter verführte, trug ihm nur ein kurzzeitiges Weimar-Verbot ein.

Anregend war auch der erste Besuch des Schauspielers Friedrich Ludwig Schröder, mit dem Goethe am 15. August 1780 einen Morgenspaziergang in der Umgebung des Gartenhauses unternahm. Sie werden dabei wohl über Shakespeares Einbürgerung in Deutschland, über den Bildungsauftrag des Theaters und über *Götz von Berlichingen* gesprochen haben, den Schröder wenige Jahre zuvor an der Hamburger Bühne herausgebracht hatte.

Fast gleichzeitig mit diesem Mimen erschien der Dramatiker Johann Anton Leisewitz aus Braunschweig, Verfasser des damals oft aufgeführten Trauerspiels *Julius von Tarent*. Man speiste in Goethes »sehr simpeln Gartenhause«, »in einem Zimmer, das mit einigen antiken Statuen und mit Naturalienschränken besetzt war«. Nur eine Statue des Apollo schien Leisewitz »für das Zimmer zu groß« zu sein. Goethe meinte während des Essens, die deutsche Nation sei unfähig, »Laune zu empfinden«. Er sagte: »Wenn man ihnen eine Blume zeigt, so fragen sie gleich: Riecht sie? kann man Tee davon trinken? dürfen wir es nachmachen?«

Nicht imstande, »Laune zu empfinden«, war leider auch Philipp Christoph Kayser, ein Frankfurter Jugendfreund Goethes, der jetzt als Musiklehrer in Zürich lebte. Fast ein halbes Jahr lang, von Januar bis Mai 1781, logierte er im Gartenhaus an der Ilm und sollte für Weimar ein Singspiel komponieren. Goethe schätzte ihn hoch und wollte dem Freund alle Wege ebnen, aber Kayser besaß ein wertherisches Naturell, das sich mit Gehemmtheit und Pedanterie verband. Am Hof machte er eine schlechte Figur, und Goethes Weltläufigkeit und Unternehmungsgeist wirkten wohl eher bedrückend auf ihn.

Vom Mißgeschick war auch der Schweizer Theologe Georg Christoph Tobler verfolgt, als er im Sommer 1781 auf einer Fußwanderung zweimal nach Weimar kam. Er schrieb einen Brief mit abfälligen Bemerkungen über einige Persönlichkeiten der Residenz und ließ ihn versehentlich in einer Hose stecken. Ein Schneider, der das Kleidungsstück ausbessern sollte, fand den Brief und machte seinen Inhalt in der Weimarer Gesellschaft bekannt. Es war ein Eklat, der Goethe nicht daran hinderte, Tobler mehrfach zum Essen einzuladen. Aus diesen Gesprächen dürfte die Hymne *Die Natur* hervorgegangen sein, die dann lange als ein Werk Goethes gelten sollte. Das Fragment enthält, dank Toblers Niederschrift, in äußerster Konzentration die damalige Naturauffassung des Dichters: »Sie hat mich hereingestellt, sie wird mich auch herausführen. Ich vertraue mich ihr. Sie mag mit mir schal-

ten. Sie wird ihr Werk nicht hassen...« Es sind erhabene
Worte, die nichts mehr davon verraten, daß der Besuch des
zerstreuten Briefschreibers aus Zürich eigentlich mit dem
Stigma des Lächerlichen behaftet blieb.

Einmal empfing Goethe im Gartenhäuschen eine Frau,
deren Schönheit, mehr noch als die Corona Schröters, von
allem Irdischen befreit schien. Es war die Marchesa Maria
Antonia di Branconi, eine geborene Neapolitanerin, für mehrere Jahre die Mätresse des Erbprinzen von Braunschweig –
eine wirkliche Beauté, wie man damals eine bildhübsche
Dame nannte. Als Goethe sie kurz zuvor in der Schweiz
kennengelernt hatte, konnte er sich nicht enthalten, an Frau
von Stein zu schreiben: »Sie kommt mir so schön und angenehm vor, daß ich mich etlichemal in ihrer Gegenwart stille
fragte, obs auch wahr sein möchte, daß sie so schön sei.«
Ende August 1780 besuchte ihn die Marchesa in Weimar. Man
wandelte gemeinsam an der Ilm, speiste im Borkenhäuschen
zu Mittag, fuhr hinüber nach Tiefurt und hinauf nach Belvedere. Am Abend saßen die Signora und ihre Verehrer in
seinem Garten zusammen. »Wir sind sehr artig«, beeilte er
sich, beschwichtigend, Frau von Stein mitzuteilen. Daß Goethe entschlossen war, der Marchesa gegenüber im Zustand
reiner Verehrung zu verharren, beteuerte er wenig später
auch seinem Briefpartner Lavater: »Ich möchte mir solch
ein Bild nicht durch die Gemeinschaft einer flüchtigen Be-
gierde besudlen. Und Gott bewahre uns für einem ernstlichen Band, an dem sie mir die Seele aus den Gliedern
winden würde.«

Die Branconi reiste von Weimar nach Frankfurt weiter, wo
Goethes Mutter ihr einen schriftlichen Gruß des Dichters
überreichte. Er gab darin seiner Befriedigung Ausdruck, »daß
es dem Himmel nach so viel verunglückten Versuchen auch
einmal gefallen und geglückt hat, etwas Ihresgleichen zu
machen«. Aber es war eine Schönheit, die ihn beruhigte, nicht
beunruhigte, und vielleicht auch daran erinnerte, daß sie, wie
alles Vollendete, der Vergänglichkeit unterlag. Die Antwort

der Marchesa wurde ihm am Abend des 6. September 1780 in einem Proviantkorb hinauf auf den Kickelhahn bei Ilmenau gebracht. Wenige Stunden später schrieb Goethe *Wanderers Nachtlied* an die Bretterwand im Jägerhäuschen: »Über allen Gipfeln ist Ruh ...«

Das Gedicht zeigt immerhin, daß die Feder des Dichters inmitten seiner Weimarer Betriebsamkeit nicht ganz zum Erliegen gekommen war. Einige seiner schönsten Verse hatte er in Weimar geschrieben, mit leichter Hand Singspiele und Gelegenheitsgedichte hingeworfen, dazu zwei Prosafassungen der *Iphigenie* verfaßt sowie *Tasso, Egmont* und *Wilhelm Meisters theatralische Sendung* gefördert. Trotzdem standen die ersten sieben Jahre in Weimar nicht überwiegend im Zeichen der Dichtung, andere, höchst unterschiedliche, ja scheinbar gegenläufige Aktivitäten gewannen zeitweilig die Oberhand. Im Sommer 1782 zog Herder, einst ein Freund des Dichters, die Bilanz von Goethes ersten sieben Weimarer Jahren. Sie war nicht frei von böser Ironie und unverhohlenem Neid: »Er ist also jetzt wirklicher Geheimer Rat, Kammerpräsident, Präsident des Kriegskollegii, Aufseher des Bauwesens bis zum Wegebau hinunter, Direktor des Bergwerks, dabei auch *directeur des plaisirs*, Hofpoet, Verfasser von schönen Festivitäten, Hofopern, Balletts, Redouten-Aufzügen, Inskriptionen, Kunstwerken usw., Direktor der Zeichenakademie, in der er den Winter über Vorlesungen über die Osteologie [Knochenlehre] gehalten; selbst überall der erste Akteur, Tänzer, kurz der *major domus* sämtlicher Ernestinischer Häuser, bei denen er zur Anbetung umherzieht. Er ist baronisiert, und an seinem Geburtstage ... wird die Standeserhebung erklärt werden. Er ist aus seinem Garten in die Stadt gezogen und macht ein adlich Haus, hält Lese-Gesellschaften, die sich bald in Assembleen verwandeln werden.«

Es war, trotz Herders spürbarer Mißgunst, eine imponierende Aufzählung. Seit jenem frühen Novembermorgen des Jahres 1775, der Stunde seiner Ankunft in Weimar, war Goethe weit mehr zugefallen, als er in seinen kühnsten Träumen für möglich gehalten hätte. Aus dem Gast war der Gastgeber geworden, der wie ein Magnet wirkte und neugierige Fremde in das vordem unbedeutende Residenzstädtchen an der Ilm zog.

Jedoch schien der bisherige Kreis ausgeschritten zu sein. Das Gartenhaus war zu klein geworden für die wachsenden Sammlungen und die anspruchsvolle Lebensführung des Hausherrn, auch für das Personal und für den Zustrom der Gäste. Das Häuschen blieb weiterhin Goethes geliebter »Zufluchtsort«, aber sein nach vielen Seiten hin ausgreifendes Dasein konnte sich von nun an in einem neuen Domizil, im Haus am Frauenplan, entfalten. Und damit die Übersiedlung in die Stadt darüber hinaus einen angemessenen Platz im gesellschaftlichen Gefüge mit sich brachte, beantragte Herzog Carl August für den Freund in Wien das Adelsdiplom, das Kaiser Joseph II. am 10. April 1782 unterzeichnete. Goethe nahm es gelassen auf und sagte dann zu Eckermann »Wir Frankfurter Patrizier hielten uns immer dem Adel gleich.«

Der Wohnsitz am Frauenplan wurde für beinahe ein halbes Jahrhundert zum Wallfahrtsort zahlloser Gäste, die hier von dem Gastgeber bereichert, ermutigt oder auch enttäuscht werden sollten, je nach dem Stand und der Erfüllung ihrer Erwartungen. Die ersten sieben Weimarer Jahre Goethes hatten dazu nur den Prolog geliefert. Am Sonntag, den 2. Juni 1782, schrieb er in sein Tagebuch: ». . . zum erstenmal hinne geschlafen.« Am nächsten Tag überreichte ihm Herzogin Louise den kaiserlichen Adelsbrief.

1. Kapitel

Erste Jahre am Frauenplan

Das Haus am Frauenplan: Residenz und Labyrinth – Naturforscher –
Goethe als Sehenswürdigkeit für durchreisende Fremde – Der Fürst
von Dessau – Fritz von Stein als Hausgenosse – Friedrich Heinrich
Jacobi – Ein »griechisches Abendmahl« für Georg Forster und dessen
Frau – Die Fürstin Gallitzin und ihr Gefolge – Letzter Besuch Lavaters
– Aufbruch zur italienischen Reise

Der Frauenplan, ein südlich vor Weimars Stadtwall gelegener
Platz, war nach einer Marienkapelle benannt, die längst nicht
mehr stand, als sich der Tuch-Scherer, Stadt-Lieutenant und
Strumpfwirkerei-Gründer Helmershausen dort 1709 ein
Haus erbauen ließ. Es wurde gleich neben dem Wirtshaus
»Zum Weißen Schwan« errichtet, in dem dann Goethe oft
seine auswärtigen Gäste unterbrachte. Architekt war Johann
Mützel, der Baumeister mehrerer thüringischer Fürsten, der
Stilbewußtsein, Solidität und Sparsamkeit auf ideale Weise
zu vereinen wußte. Diese Baugesinnung war auch Helmers-
hausens Domizil am Frauenplan anzusehen. Der stattliche
Mittelbau mit den zwei Seitenflügeln folgt der leichten
Krümmung des Platzes. Das Eingangsportal, das über wenige Stufen zu erreichen ist, sowie die großen Toreinfahrten
an den beiden Seitenflügeln verleihen dem Ganzen eine
feierliche, jedoch keineswegs strenge Symmetrie, wie geschaffen für ein Gebäude, das schließlich, im Verständnis von
Generationen, zur Residenz der deutschen Kulturlandschaft
werden sollte. Als »das Palais« hat es schon, nicht ganz ohne
Ironie, Herzogin Anna Amalia bezeichnet.
Hinter der ansehnlichen Fassade erstreckte sich allerdings

ein wahres Labyrinth, das zwei Häuser zu einem komplizierten, schwer überschaubaren Organismus vereinte. Denn
das Grundstück bestand aus einem Hauptgebäude, dessen
Räume zu Repräsentanz und Gastlichkeit trefflich geeignet
schienen, und einem winkligen Hinterhaus, in das auch
später kaum je ein Besucher gelangte, abgesehen vom Hauspersonal. Jedoch befand sich gerade hier die ganz persönliche
Sphäre des Hausherrn: ein Vorzimmer, das die Hofdurchfahrt
zwischen Vorder- und Hinterhaus überbrückte, sowie Bibliothek, Arbeitszimmer, Schreibzimmer und die enge Schlaf-
kammer. Die Bestimmung der einzelnen Räume war im Lauf
der Zeit mehrfach Veränderungen unterworfen, wie ja überhaupt das Haus seine heutige Gestalt erst von 1792 an erhielt,
als es in Goethes Besitz überging und endgültig zu seinem
Lebens- und Schaffensgehäuse wurde. Die berühmte Treppe
mit dem römischen Gruß SALVE an der Schwelle zum Gelben
Saar bestand damals noch nicht.

Vorläufig, Anfang Juni 1782, zog Goethe als Mieter ein,
dem solche Eingriffe in die Bausubstanz des Hauses nicht
zugestanden hätten. Der Mietvertrag mit dem Garnisonsarzt
Helmershausen, dem Enkel des Erbauers, billigte Goethe das
Parterre, mehrere Räume im ersten Stock und die Mansarde
des Vorderhauses, auch bereits die Arbeits- und Wohnräume
im Hinterhaus zu, die er als individuelles Refugium nutze.
Gesellig-offizieller und persönlicher Bereich waren also streng
voneinander geschieden, für die herandrängenden Gäste
blieb der zweite unbetretbar. Jedoch bot dieser Mikrokosmos
genügend Platz für einen Haushalt, der schon zum Zeitpunkt
von Goethes Einzug fünf Dienstboten beschäftigte, und für
seine schnell wachsenden Sammlungen von Gemälden und
grafischen Blättern, Büchern und Autografen, Mineralien
und »Naturprodukten« aller Art.

»In meinem neuen Haus breite ich mich aus, und alles
kommt in die schönste Ordnung. Dabei rekapitulier ich mein
Leben«, schrieb Goethe zwei Wochen nach seinem Einzug an
Herzog Carl August. Daß er auch der Selbstironie fähig war,

Goethe vor seinem Haus am Frauenplan. Silhouette, nach 1782.

zeigt ein anderer Brief an den Herzog vom 26. Juni 1782: »Mit der größten Philister-Behaglichkeit sitze ich in meinem Nest, nachdem ich mich vorher, nach der Art der Windhunde, mehrmal umgedreht habe, um diesem Nest eine meinem Körper analoge Form zu geben.« Carl August, der nicht nur der Herzog, sondern auch Goethes Schirmherr und Freund war, führte den Reigen der Gäste an. Er konnte das Haus jederzeit unangemeldet betreten und besaß daher den Schlüssel zur Gartenpforte. Der Hausgarten blieb zunächst noch dem Grundstücksbesitzer Helmershausen vorbehalten. Erst später entstand hier ein systematisch angelegtes botanisches Experimentierfeld, wo der Hausherr seinen Gästen gelegentlich Vorträge über Besonderheiten aus der Pflanzenkunde hielt. Von Anfang an, schon als Mieter, besaß er aber das Recht, den Garten zu durchqueren und die rückwärtige Pforte zur Ackerwand zu benutzen, um schnell bei Frau von Stein zu sein.

Der Hang zur Naturforschung, schon im Gartenhaus gepflegt, wurde nun am Frauenplan zu einer wahren Passion, deren Beglückungen wiederum Frau von Stein zuerst mitgeteilt wurden. »Ich habe eine solche Freude, daß sich mir alle Eingeweide bewegen«, hieß es in einem Brief an sie Ende März 1784. Es war der denkwürdige Brief, in dem Charlotte von Stein von der Entdeckung des menschlichen Zwischenkieferknochens erfuhr, die Goethe am gleichen Tag gelungen war. Dieses *os intermaxillare*, bisher nur bei den Säugetieren, aber nicht beim Menschen nachgewiesen, galt dem Amateur-Anatomen, der so genau zu beobachten wußte, als ein überzeugender Beleg für die große Ordnung, der alle Geschöpfe, Tier und Mensch, unterworfen sind. Daß bereits vier Jahre zuvor der französische Arzt und Anatom Felix Vicq d'Azyr zu dem gleichen Befund gelangt war, erfuhr Goethe erst später.

Mit Enthusiasmus ging er daran, im Tierreich und bald auch in der Pflanzenwelt verborgene Urphänomene und morphologische Grundmuster aufzuspüren. Von dem Ana-

tomen Sömmering aus Kassel ließ er sich einen Elefanten-
schädel kommen. »Ich halte ihn im innersten Zimmergen
versteckt, damit man mich nicht für toll halte. Meine Haus-
wirtin glaubt, es sei Porzellan in der ungeheuren Kiste.«
Geständnisse dieser Art waren an Frau von Stein adressiert.

War es ein Wunder, daß von nun an die Naturforscher
besonders gern gesehene Gäste am Frauenplan waren? Einer
von ihnen war Johann Friedrich Blumenbach, Anatom und
Anthropologe in Göttingen, eine medizinische Koryphäe der
Epoche. Er fand sich erstmals im Frühjahr 1783 ein und war
sofort von der Persönlichkeit seines Gastgebers beeindruckt.
»Nichts den Geheimen Rat Ankündigendes, Zurückhalten-
des, sondern ein gesetzter, aber ganz unaffektierter, äußerst
zugänglicher Mann; unglaublich offen, hell und doch pene-
trierend in seinem Urteile, und doch überaus billig, gar nicht
dezisiv, wie ich zumal in unserer Unterredung über Lavater
und Physiognomik, über Verfassung der Jenaischen Universität usw. gesehen habe. Überall viel gesunde, richtige und
deutliche Philosophie und den reifen Geschmack, der auch in
seinem Zimmer und artigen Garten usw. durchgehends
herrscht. Wieland schien mir daher in seiner Gegenwart eine
etwas abstechende, nicht sehr vorteilhafte Figur zu machen.
Sie duzen sich zwar und sind herzlich gute Freunde, aber
man spürt doch Goethes Superiorität.«

Aus dieser ersten Begegnung erwuchs ein enger Verkehr,
der fast bis zum Tod des Dichters anhielt. Blumenbach kam
immer wieder, sogar mit Familie; andererseits besichtigte
Goethe die bekannte Schädelsammlung des Professors in
Göttingen. Seine Wertschätzung des Anatomen war um so
beachtlicher, als Blumenbach der Entdeckung des Zwischenkieferknochens und den Folgerungen, die Goethe an sie
knüpfte, sehr reserviert gegenüberstand. Der Geheime Rat,
der sonst empfindlich auf die Zurückweisung seiner natur-
wissenschaftlichen Bemühungen reagierte, ließ sich nicht davon abhalten, neun Bücher des Göttinger Gelehrten seiner
Bibliothek einzuverleiben.

Alle Besucher des Hauses am Frauenplan, ganz gleich ob es sich um einen Professor der Anatomie oder um einen unbekannten Bildungsreisenden handelte, mußten erst einmal zu einem Bediensteten vordringen, was sich manchmal zu einer schwierigen Prozedur gestalten konnte. Salomon Landolt, Landvogt von Greifensee bei Zürich und hundert Jahre später von Gottfried Keller als Titelgestalt einer Novelle verewigt, hatte schon mit Goethes Diener seine Not, wie er, mit einem gewissen Unwillen, im Tagebuch protokollierte: »Denn bei allen hiesigen Gelehrten scheint der Ton zu herrschen, daß der Kammerdiener unten beim Eingang des Hauses ein Zimmerchen hat, dessen Tür mit einem Fenster versehen ist. Sieht er nun jemand kommen, so muß man, um angemeldet zu werden, seinen Namen, Vaterland, Charakter etc. pünktlich angeben und so oft wiederholen, bis der Bediente es versteht und behalten kann. Erst dann wird nachgesehen, ob der Herr zu Hause ist oder vielmehr: sein will . . . Ist nun der Bediente gerade nicht auf seinem Posten, so kann man ungesehen lange herumlaufen, um sich anzumelden. Vermutlich müssen die hiesigen Gelehrten auch darum etwas größer tun, weil sie alle den Titel von Hofräten, Geheimderäten usw. haben. Goethe ist Geheimer Rat und läßt sich Exzellenz heißen, denn der Herzog hat ihn geadelt!«

Nachdem es Landolt endlich gelungen war, sich beim Hausherrn melden zu lassen, muß ihn die Audienz doch recht enttäuscht haben: »Er empfing uns sehr höflich. Seine Physiognomie ist stark und eben nicht einnehmend, die Gesichtsfarbe schwärzlich [!] und die Nase ziemlich groß; seine schwarzen Augen sind lebhaft und verraten einen feurigen Geist. Itzt schreibt er nicht mehr viel, weil er, wie er sagte, sosehr mit Geschäften überhäuft ist. Wir blieben eine kleine Viertelstunde bei ihm, unser Gespräch betraf ganz gleichgültige Dinge. Man merkt es ihm an, daß er sich Mühe gibt, seine Würde zu behaupten und immer zu repräsentieren.«

Es war durchaus keine einzelne Stimme, wie das Tagebuch

des Theologen Christoph Friedrich Rinck verrät, der wenige Monate nach Landolt, im November 1783, in Weimar erschien. Er war schon verdrossen, als man ihm erzählte, daß Wieland dem »Herzog die Religion aus dem Herzen philosophiert, Goethe den Rest herausgelacht« habe. Diesen bedenklichen Ruf hielt der Gottesmann für bestätigt, als er dem Dichter des Mephisto seine Aufwartung machte. »Ich saß neben ihm im Sofa; er fragte etwas Weniges von meiner Reise. Ich erkundigte mich, ob er nicht bald wieder etwas wolle drucken lassen; er entschuldigte sich aber mit vielen Geschäften. Dann sprachen wir etwas von Herdern. Er schien aber abbrechen zu wollen, denn er schwieg oder antwortete nur kurz mit einem gnädigen ›Ja‹ oder ›Nein‹. Ich merkte den Wink und brach auf, da ich ohngefähr eine halbe Viertelstunde in seiner Atmosphäre atmete. Sein Ansehen ist gar nicht einnehmend, seine Miene mehr fein und listig als leutselig.«

Daß der Vielbeschäftigte es strapaziös und lästig fand, von neugierigen Reisenden wie eine Sehenswürdigkeit besichtigt zu werden, war eine Überlegung, die offenbar nur wenige Besucher anstellten. Dabei waren sie lediglich die ersten Vorboten einer Vielzahl von Gästen, die erst in späteren Jahren und Jahrzehnten das Haus am Frauenplan buchstäblich überschwemmten. Goethe hat sich darein mit Geduld, schließlich mit Interesse, zuweilen sogar mit Eifer geschickt, fast so als ob es da um einen Teil seines Wirkens, ja seines Werkes gegangen wäre. Genauso wie er viele dieser Besucher, wenn es ihm zweckvoll erschien, zu belehren suchte, war er entschlossen, von ihnen zu lernen. Gespräche mit Menschen, die sich in der großen und der kleinen Welt umgesehen hatten, waren ihm als Quellen der Kenntnis und Erkenntnis stets wichtiger als Bücher. Uninteressante Leute, zu denen vermutlich auch der Theologe Rinck zählte, war er allerdings imstande, »nur kurz mit einem gnädigen ›Ja‹ oder ›Nein‹« abzufertigen.

Hoch willkommen war jedoch Seine Durchlaucht, Fürst

Leopold III. Friedrich Franz von Dessau, der zu Hause, in seiner Sommerresidenz zu Wörlitz, eine wahre Pflegestätte klassizistisch-humanistischer Kunstgesinnung erschuf. In England hatte ihn die dort praktizierte Gartengestaltung beeindruckt, in Rom war ihm Winckelmann zum Freund geworden. Aus diesen Bildungserlebnissen gingen Schloß und Park von Wörlitz hervor, eine in Deutschland einzigartige Anlage mit einem See und vielen Buchten, künstlichen Gewässern, seltenen Gewächsen, Brücken und Grotten, Einsiedeleien und Tempeln, einem Amphitheater und sogar einem künstlichen Vulkan, der zu besonderen Gelegenheiten effektvoll illuminiert wurde. Diese ingeniöse Landschaftsinszenierung kann man noch heute auf verschlungenen Pfaden zu Fuß durchwandern oder zu Schiff auf den zahlreichen Kanälen an sich vorübergleiten lassen.

Goethe, der mehrfach Wörlitz besuchte, war hingerissen davon und pries die Götter, die es »dem Fürsten erlaubt haben, einen Traum um sich herum zu schaffen«. Das Märchen habe, so schwärmte er, »ganz den Charakter der Elysischen Felder«. Da, inspiriert durch das Wörlitzer Beispiel, an der Ilm nun ebenfalls eine solche Anlage unter gebührender Beteiligung Goethes entstand, beherrschten Fragen der Parkgestaltung auch die Gespräche im Haus am Frauenplan. Es wurde über den unvergeßlichen Winckelmann, über Architektur und Malerei debattiert, denn der Fürst war ein exzellenter Kenner und Sammler seltener Altertümer. Manchmal kam, in seiner Begleitung oder allein, der Dichter Friedrich Matthisson mit, der schmachtende Modelyriker jener Zeit, der am Dessauer Hof als Vorleser fungierte. Das hohe Ansehen, das der Fürst in Weimar genoß, dokumentiert der Denkstein, den Herzog Carl August ihm im Park an der Ilm setzen ließ – 1782, dem gleichen Jahr, in dem Goethe seine Stadtwohnung bezog.

Kein Gast wie alle diese Besucher, sondern sein Hausgenosse, ja fast sein Sohn wurde ein Knabe, den Goethe im Mai 1783 zu sich nahm. Es war Friedrich von Stein, genannt

Goethe und Fritz von Stein. Schattenriß, 1781/82.

Fritz, Charlotte von Steins jüngstes Kind, das nach dem Weggang der älteren Brüder zum Studium sich oft genug selbst überlassen blieb. Schon als Sechsjährigen hatte Goethe ihn von dem Bildhauer Klauer modellieren lassen, jetzt, zum Zeitpunkt seines Einzugs ins Haus am Frauenplan, war er elf Jahre alt. Die Sehnsucht des Kinderlosen nach einem Kind mag eine Rolle bei dem Experiment gespielt haben, auch die Vertiefung seines Verhältnisses zu Frau von Stein, das dadurch noch enger wurde. Am Morgen nach der ersten Nacht, die der Kleine in seinem Domizil verbracht hatte, schrieb der stolze Ziehvater an Charlotte: »Fritz hat gut wie immer geschlafen und räumt nun seine Sachen ein. Du weißt doch, wie sehr ich Dich auch in ihm liebe und wie ich mich freue, dies Pfand zu Dir zu haben.« Auch die Mutter, die gerade diesen Knaben für ihren »brillanten Sohn« hielt, glaubte, mit dessen Eintritt in Goethes Haus und Leben eine ideale Lösung gefunden zu haben. Euphorisch schrieb sie an eine Verwandte: »Goethe hat Fritzen zu sich genommen und benimmt sich so verständig und gütig in seiner Erziehung, daß man von ihm lernen kann. Er ist von den wenigen, die Rousseaus innern Sinn der Erziehung zu fassen wissen.«

Die drei Jahre, die Fritz von da an in der Obhut des väterlichen Mentors verbrachte, sollten, nach seinem eigenen Geständnis, »die glücklichste Periode meiner Jugend« werden, ganz sicher sogar seines ganzen Lebens, das später nie mehr so unbeschwert und heiter verlief. Goethe nahm ihn auf Reisen mit, in den Harz und nach Ilmenau, lehrte ihn Zeichnen, Radieren und Verseschmieden, den Umgang mit Tieren, Pflanzen und Steinen, verwendete ihn als Vorleser und Sekretär sowie als »Gesandten« an Stellen, die er selbst nicht aufsuchen konnte oder wollte. Da die Handschrift des Jungen miserabel war, wurden Schreibvorlagen gekauft, deren Buchstaben Goethe und sein Schüler sorgfältig abmalten – ein gemeinsames Vergnügen, das oft noch die Stunde vor dem Zubettgehen ausfüllte.

Davon profitierte auch Goethes Mutter im fernen Frankfurt, die Briefe von ihrem Sohn oft lange entbehren mußte. So wandte sie sich an den kleinen Fritz mit einer Bitte: »... da Sie beständig um meinen Sohn sind, also mehr von ihm wissen, als jeder andere, wie wäre es, wenn Sie so ein kleines Tagebuch hielten, und schickten es mir alle Monath, – viele Arbeit soll das Ihnen gerade nicht machen, nur ohngefähr auf diese Weise: ›Gestern war Goethe im Schauspiel, Abends zu Gaste, – Heut hatten wir Gesellschaft‹, u. s. w. Auf diese Weise lebte ich gleichsam mitten unter Euch, – freute mich eurer Freuden, – und die Abwesenheit verlöre viel von ihrer Unbehaglichkeit, – eine kleine Zeile Morgens oder Abends geschrieben, macht Ihnen wenig Mühe, mir aber würde es unbeschreiblich wohl thun ...« Fritz entledigte sich dieses Auftrags offenbar mit Bravour und durfte dann in Begleitung eines Bekannten die Frau Rath in Frankfurt besuchen, als Goethes »Gesandter«.

Das kindliche Vergnügen sollte überwiegen und dem kleinen Stein die richtige seelische Kondition fürs weitere Leben verschaffen. »Er wird, ohne es zu merken, in die Welt hineingeführt, und wird damit bekannt sein, ohne es zu wissen.« Diese Erziehungsart, die Goethe für die beste hielt, war ihm von den griechischen Insel-Piraten berichtet worden: »Als Insulaner und Seefahrer nehmen sie ihre Knaben gleich mit zu Schiffe und lassen sie im Dienste herumkrabbeln; wie sie etwas leisten, haben sie Teil am Gewinn, und so kümmern sie sich schon um Hendel, Tausch und Beute.« So Goethe später in den *Maximen und Reflexionen*, als längst offenkundig geworden war, daß sich solch abenteuerliche Grundsätze weder bei Fritz von Stein noch kurz zuvor bei Peter im Baumgarten bewährt hatten.

Fritz mißriet zwar nicht so eklatant wie der Hirtenjunge aus der Schweiz, aber mit allen seinen Hoffnungen und Plänen scheiterte er. Als der Dichter im Spätsommer 1786 nach Karlsbad und von dort nach Italien reiste, war das sorgenfreie Intermezzo des jungen Stein im Haus am Frauenplan beendet. Er studierte, war viel unterwegs, quittierte leichtsinnig den weimarischen Dienst, wurde preußischer Kriegs- und Domänenrat, erwarb ein Schloß in Schlesien und mußte es hochverschuldet wieder veräußern. Zwei Ehen schlugen ihm fehl, eine gewisse Lebensuntüchtigkeit war nicht zu übersehen. Wilhelm von Humboldt, der ihm zu helfen suchte, beklagte Steins Untauglichkeit zu jeder anspruchsvollen Arbeit und machte dafür ausdrücklich Goethes Erziehungsmethoden verantwortlich. Über dem spielerischen Umgang mit der Welt seien systematisches Denken und Arbeiten zu kurz gekommen. Stein resignierte und sah ein, daß er »sich zwar immer noch geschwind Freunde erwerben könne, daß sich diese aber bald wieder zurückhielten und er eigentlich niemand wisse, der ihm zuliebe auch nur ein Frühstück aufopfere«. Er starb erst 1844, zwölf Jahre nach dem Tod seines abgöttisch geliebten Pflegevaters, der es doch nicht vermocht hatte, ihn mit einem tragfähigen Lebensfundament auszustatten.

Aber seiner viel zu rasch verwelkten Frühzeit war ein poetisches Nachleben beschieden – in dem Knaben Felix des *Wilhelm Meister*-Romans. Die Worte, die Wilhelm am Ende der *Wanderjahre* nach der Rettung des Felix aus schwerer Gefahr spricht, könnten fast auch auf Fritz von Stein gemünzt sein: »Wirst du doch immer aufs neue hervorgebracht, herrlich Ebenbild Gottes!« ruft Wilhelm aus, »und wirst sogleich wieder beschädigt, verletzt von innen und von außen.«

Den kleinen Fritz haben alle Gäste gesehen und an ihm Gefallen gefunden, die in den Jahren vor Goethes italienischer Reise sein Haus betraten. Zu ihnen gehörten die Brüder Stolberg, die seinerzeit, kurz nach der Ankunft des Dichters in Weimar, so geräuschvoll mit ihm über die Stränge geschlagen hatten. Sie kamen im Frühsommer 1784 wieder, gesitteter und stiller als ehedem – vielleicht hat sich in Friedrich Stolberg bereits von ferne die Wende zum christlich-katholischen Schwärmer vorbereitet. Goethe sei ihm »weniger leicht aufflammend« vorgekommen, »gewiß nicht weniger feurig, als er war, und sein Herz liebevoll, immer sich sehnend nach mehr Freiheit der Existenz, als Menschen finden können, und doch immer Blumen um den Pilgerstab des Lebens windend«. Das war ein Goethe, wie ihn ein Mann sah, der auf der Scheidelinie zwischen Empfindsamkeit und Romantik stand. Einen ganz anderen Goethe, der sich neugierig auf das Zeitalter der Technik einstellte, konnten die Brüder Stolberg kennenlernen, als er von seinem Garten aus einen Ballon »auf Montgolfierische Art« in die Luft steigen ließ.

Ein Bote aus Jugendtagen war Friedrich Heinrich Jacobi, den der Dichter von seiner Rheinreise her kannte. Damals, 1774, hatten ihre Debatten um den Philosophen Spinoza gekreist, aber dann war dem freundschaftlichen Verhältnis ein schwerer Schlag versetzt worden. Goethe hatte Anstoß an Fritz Jacobis sentimentalem Roman *Woldemar* genommen und das Buch, vor einer amüsierten Hofgesellschaft an eine Eiche im Wald von Ettersburg genagelt, nicht ohne diese schimpfliche Prozedur auch noch mit einer spöttischen Strafpredigt zu begleiten. Erst sein Entschuldigungsbrief beendete drei Jahre später das Schweigen, in das der gekränkte Verfasser ihm gegenüber verfallen war.

Der Dialog wurde wieder aufgenommen, als Jacobi im September 1784 persönlicher Gast Goethes am Frauenplan war. Die beiden Gefährten, aus denen beinahe Feinde geworden wären, erneuerten ihre Freundschaft und diskutierten, wie früher, über Spinoza, was Goethe zu einer Schrift über den Philosophen anregte, die er Frau von Stein diktierte. Dabei müssen diametrale Gegensätze hervorgetreten sein, denn der Dichter hielt den jüdischen Weltweisen für einen Verkünder der Einheit von Gott und Natur, während Jacobi ihn des Atheismus bezichtigte. Immerhin schied er in dem Glauben, daß das freundschaftliche Einvernehmen nun wiederhergestellt worden war. »Jacobi ist sehr gerührt weggegangen, insonderheit von Goethe«, schrieb Herder. Aber dann kam es zu erneuten Schwankungen, als Jacobi in seiner Schrift *Über die Lehre des Spinoza* ohne das Wissen und die Genehmigung des Dichters die bisher unveröffentlichte *Pro-*

metheus-Hymne sowie das Gedicht *Das Göttliche* publizierte. Man sah sich noch einige Male – und konnte sich über Gott und die Welt nie einig werden. Die gegenseitige Zuneigung blieb von solchen Differenzen unberührt. »Wir liebten uns, ohne uns zu verstehen«, resümierte Goethe diese Beziehung, die an die Toleranzbereitschaft beider Kontrahenten keine geringen Ansprüche stellte.

Jacobi hatte ihm vor Jahren einen jungen Gelehrten und Schriftsteller empfohlen, der einst mit Kapitän Cook um die Welt gesegelt und durch seine Beschreibung dieser Reise zu frühem Ruhm gelangt war: Georg Forster, den Goethe dann in Kassel persönlich kennen- und schätzengelernt hatte. Jetzt, Mitte September 1785, kam Forster nach Weimar, in Begleitung seiner Frau Therese, einer Tochter des Göttinger Altphilologen Heyne. Goethe gab ihnen ein »griechisches Abendmahl«, zu dem er auch noch Wieland und das Ehepaar Herder einlud, so daß einige Prominente der deutschen Literaten- und Gelehrtenrepublik an einem Tisch saßen. »Sie können denken, daß unter solchen Menschen der Abend froh hinging«, schrieb Forster begeistert an seinen Schwiegervater, »und mich freute es sehr, diese drei vorzüglichen Männer auf einen so freundschaftlichen Ton untereinander gestimmt zu sehen, zu bemerken, daß sie sich aufs Wort sogleich verstanden und daß die Verwandtschaft ihrer Studien sie einander nähergebracht hatte, denn freilich ist Weisheit des Altertums und griechische Eleganz ihnen allen geläufig, ihrer aller Muster.« Forster verbrachte »zwei der frohesten Tage« seines Lebens, die sich so nicht mehr wiederholen sollten. Sieben Jahre später sah er in Mainz Goethe noch einmal, der auf dem Weg zur Campagne in Frankreich war. Dann verschlang die Französische Revolution ihren deutschen Parteigänger.

Gleich nach der Abreise der Forsters aus Weimar erschien eine Dame, auf die Goethe ebenfalls von Fritz Jacobi zuerst hingewiesen worden war. Fürstin Amalia von Gallitzin kam aus dem westfälischen Münster, wo sie einen Kreis von

Persönlichkeiten um sich scharte, die den katholischen Glauben mit der Aufklärung zu versöhnen suchten. Zwei dieser Männer brachte die Fürstin mit: den Freiherrn von Fürstenberg, der die Universität Münster gegründet hatte, und den Philosophen Hemsterhuis, dessen Schriften Goethe durch Jacobi kannte. Mit beiden Herren kam er sogleich in ein intensives Gespräch, während die Fürstin kränkelte und daher zunächst kaum zur Verfügung stand. Dann trat der »Heide« Goethe der Katholikin doch noch näher, für die er, wie für ihre Begleiter, tiefen Respekt empfand, denn es »sind wirklich vorzügliche Menschen«. So nannte er die Münsteraner in einem Brief an Frau von Stein.

Es waren Begegnungen, die Goethes Gesichtskreis erweiterten und ihm anzeigten, daß sich hinter seiner überwiegend protestantischen und ein wenig glanzlosen Umwelt eine geistig-geistliche Sphäre erstreckte, die Anerkennung verdiente. Ein paar Jahre später, als er auf dem Heimweg aus der Campagne in Frankreich die Fürstin Gallitzin in Münster besuchte, sah er sich »immer von neuem hingezogen zu jenen ächt katholischen Naturen, die, befriedigt im festen treuen Glauben und Hoffen, mit sich und anderen in Frieden leben, und Gutes tun aus keinen anderen Rücksichten, als weil es sich von selbst versteht und Gott es so will«. Daß der Freiherr von Fürstenberg, als Generalvikar des Hochstifts Münster, dann die *Römischen Elegien* und den *Reineke Fuchs* auf den Index setzte, aber nichts gegen eine Szene aus der *Iphigenie* in einem Lesebuch für Gymnasien einzuwenden hatte, steht auf einem anderen Blatt.

Während Goethe die Gespräche mit Gästen nutzte, um neue Kenntnisse und Erfahrungen für sich selbst zu sammeln, paßten manche Besucher gar nicht in seine Welt. Zu diesen »Störenfrieden« zählten einige Gestalten, die ihn mit seiner Jugend verbanden. Lenz, Klinger, Merck und in gewisser Weise auch Jacobi mußten die Entfremdung erleben und erleiden, die den Geheimen Rat inzwischen von den Genossen seiner Frühzeit trennte. Zu ihnen gesellte sich nun ein berühmter Schriftsteller, Anreger und Seelenhirte, der immerhin für sich in Anspruch nehmen durfte, als einer der ersten Zeitgenossen Goethes Bedeutung erkannt zu haben, sogar noch vor dem Erscheinen des *Werther*: Johann Caspar Lavater in Zürich.

Die Freundschaft mit ihm war euphorisch aufgeschossen, als sich Goethe und Lavater an einem Junitag des Jahres 1774 in Frankfurt zum ersten Mal umarmt und dann eine gemeinsame »Geniereise« zu mehreren Badeorten unternommen hatten. An Lavaters *Physiognomischen Fragmenten*, die sich anheischig machten, das Wesen eines Menschen von seiner Physiognomie her zu bestimmen, hatte Goethe mitgearbeitet, das Werk auch mit eigenen Zeichnungen und Beiträgen bereichert. Eine gewisse Abkühlung trat ein, als Lavater, der ein Pfarramt in Zürich versah, mit seinen fanatischen Bekehrungsversuchen und Prophetenreisen begann, auf denen er eine durch die Aufklärung skeptisch gestimmte Menschheit einem schwärmerischen Jesusglauben zurückzugewinnen suchte. Die scharf nach vorn springende Nase dieses Apostels mag Goethe darauf gebracht haben, daß hier ein Seelenschnüffler am Werk war; auch hat ihn sein seltsam stelzender Gang an einen Kranich erinnert. Als Kranich fristet er denn auch im »Walpurgisnachtstraum« des *Faust* ein wenig schmeichelhaftes literarisches Nachleben:

> In dem Klaren mag ich gern
> Und auch im Trüben fischen,
> Darum seht ihr den frommen Herrn
> Sich auch mit Teufeln mischen.

Lavaters Schrift *Pontius Pilatus* hatte schon 1782 auf seinen Besuch in Weimar einen Schatten geworfen und fast den Bruch mit Goethe herbeigeführt. Der Dichter des *Prometheus* sah sich zu dem Bekenntnis gedrängt, er sei »kein Widerchrist, kein Unchrist, aber doch ein dezidierter Nichtchrist«, wohl um diesem Gast deutlich zu machen, daß jetzt zwischen ihnen eine unüberwindbare Grenze verlief. Als dann noch Lavater auf einer Kupfertafel zu seinem Epos *Jesus Messias* dem Versucher Christi die Physiognomie Goethes geben ließ, war das Maß voll und der früheren Freundschaft auch die menschliche Grundlage entzogen.

Trotzdem hielt es der Prophet für richtig, noch einmal in Weimar zu erscheinen, im Juli 1786, als Goethe bereits zu seiner Italienreise rüstete. Er bezog sogar Quartier im Haus am Frauenplan, als ob ihm verborgen geblieben wäre, daß er da längst nicht mehr hingehörte. Es müssen frostige, schwer zu ertragende Tage gewesen sein, die der Hausherr in einem Brief an Frau von Stein resümierte: »Er hat bei mir gewohnt. ein herzlich, vertraulich Wort ist unter uns gewechselt worden, und ich bin Haß und Liebe auf ewig los. Er hat sich in den wenigen Stunden mit seinen Vollkommenheiten und Eigenheiten so vor mir gezeigt, und meine Seele war wie ein Glas rein Wasser. Ich habe auch unter seine Existenz einen großen Strich gemacht und weiß nun, was mir *per saldo* von ihm übrigbleibt.« Lavater seinerseits zog eine Bilanz, die verrät, daß er die Abkühlung der Beziehung ahnte, ohne den mittlerweile vollzogenen Bruch ganz ermessen zu können. Von Physiognomik und Prophetentum im Stich gelassen, stellte er lediglich eine Veränderung im Wesen seines Gastgebers fest: »Ich fand Goethe älter, kälter, weiser, fester, verschlossener, praktischer.«

Am 20. Juli 1786 reiste Lavater ab. Am 24. Juli empfing Goethe noch einen Theologen namens Dittmar, zu dem er sagte: »Oft quälen mich Durchreisende mit langweiligen Besuchen, und da ich mich jetzt mit der Osteologie [Knochenlehre] beschäftige ..., so lege ich ihnen zuweilen meine vorhandenen Knochen vor, das erregt den Besuchenden Langeweile, und sie empfehlen sich. Ich habe diese Vorlage bei Ihnen vergessen.« Es waren Worte, die Goethe fast schon im Reisewagen sprach, denn noch am gleichen Tag fuhr er ab, zunächst nach Karlsbad und von dort weiter nach Italien. Es dauerte beinahe zwei Jahre, bis er wieder zu Hause war.

Mit dieser Reise trat er eine Flucht an vor den schwierigen Weimarer Verhältnissen, die ihn auf eine genau fixierte Rolle festgelegt hatten; vor den Beziehungen zu einer Frau, die er liebte und die doch hoch kompliziert war; auch sicher vor der Furcht, die eigene Bestimmung zu verfehlen. Es war das Bewußtsein einer offen aufgebrochenen Krise, die er von Rom aus in einem Brief Frau von Stein zu erklären suchte: »Ich bin wie ein Baumeister, der einen Turm aufführen wollte und ein schlechtes Fundament gelegt hatte; er wird es noch beizeiten gewahr und bricht gerne wieder ab, was er schon aus der Erde gebracht hat, um sich seines Grundes mehr zu versichern, und freut sich schon im voraus der gewissen Festigkeit seines Baues.«

Goethe war nicht nur dabei, unter Lavaters Existenz »einen großen Strich« zu ziehen, sondern auch unter die eigene. Und wenn es noch einer Episode bedurfte, die ankündigte, daß er einen ganzen Kreis seines Daseins ausgeschritten hatte, dann mag man sie im Besuch des ihm fremd gewordenen Lavater unmittelbar zuvor sehen. So reiste Goethe ab, nicht ohne den in Weimar zurückbleibenden Diener Seidel mit Aufträgen für das verwaiste Haus zu versehen. Vor ihm lagen Italien und die eigene geistige Wiedergeburt. Auch für die spätere Schar der Gäste im Haus am Frauenplan sollte dieser Wendepunkt seine Folgen haben.

2. Kapitel

Vom Frauenplan ins Jägerhaus und zurück

Christiane – Erster Besuch Schillers – Carl Philipp Moritz – Der Kapellmeister Reichardt – Gottfried August Bürger – Der Mineraloge Abraham Gottlob Werner – Umzug ins Jägerhaus – Der Maler Johann Heinrich Lips – Karl August Böttiger als indezenter Beobachter – Der Kunscht-Meyer – Die Freitagsgesellschaft – Leseproben der Schauspieler – Der Engländer Gore und seine Töchter – Rückkehr ins Haus am Frauenplan – Der Studiosus Johann Heinrich Falk – David Veits Bericht für Rahel Levin – Johann Heinrich Voß

Die Szene ist von Biographen immer wieder beschrieben worden, obwohl sonst niemand zugegen war als die beiden unmittelbar an ihr beteiligten Menschen: der vor kurzem aus Italien nach Weimar zurückgekehrte Dichter und das Mädchen, das ihm, einen tiefen Knicks vollführend, einen Brief überreichte. Die Begegnung soll sich im Park an der Ilm zugetragen haben, exakt am 12. Juli 1788, so daß der Dichter später gelegentlich bekannte, sein Ehestand mit dem Mädchen sei genau ein Jahr älter als die Französische Revolution. Er zählte damals neununddreißig Jahre, war von der italienischen Sonne gebräunt und verwandelt, an die er sich jetzt, wieder heimgekehrt in seine nordische »Verbannung«, wehmütig erinnerte. Das Mädchen, gerade dreiundzwanzig Jahre alt, wird Aufregung und eine erklärliche Verwirrung mühsam bezwungen haben. Aber der Bruder, ein an Ritter- und Räuberromanen laborierender Literat namens Christian August Vulpius, war dringend der Protektion bedürftig, und so wagte es die Schwester, mit einem Bittbrief dem berühmten Minister und Dichter in den Weg zu treten.

45

In der Mamsell Christiane Vulpius und dem sachsen-weimarischen Staatsminister von Goethe berührten sich zwei Welten, die sonst kaum etwas miteinander zu tun hatten. Christiane war verwaist und mußte zum Lebensunterhalt der Geschwister beitragen. Sie arbeitete in der kleinen Fabrik, in der Friedrich Justin Bertuch, der fähigste Geschäftsmann Weimars, künstliche Blumen und Draperien herstellen ließ. Das Mädchen soll goldbraune Locken, schwellende Lippen, lachende Augen, dazu eine zierliche Gestalt von »reizender Fülle« besessen haben, und man mußte wohl nicht, wie später Adele Schopenhauer, an einen »weiblichen Dionysos« denken, um das sinnliche Brio zu verstehen, von dem sich Goethe sofort bestricken ließ. Dieses Erscheinungsbild wurde dann schnell, durch mehrere Geburten und aufopferungsvolle Arbeit im weitläufigen Hauswesen des Dichters, von einem matronenhaften Aussehen überlagert, aber spontane Fröhlichkeit und beherzte Burschikosität sind Christiane immer geblieben. Neben seiner Mutter war es ihr beschieden, zum vitalsten und harmonischsten Menschen in Goethes ganzer Biographie zu werden.

Ein zündender Funke muß doch sogleich bei jener ersten Begegnung im Park an der Ilm übergesprungen sein. Goethe war darauf vorbereitet wie nie zuvor. Eigentlich hatte erst Italien sein erotisches Empfinden voll zur Entfaltung gebracht, angefacht vielleicht von »Faustina«, der mysteriösen römischen Geliebten, die aller Spürsinn der Goethe-Philologen nie zu entschlüsseln vermochte. Ist sie am Ende womöglich nur eine poetische Stilisierung von Christiane Vulpius? Denn die *Römischen Elegien*, das großartige Zeugnis des eben erst jetzt vollzogenen erotischen Erwachens, sind nicht unter römischem, sondern unter weimarischem Himmel entstanden. Sie hießen zuerst *Erotica Romana* und hätten doch ohne den nachitalienischen Liebesfrühling mit Christiane nicht geschrieben werden können.

Jedenfalls wurde das Mädchen seine Geliebte und kam immer öfter ins Gartenhaus an der Ilm, zunächst noch nicht in die Residenz am Frauenplan. Dem allezeit zu Klatsch und Hechel aufgelegten Publikum sollte sie möglichst entzogen bleiben. Wenn man so will, ist auch Christiane ein Gast Goethes gewesen, wenigstens in der ersten Zeit und unter Ausschluß von Beobachtern, die hier nur lästig sein konnten. Später, als Lebensgefährtin des Dichters, hat sie unendlich viel zur Betreuung seiner Gäste beigetragen, durch ihre kluge Regie des gesamten Hauswesens, von Küche und Keller, Garten und Personal, ohne daß die meisten Gäste sie je zu Gesicht bekamen. Vorläufig kam erst einmal der Liebesfrühling zu seinem Recht, der anhielt, während der Hochsommer 1788 in den Herbst überging, ganz wie es die *Römischen Elegien* für immer festhielten:

Herbstlich leuchtet die Flamme vom ländlich geselligen
                    Herde,
Knistert und glänzet, wie rasch! sausend vom Reisig empor.
Diesen Abend erfreut sie mich mehr; denn eh noch zur
                    Kohle
Sich das Bündel verzehrt, unter die Asche sich neigt,
Kommt mein liebliches Mädchen. Dann flammen Reisig
                    und Scheite,
Und die erwärmete Nacht wird uns ein glänzendes Fest.
Morgen frühe geschäftig verläßt sie das Lager der Liebe,
Weckt aus der Asche bebend Flammen aufs neue hervor.
Denn vor andern verlieh der Schmeichlerin Amor die Gabe,
Freude zu wecken, die kaum still wie zu Asche versank.

Der mittlerweile sechzehnjährige Fritz von Stein, der noch immer in Goethes Wohnungen aus und ein ging, kam zuerst hinter das Geheimnis und erzählte davon seiner Mutter. Für Charlotte von Stein war es die Erklärung dafür, daß ihr der Freund schon lange zu entgleiten schien: bereits seit seiner überstürzten Abreise nach Italien, von der sie nichts gewußt hatte. Daß Goethe versuchte, die alte Beziehung neben der neuen zu erhalten, hat ihm den letzten Rest von Sympathie geraubt, den er bei Frau von Stein noch genießen mochte. Was hatte schließlich, aus seiner Sicht, das schwierige, von ständigen Schwankungen und Rücksichtnahmen beherrschte Verhältnis, das ihn an die Aristokratin band, mit dem »glänzenden Fest« zu tun, das er in den Nächten mit Christiane feierte?

Um so mehr scheint die Frage die Zeitgenossen beschäftigt zu haben, besonders die Bewohner der Residenzstadt Weimar, die sich das Auftauchen der Mamsell Vulpius im innersten Reservat des berühmten Dichters und Ministers kaum oder nur mit sehr niedrigen Beweggründen zu erklären vermochten. Daß er eine solche Liaison eingegangen war, mochte noch hingehen. Daß er aber zu Christiane stand, sie ins Haus nahm und das gemeinsame Kind als das seine anerkannte, ließ die Affäre erst zu einem Skandal werden. Er habe sich zu der Geliebten »herabgewürdigt«, teilte Caroline Herder ihrem in Italien weilenden Mann mit, und in einem weiteren Brief an ihn behauptet sie gar, das Mädchen sei vor dem Beginn ihres Verhältnisses mit Goethe »eine allgemeine H–« gewesen, wobei Frau von Stein als Quelle für diese Verleumdung genannt ist. Es war noch lange nicht die übelste Nachrede, die der »Mamsell« Vulpius galt, sogar im engsten Freundeskreis.

Wie Goethe selbst seinen Bund mit dem »kleinen Naturwesen« sah, erläuterte er Dresdner Bekannten schon bald nach dem Beginn der Beziehung: »Ich bin verheiratet, nur nicht mit Zeremonie.« Und als er dann im Oktober 1806 diesen Ehestand doch noch mit einer »Zeremonie« vor Gott und den Menschen gleichsam legalisierte, stellte er die Gefährtin denen, die sie ohnehin längst kannten, mit den Worten vor: »Sie ist immer meine Frau gewesen.« Er widmete ihr die schönsten seiner Blumen- und Gartengedichte: *Der neue Pausias und sein Blumenmädchen, Ich ging im Walde so vor mich hin, Durch Feld und Wald zu schweifen* sowie, allen anderen voran, *Die Metamorphose der Pflanzen.*

Es ist merkwürdig, daß die meisten Gäste, die Goethe in

der ersten Zeit seines Verhältnisses mit Christiane besuchten, neben ihr blaß, fast schemenhaft und austauschbar wirken. Keiner von ihnen bekam die Geliebte des Hausherrn damals zu Gesicht, alle hatten von ihr nur einen verzerrten, durch Klatsch und Gerüchte entstellten Begriff, wenn überhaupt etwas von alledem bis zu ihnen gedrungen war. Auch Christiane war ja zunächst nur ein Gast, noch dazu einer im Verborgenen und jenseits alles Schicklichen, aber ihre Ausstrahlung gewann immer mehr an Intensität, Kraft und beglückender Gegenwart, je ernsthafter sie Goethe seinem Dasein integrierte. Das geschah gewiß nicht ohne menschliche Verwerfungen, und Goethe hat dem »lieblichen Mädchen« und seiner späteren Frau eigentlich immer ein Höchstmaß an Geduld, Verzicht und Selbstverleugnung zugemutet. Sie hat es ertragen und sogar noch versucht, Dankbarkeit dafür zu empfinden.

Im Vergleich dazu ereigneten sich die Begegnungen Goethes mit den meisten seiner Gäste in den Bahnen des Konventionellen, besonders während der ersten anderthalb Jahre nach seiner Rückkehr aus Italien. Dazu zählte auch der erste Besuch Schillers, der damals, im Dezember 1788, auf eine Professur in Jena hoffte. Goethe unterstützte das Begehren des Jüngeren mit einem Promemoria, aber es dauerte noch mindestens ein halbes Jahrzehnt, bis die beiden Dichter zum sprichwörtlichen Dioskurenpaar der deutschen Klassik wurden. Vorläufig war man sich ziemlich fremd und ging einander aus dem Weg. Goethe waren die *Räuber* ein Greuel, die nach seinem Dafürhalten einer Entwicklungsstufe angehörten, der er selbst gottlob entkommen war. Andererseits sah Schiller in dem Älteren einen egoistischen Hof- und Weltmann, über den er sich mehrfach mit Mißgunst und Häme, äußerte, freilich nie öffentlich. »Öfters um Goethe zu sein, würde mich unglücklich machen«, schrieb er Anfang Februar 1789 an den Dresdner Freund Körner. Und ein paar Wochen danach hieß es gegenüber demselben Adressaten: »Dieser Mensch, dieser Goethe, ist mit einmal im Wege.«

Mit einer gewissen Distanz beobachtete Schiller auch den Besuch des Schriftstellers Carl Philipp Moritz, der von Anfang Dezember 1788 bis Anfang Februar 1789 bei Goethe Station machte. Moritz kam aus Rom, wo er in den Jahren zuvor eine enge Freundschaft mit Goethe eingegangen war. »Er ist wie ein jüngerer Bruder von mir, von derselben Art, nur da vom Schicksal verwahrlost und beschädigt, wo ich begünstigt und vorgezogen bin«, hatte Goethe befunden und sich rührend um Moritz gekümmert, als er in Rom einen Reitunfall auskurieren mußte. Daß das Schöne nicht nützlich zu sein brauche und insofern als einziges Phänomen menschlicher Produktivität nicht auf seine Verwertbarkeit befragt werden müsse, hatte Goethe von Moritz in Rom gehört und dem eigenen ästhetischen Kanon einverleibt. Das Umgießen der *Iphigenie* aus der Prosa in Blankverse war eine Folge solcher Debatten.

Jetzt in Weimar wurden sie fortgesetzt, sehr zum Vorteil des *Tasso*, den Goethe sofort wieder aufnahm. »Moritzens Gegenwart tut ihm sehr gut, und er muß so lange hier bei ihm bleiben, bis der *Tasso* fertig ist«, schrieb Caroline Herder. In den Helden, der unter der »Disproportion des Lebens mit dem Talent« leidet, ist mancher Zug des Freundes Moritz eingegangen. Es waren Winterwochen, die beiden wichtig blieben – Goethe, der das eigene Kunststreben bestätigt fand, und Moritz, der einst, als Kind armer und bigotter Eltern, nie zu träumen gewagt hätte, am Tisch eines solchen Gastgebers zu sitzen. Die Stumpfheit und Glücklosigkeit seiner Jugend hatte er soeben in dem Roman *Anton Reiser* verarbeitet. In Weimar machte er auch Schiller seine Aufwartung. »Von Goethen spricht er mir zu panegyrisch. Das schadet Goethen nichts, aber ihm«, notierte Schiller mißbilligend, der damals jede Art von Lobrednerei auf Goethe tadelte.

Endete die Gesinnungsverwandtschaft mit Moritz schon nach wenigen Jahren mit dem frühen Tod des Freundes, so waren die Beziehungen zu einem anderen Gast schweren Schwankungen ausgesetzt. Im Frühjahr 1789 kam zum ersten

Mal Johann Friedrich Reichardt an den Frauenplan, Hofkapellmeister in Berlin, dazu Schriftsteller und respektloser
Kommentator der Zeitläufte. Er brachte seine Komposition
von Goethes Singspiel *Claudine von Villa Bella* mit, wovon
»nur einiges gut« sei, während Goethe »aber alles hübsch«
fände, wie Caroline Herder berichtete. Reichardt vertonte
weitere Singspieltexte sowie insgesamt etwa 150 Gedichte
und Lieder Goethes, womit er einen einzigartigen Beitrag zur
Popularisierung des Dichters leistete. Dann jedoch verdarb er
es mit ihm: Reichardt verriß in seiner Zeitschrift *Deutschland*
Schillers *Horen* mit Goethes dort anonym erschienenen *Unterhaltungen deutscher Ausgewanderten,* von denen er offenbar
nicht wußte, wer sie geschrieben hatte. Als er dann auch noch
unverhohlene Sympathien mit der Französischen Revolution
an den Tag legte, sah er sich durch ein ganzes Feuerwerk von
Xenien abgestraft, die Goethe und Schiller nun auf ihn
schmiedeten. Vorläufig aber, als er zum ersten Mal im Haus
am Frauenplan vorsprach, war diese kurvenreiche Entwicklung von Reichardts Verhältnis zu Goethe noch nicht absehbar, das übrigens ganz zuletzt, nach Abzug des Pulverdampfs,
wieder in eine freundlichere Stimmung zurücklenkte.

An einem Nachmittag Ende April 1789 war Reichardt
gerade dabei, Goethe aus seiner Vertonung der *Claudine von
Villa Bella* vorzuspielen, als ein Diener im Zimmer erschien
und einen weiteren Besucher meldete: Herr Privatdozent
Gottfried August Bürger von der Universität Göttingen bitte
vorgelassen zu werden. Goethe stand mit dem Herausgeber
des *Göttinger Musenalmanachs* und Dichter volkstümlicher
Balladen seit Jahren in brieflichem Kontakt, wobei er allerdings, schon vor längerer Zeit, das vertrauliche »Du« in das
distanziertere »Sie« hatte wechseln lassen. Man war einander
ohnehin noch nie persönlich begegnet, und außerdem gehörte Bürger, der in zerrütteten familiären Verhältnissen
lebte, zu den Gestalten, die Goethe als unangenehm empfand. Da der Verfasser der einst auch von Goethe geschätzten
Leonoren-Ballade auf der Durchreise in Weimar war, kam es

zum ersten, fast zufälligen Zusammentreffen, das allerdings auch das letzte sein sollte.

Hochgemut stieg Bürger die Treppe hinan, nachdem er gehört hatte, daß oben der Kapellmeister Reichardt mit der Präsentation einer Partitur beschäftigt war. Aber der Bedienstete führte ihn in einen Audienzsalon, ganz ohne Kapellmeister und Piano. In der Tür soll der Gast mit dem Hausherrn zusammengestoßen sein und ihn, schon ein wenig verwirrt, angestammelt haben: »Sie Goethe – ich Bürger!« Seine Verlegenheit wuchs weiter, als er sich auf ein Sofa genötigt sah, während Goethe stehen blieb und ihn nicht etwa nach seinen Gedichten fragte, obwohl Bürger sie ihm erst kurz zuvor zugeschickt hatte. Goethe erkundigte sich »nach der damaligen Frequenz der Göttinger Universität«, womit er deutlich genug signalisierte, daß es hier nichts Persönliches und nichts Literarisches zu besprechen gab. Der Gast begriff und stand auf, von Goethe noch mit einer gnädigen Verbeugung in der Ansicht bestätigt, daß die Audienz zu Ende war. Bürger ging hin und schrieb ein Gedicht, das sicher nicht zu seinen stärksten poetischen Eingebungen gehört, dafür aber seinem Goethe-Grimm zu einem Ventil verhalf:

> Mich drängt' es in ein Haus zu gehen,
> Drin wohnt' ein Künstler und Minister.
> Den edlen Künstler wollt' ich sehn
> Und nicht das Alltagsstück Minister.
> Doch steif und kalt blieb der Minister
> Vor meinem trauten Künstler stehn,
> Und vor dem hölzernen Minister
> Kriegt' ich den Künstler nicht zu sehn.
> Hol ihn der Kuckuck und sein Küster!

Der Philosoph Fichte äußerte später den Verdacht, Goethe habe Bürger die kalte Schulter gezeigt, um dessen Hoffnung auf eine Berufung nach Jena zunichte zu machen, aber dieser Argwohn blieb reine Spekulation.

Mit einem großen Gelehrten schloß Goethe damals eine enge Gesinnungsgemeinschaft, die jede Arroganz von vornherein ausschloß. Abraham Gottlob Werner, der bedeutendste Geologe und Mineraloge seiner Zeit, war Professor an der Bergakademie im Sächsischen Freiberg und besuchte erstmals Mitte September 1789 das Haus am Frauenplan. Was ihn Goethe besonders sympathisch machte, war der von ihm vertretene »Neptunismus«, der die Entstehung der Erdoberfläche als Ablagerung aus einem allmählich zurückgehenden Ur-Ozean zu erklären suchte. Die »Vulkanisten« oder »Plutonisten«, die dies alles dem feurig-flüssigen Zustand der Erde zuschrieben, erregten hingegen Goethes Zorn, der jegliches »Polterwesen« haßte, keineswegs nur in der Natur. Werner, der auch ein sprachmächtiger Mann war, hat Goethes gesteinskundliche Studien in einem kaum meßbaren Umfang bereichert. Zudem schuf er eine Brücke zu den Romantikern, von denen einige in Freiberg seine Schüler wurden. Die unterirdische Welt der Steine als ein Spiegelbild für die verschütteten Bezirke der menschlichen Psyche war eine Vorstellung, die nicht nur Novalis und E. T. A. Hoffmann, sondern auch den Dichter des *Faust* zu faszinieren vermochte.

Es waren Gedanken, die Goethe in ferne Räume und Erdzeitalter führten, wo doch seine ganz persönliche Situation in Weimar einer neuerlichen Klärung bedurfte. Daß er Christiane und das Kind, das sie von ihm erwartete, nun für immer ins Haus holen würde, hielt er offenbar für selbstverständlich, nur war eine solche Lebensgemeinschaft in dem Domizil am Frauenplan vorläufig nicht zu verwirklichen, aus welchen Gründen auch immer. Wieder half Herzog Carl August aus, der dem Freund ein Quartier im »Großen Jägerhaus« zuwies, einem Gebäude an der Straße nach Belvedere, der heutigen Marienstraße. Es war von einem Vorfahren des Herzogs für die Förster erbaut worden und stand ganz im Grünen, noch ohne städtische Umgebung. Goethe selbst bezog die Beletage, das Stockwerk darüber diente Christiane sowie deren Schwester und Tante als Logis. So war der Schicklichkeit Genüge getan, wie sie Zeit und Moral von einem hohen Herrn im Ministerrang nun einmal erheischten, ohne daß Goethe den täglichen Umgang mit der Geliebten und bald auch mit seinem Kind entbehren mußte. Denn am 25. Dezember 1789 kam hier das Söhnchen August zu Welt, so daß nun im Jägerhaus eine kleine Familie wohnte, »welche nicht eben eine heilige Familie ist«.

»Gustel« war Christianes und Goethes einziges Kind, das am Leben blieb. Später starben zwei Töchter und ein weiterer Knabe nach jeweils wenigen Tagen; ein totgeborener Sohn und einige Fehlgeburten vervollständigten den düsteren Kreislauf von Christianes Schwangerschaften, der noch an-hielt, als beide längst wieder am Frauenplan lebten. Wie die Eltern auf diese Heimsuchungen, die selbst in einer Zeit hoher Kindersterblichkeit auffallend waren, reagierten, ist aus den überlieferten Zeugnissen nicht ablesbar. Ihre gesamte Zuneigung haben sie jedenfalls auf den allein überlebenden August versammelt, an dem Frau von Stein freilich schon in frühen Jahren die traurigen Augen auffielen. Er trug, bis in sein zehntes Jahr hinein, den Familiennamen der Mutter, mit der sich nach wie vor der Weimarer Klatsch höhnisch und abfällig beschäftigte. Sie ließ es trotzdem nicht daran fehlen, das Jägerhaus für ihren »superben Schatz«, wie sie den Ge-heimen Rat zärtlich nannte, mit hingebungsvoller Hege und Pflege sowie einer beschwingten Sinnlichkeit auszustatten. Goethe gab davon in aufgeräumter Stimmung seinem Her-zog Nachricht, der solche Verse nicht ohne Heiterkeit gelesen haben wird:

> Indes macht draußen vor dem Tor,
> Wo allerliebste Kätzchen blühen,
> Durch alle zwölf Kategorien
> Mir Amor seine Späße vor.

Ob das Idyll »draußen vor dem Tor« als eine langfristige Lebens- und Arbeitsherberge gedacht war oder nur als eine Interimslösung bis zur Klärung der Verhältnisse am Frauenplan, ist schwer auszumachen. jedenfalls richtete sich das Paar, das nach außen hin noch gar keines war, in dem »Quartier« häuslich ein. Goethe gewann in seiner Etage sogar Platz für naturwissenschaftliche Experimente, darunter eine Dunkelkammer für optische Versuche. Und hier, »draußen vor dem Tor«, besuchten ihn auch seine Gäste.

Einer der ersten war der Zürcher Maler und Kupferstecher Johann Heinrich Lips, den Goethe bereits von der Schweiz her kannte und mit dem er dann auch in Rom freundschaftlich verkehrt hatte. Er kam als Lehrer an die Freie Zeichenschule nach Weimar, vom Geheimen Rat ausdrücklich dazu eingeladen. Von ihm stammt die berühmte Kreidezeichnung, die dann als Kupferstich weite Verbreitung fand: Goethe genau *en face*, im Alter von zweiundvierzig Jahren, unter dem noch rokokomäßig stilisierten Haar das ebenmäßige Antlitz mit der hohen Stirn, den großen Augen, der nach vorn springenden Nase und dem sinnlich geschwungenen Mund, aufragend aus einem hohen Kragen, der dem Staatsfrack anzugehören scheint. Karl Gotthard Graß, damals Theologiestudent in Jena und später Maler in Rom, begleitete den Künstler ins Jägerhaus und konnte dort das Modell mit dem Porträt vergleichen, wobei er bewundernd feststellte: »Lips hat ihn, wie noch niemand vor ihm, gezeichnet und sticht jetzt sein Bild.« Angesichts der apollinischen Erscheinung, die der Maler hier auf sein Blatt bannte, kam dem Betrachter gleich noch die folgende Goethe-Kanonisierung über die Lippen: »Dieser Mann ist in Weimar wie ein Gott. Aber ist auch, wie ein Gott, nur ein Goethe.«

Lips war einer der wenigen Gäste, die Christiane gesehen und gezeichnet haben: sitzend an einem Tischchen, auf das sie graziös den Arm legt, in der linken Hand ein Buch auf den Knien haltend, das anmutige Gesicht in die Ferne gewendet. Zwischen dieser Gestalt, die einer tiefen Ruhe hingegeben ist, und einer anderen Momentaufnahme scheinen Welten zu liegen. Wir verdanken sie Karl August Böttiger, damals Gymnasialdirektor in Weimar, einem indiskreten Beobachter und Lästerer der deutschen Literaturszene. Er blickte gern durch Schlüssellöcher, so auch im Jägerhaus, wo er Goethe und Christiane beobachtete, die allerdings kaum noch etwas mit den von Lips porträtierten Persönlichkeiten gemein haben: »Nichts ist einfacher als seine jetzige Häuslichkeit. Abends sitzt er in einer wohlgeheizten Stube, eine weiße Fuhrmannsmütze auf dem Kopf, ein Wollenjäckchen und lange Flauschpantalons an, in niedergetretenen Pantoffeln und herabhängenden Strümpfen, im Lehnstuhl, während sein kleiner Junge auf seinen Knien schaukelt. In einem Winkel sitzt stillschweigend und meditierend der Maler Meyer aus der Schweiz, auf der andern Seite die Donna Vulpia mit dem Strickstrumpf. Das ist die Familiengruppe.«

Der »Maler Meyer aus der Schweiz« war seit November 1791 da, »als Hausgenosse, Künstler, Kunstfreund und Mitarbeiter«, wie Goethe ihn einmal zusammenfassend nannte. Für den Hausherrn wurde er einer der wichtigsten Gäste, vielleicht der unentbehrlichste Gast überhaupt, obwohl er bald nicht mehr nur als Besucher galt, sondern »zu den Unsrigen gehörte«. Er bezog zunächst eine Stube im Jägerhaus, siedelte dann mit ins Haus am Frauenplan über, wo er, in der Mansarde kampierend, zehn Jahre lang ein Mitglied der Familie war. Aber auch später, nach Gründung eines eigenen Hausstands, fand er sich fast täglich ein, um mit seinem Herrn und Meister über das Wohl und Wehe der deutschen Kunst zu befinden.

Johann Heinrich Meyer stammte aus Stäfa bei Zürich, war elf Jahre jünger als Goethe, hatte sich daheim dem Maler Füßli anvertraut und war nach Italien gegangen, wo er, fasziniert von den Ruinen römischer Altertümer und den Bildern der Renaissance-Künstler, zum überzeugten Klassizisten wurde. Winckelmanns Gesetz von der »edlen Einfalt und stillen Größe« unterwarf er sich mit dem Eifer eines

Christiane Vulpius im Jägerhaus.
Graphitzeichnung von Johann Heinrich Lips, um 1790.

Jüngers, der hier die *Conditio sine qua non* nicht nur des eigenen Kunststrebens, sondern aller Kunstgeschichte gefunden zu haben meinte. Goethe lernte ihn im römischen Quirinalspalast kennen und schätzen, wo Meyer, als einziger inmitten einer ganzen Schar von Kennern, den Maler eines dort ausgestellten Bildes anzugeben wußte. In ihm fand Goethe den Experten, den er gesucht hatte: klug, vielwissend, ein wandelndes Lexikon der Kunstgeschichte, auf jedes Stichwort mit einem gelehrten Privatissimum reagierend.

Meyer malte und zeichnete auch selbst, wobei allerdings das Kopieren und Nachahmen der alten Meister seine Sache war, nicht der freie Umgang mit Formen, Farben und Figuren oder gar die Gestaltung neuer künstlerischer Einsichten, die ihm eher suspekt zu sein schien. Goethe gelang es, beim Herzog die Berufung des Freundes als Lehrer an der Freien Zeichenschule zu Weimar, später sogar als deren Direktor durchzusetzen. So wandelte er von nun an, länger als vierzig Jahre, durch die Residenz an der Ilm: von kleiner, jedoch stämmiger Gestalt, unter der aufgestülpten Kappe teils gemütlich, teils auch starr einherblickend, breit und mit einem gewissen Pathos das Schwyzerdütsch seiner Heimat sprechend, weshalb man ihm, halb ironisch, halb respektvoll, den Namen »Kunscht-Meyer« anheftete.

Kritischen Geistern mochte es vorkommen, als habe sich da die Natur das Experiment gestattet, in ihm einen zweiten Goethe, aber ganz ohne dessen Genialität, zu erschaffen. Trotz seiner zahlreichen Aktivitäten, trotz seiner Malereien und Kopien, trotz seiner Entwürfe für Denkmäler, Theaterkostüme und Titelblätter, trotz seiner Mitarbeit an Schillers *Horen* sowie an Goethes Kunstschriften – also trotz aller Betriebsamkeit und Ausdauer, die schließlich zu einer fast deckungsgleichen Identifikation mit den Ideen des Meisters führten – erscheint der Kunscht-Meyer merkwürdig unproduktiv oder doch wenigstens unoriginell und steril. Über die Einhaltung des Winckelmann-Kanons wachte er mit dem inbrünstigen Eifer eines Gralsritters, alle anderen und neueren Ideen waren von Übel. Man hat ihn daher auch für Goethes Intoleranz gegenüber den jungen romantischen Malern, den Caspar David Friedrich und Philipp Otto Runge, verantwortlich gemacht. Er war und blieb nun einmal der wichtigste Berater des Geheimen Rates in allen Fragen der Bildenden Kunst, fast könnte man sagen: sein Minister für Kunstangelegenheiten.

Eine derart enge Bindung ist allein durch ästhetische Überzeugungen kaum zu erklären, eine tiefe gegenseitige menschliche Sympathie muß hinzugekommen sein. Einer der Gründe war vielleicht die Ehrerbietung, ja Herzlichkeit, mit welcher der Hofrat Christiane behandelte, im Unterschied zu den meisten anderen Gästen und Bekannten Goethes. Er akzeptierte sie ohne Vorbehalt und malte die junge Mutter, eng an den kleinen August geschmiegt. Ganz ohne Nachempfindung ging es freilich auch bei diesem Blatt nicht: das Doppelporträt ist eine bewußte Adaption von Raffaels »Madonna della Sedia«, gewendet ins Deutsch-Hausbackene. Besonders wußte Meyer, der erst als Mittvierziger sein Junggesellendasein beendete, Christianes Kochkünste zu schätzen, von denen er als ständiger Gast profitierte. Überhaupt muß man sich ihn meistens mit an Goethes Tafel sitzend vorstellen, auch wenn er nicht ausdrücklich erwähnt wird. Er saß dort, ein treuer Schatten und Gefolgsmann, bis ins biblische Alter hinein, als der Geheime Rat von ihm sagte: »Den Tod dieses Mannes wünsche ich nicht zu überleben.« Ungefähr so ist es dann auch gekommen: Goethe starb im März 1832, der Kunscht-Meyer im Oktober desselben Jahres, als habe sich nun für ihn, nach dem Tod seines Schirmherrn, alles Irdische von selbst erledigt.

Als Heinrich Meyer im Herbst 1791 nach Weimar gekommen war, hatte er einen gesellig-literarischen Kreis vorgefunden, in dem er schnell heimisch wurde. Es war die »Freitagsgesellschaft«, die ihre Gründung Goethe verdankte, der damit die in Weimar lebenden Repräsentanten von Wissenschaft und Kunst aus der Isolation führen wollte. Die

Gründungsversammlung hatte im Wittumspalais der Herzogin-Mutter Anna Amalia stattgefunden, dann trat man meistens in Goethes Domizil im Jägerhaus und später im Haus am Frauenplan zusammen. Auch diese Runde versammelte Gäste bei Goethe, unter ihnen Herder, der über theologische Fragen sprach, Bertuch, der über englische Landschaftsgärten referierte, und den Weimarer Arzt Buchholz, der chemisch-physikalische Experimente demonstrierte. Es war auf das interdisziplinäre Gespräch abgesehen, in das auch Professoren der Universität Jena einbezogen wurden. Ehrenmitglieder waren Anna Amalia sowie Herzog Carl August und Herzogin Louise. Manchmal kam eine regelrechte Sternstunde zustande, wenn ein junges Talent hier seine Chance fand und nutzte. Ein noch völlig unbekannter junger Arzt namens Christoph Wilhelm Hufeland ließ sich über »die Kunst, das Leben zu verlängern« vernehmen. Der Herzog war davon so begeistert, daß er dem jungen Mann eine Professur an der Universität Jena verschaffte.

Goethe selbst steuerte Betrachtungen über das Farbenprisma und über den Stammbaum des Hochstaplers Cagliostro bei, dessen Verwandte er auf Sizilien besucht hatte. Ein Glanzpunkt muß sein Vortrag der *Ilias* in der Übersetzung von Johann Heinrich Voß gewesen sein, von dem ein Gast aus Berlin, Wilhelm von Humboldt, dermaßen beeindruckt war, daß er Schiller darüber vorschwärmte. Schiller wiederum, damals noch in Jena lebend, wollte nun Goethe keine Ruhe mehr lassen, »bis Sie auch eine solche Sitzung mit uns halten«.

Wehte in den Zusammenkünften der Freitagsgesellschaft oft genug die Höhenluft geistigen Neuerertums, so ging es bei einem anderen Völkchen wesentlich ausgelassener und exzentrischer zu. Es waren die Schauspieler, denen Goethe seit Übernahme der Theaterdirektion im Jahr 1791 als strenger Prinzipal vorstand. Die Leseproben wurden oft im Jägerhaus und später im Gelben Saal des Hauses am Frauenplan abgehalten, an einer langen Tafel, auf der Goethe wie ein Kapellmeister den Rhythmus schlug, um seinen Mimen die »Reim- und Taktscheu« auszutreiben. Keinen Schlendrian beim Sprechen sollte es fortan mehr geben, auch kein Abrutschen ins Mundartliche oder Beliebige! Dem Vers sollte sein Recht werden, besonders dem Jambus! Das klassische deutsche Drama lebte davon, überhaupt von der edel gegliederten, pastos dahinfließenden, harmonisch gerundeten Sprache, so daß auch die Exerzitien mit den Schauspielern auf Winckelmann hinausliefen, auf einen Winckelmann im Medium der Deklamation.

Bei den Sitzungen der Freitagsgesellschaft war Christiane nie zugegen, aber wenn die Schauspieler kamen, wagte sie sich gelegentlich hervor aus ihrer Nischenexistenz. Sie war eine Theaterenthusiastin, auf deren Urteil auch Goethe etwas gab, und saß mit den Komödianten gern zusammen. Daß sie einen guten Tropfen nicht verschmähte, hat ihre Beliebtheit in diesem Kreis noch erhöht, ebenso ihr Geschick beim Ausgleichen von Spannungen und Eifersüchteleien. Die Kinder der Theaterleute lud sie zu kleinen Gesellschaften ein, besonders dann im Haus am Frauenplan.

Die Rückkehr dorthin war bereits in den ersten Monaten des Jahres 1792 beschlossene Sache, das idyllische Intermezzo im Jägerhaus neigte sich nach nur zweieinhalb Jahren seinem Ende zu. beschleunigt wurde dieser Entschluß durch das Auftauchen eines reichen Engländers und seiner beiden Töchter, von denen die eine als Zeichnerin, die andere als strahlende Schönheit Aufsehen erregten.

Charles Gore, früher Kaufmann und Schiffsreeder, dann Bildungsreisender, Mäzen sowie begabter Landschafts- und Marinemaler, war für Weimar zweifellos ein Gewinn, so daß man die Absicht des Herzogs verstehen kann, die Niederlassung dieses begüterten und vielseitigen Mannes nach Kräften zu fördern. Daß Serenissimus die attraktive Tochter Emily sehr beeindruckt hat, wird dabei kaum eine Rolle gespielt haben, denn bei ihr kam er, dank Goethes Protest,

nicht recht zum Zuge. Jedenfalls wurde für den Engländer
eine Wohnung gesucht. Das Jägerhaus bot sich dafür an. Die
Entscheidung, getroffen vom Herzog höchstpersönlich, eb-
nete allen Beteiligten den Weg: Charles Gore nach Weimar,
Goethe mitsamt Christiane, dem kleinen August, dem Personal und den weitläufigen Sammlungen zurück an den Frauenplan. Dort war dann der englische Kunst- und Menschen-
freund oft Gast des Geheimen Rates, der die »Gegenwart
dieses vortrefflichen Mannes unter die bedeutenden Vorteile«
zählte, »welche diese Stadt in den letzten Jahren genossen«
habe.

Im Mai 1792 erwarb die Fürstliche Kammer im Auftrag des
Herzogs von dem Garnisonsarzt Helmershausen das Grundstück am Frauenplan zum Preis von 6000 Meißnischen Gul-
den – ausschließlich für Goethe, zu dessen lebenslanger miet-
freier Nutzung. Das Recht auf bauliche Veränderungen nach
seinem eigenen Gutdünken wurde ihm ausdrücklich zugestanden. War dies alles schon ein seltener, fast einzigartiger
Akt fürstlicher Großzügigkeit, so übertraf sich Carl August
noch einmal, als er zwei Jahre später »aus eigener, freier
Bewegung« das Nutzungsrecht in eine Schenkung um-
wandelte und damit das Haus ganz ins Eigentum Goethes
überführte. Er fügte 1500 Taler »zur schicklichen Einrich-
tung« hinzu und ordnete außerdem an, daß die Kammer
weiterhin die Grundsteuer bezahlte. Das Herzogtum zählte,
im Vergleich zu manchem anderen deutschen Land, zu den
materiell bescheiden ausgestatteten Staatswesen, so daß Carl
Augusts Mäzenatentum doppelte Bewunderung verdient,
auch von der Nachwelt. Die Grundsteuer übernahm der
Hausherr Ende 1806, nach der Katastrophe von Jena und
Auerstedt, selbst, um seinen Beitrag zur Linderung des »vaterländischen Unglücks« zu leisten.

Der Umzug vom Jägerhaus an den Frauenplan erfolgte
Ende April 1792, obwohl feststand, daß dort erst einmal eine
unruhige Phase des Umbauens und Umgestaltens beginnen
mußte. Goethe wollte »einreißen«, auch Treppen, Wände und

Decken, damit endlich das Gehäuse entstehen konnte, das halbwegs seinen Vorstellungen entsprach. Es begann die Metamorphose des Hauses, zunächst rasch und geräuschvoll, später zurückhaltender und gedämpfter, ohne je völlig zum Abschluß zu gelangen. Da die Handwerker auch anderweitig benötigt wurden und außerdem schon damals, einer alten Gewohnheit ihres Standes gehorchend, nicht zu besonderer Eile neigten, verlief die ganze Aktion dem Schöpfer des *Faust* viel zu langsam. Er klagte immer wieder über den »sachten Gang« der Arbeiten und ging einmal so weit, die im Treppenhaus hantierenden Maler »schmutzige Schnecken« zu nennen.

Derartige Äußerungen des Unmuts fielen in den Briefen, die Goethe aus der Ferne nach Hause schrieb. Schon wenige Wochen nach dem Umzug mußte er, als Begleiter des Herzogs, zu dem Feldzug gegen das revolutionäre Frankreich aufbrechen, von dem er erst im Dezember zurückkehrte. »Nun fand ich das von meinem Fürsten mir bestimmte, erneuerte, wohleingerichtete Haus schon meistens wohnbar, ohne daß mir die Freude ganz versagt gewesen wäre, bei dem Ausbau mit- und einzuwirken«, hieß es fast dreißig Jahre später in der *Campagne in Frankreich*. Kurz darauf, im Mai 1793, reiste der Dichter, wiederum einem Ruf seines Herzogs folgend, zur Belagerung von Mainz ab, wo nun die erste bürgerliche Republik auf deutschem Boden von den Truppen der antifranzösischen Koalition niederkartätscht wurde. Von den rauchenden Wällen der Stadt schrieb Goethe nach Weimar: »Es freut mich, daß sich indes mein Häuschen baut, indes wir manches zerstören.« Hierauf der Kunscht-Meyer in seinem Antwortbrief vom heimischen Frauenplan: »Kommen Sie, wann Sie wollen, Sie werden immer nur gegrüßt, wenn Sie in die Zimmer treten, das SALVE vor der Tür ist gemacht.« Erst Ende August, kurz vor seinem vierundvierzigsten Geburtstag, war Goethe wieder in Weimar und konnte die inzwischen vollbrachten Umbauten begutachten.

Seine langen Abwesenheiten in dieser für die Gestalt seines Hauses entscheidenden Zeit empfand er als Nachteil, obwohl er detaillierte Zeichnungen hinterließ und das im Gang befindliche Werk in allen Einzelheiten zu steuern suchte. Der Vorteil jedoch bestand darin, daß Goethe vor dem gröbsten Schmutz und Lärm bewahrt wurde. Die Hauptlast der ganzen Unternehmung hatte Christiane zu tragen, neben ihr auch der Kunscht-Meyer, der diese Herausforderung als seine große Stunde begriff. Er schuf nicht nur die Deckengemälde im Juno- und Urbinozimmer sowie im Treppenhaus, sondern er gab auch der gesamten Innenausstattung des Gebäudes das klassizistische Gepräge. Insofern ist das Haus am Frauenplan, wie es sich von nun an präsentierte und wie es noch heute besichtigt werden kann, auch sein Werk. Daß er bei alledem als ausführendes Organ des Hausherrn agierte, dem dienen zu dürfen er für den Glücksfall seines Lebens hielt, war ihm eine Selbstverständlichkeit. Selbst noch dort, wo ihm – in Goethes Abwesenheit – ein freier Spielraum zuteil wurde, handelte er aus dem Geist einer vorauseilenden Jüngerschaft, die da wußte, was Seiner Exzellenz frommen und gefallen würde.

Zu den gravierenden Eingriffen in die Bausubstanz, die Goethe für nötig hielt, gehörte die Treppe, deren Bau viel Platz beanspruchte. Mit ihr suchte er Vorstellungen zu verwirklichen, zu denen ihm die Reise nach Italien verholfen hatte. Von nun an mußte jeder Gast, der ihm seine Aufwartung machen wollte, diese Treppe ersteigen, deren flache Stufen zu einem gemessenen Schreiten zwingen. Fast war es, als sollte dadurch dem Besucher angedeutet werden, daß es hier nicht nur um das Erreichen des oberen Stockwerks in einem räumlichen Sinn, sondern um den allmählichen Aufstieg in eine höhere Sphäre ging! Zahllose Gäste haben, neugierig oder bang, andächtig oder aufgeregt, diese Treppe erklommen, wie eine Jakobsleiter. Sie stiegen hinan, flankiert von den Kopien griechisch-römischer Kunstwerke, ganz über ihren Häuptern das Deckengemälde des Kunscht-Meyer, das

Eingang zu Goethes Empfangsräumen im Haus am Frauenplan.

die Götter- und Friedensbotin Iris zeigt. Viele Gäste mögen es empfunden haben wir der Dichter Jean Paul, der nach einem Besuch respektvoll protokollierte:»Sein Haus frappiert: es ist das einzige in Weimar im italienischen Geschmack, mit solcher Treppe.«

Hinweg über den Gruß SALVE, der in den Fußboden eingelassen ist, ging es dann, meistens in Begleitung eines Bediensteten, hinein in die Räume, die Fremden zugänglich waren. Goethe empfing seine Besucher in dem erlesen ausgestatteten Juno- oder in dem kleineren Urbinozimmer. Gespeist wurde in dem Kleinen Eßzimmer oder, was oft geschah, im Gelben Saal, vor allem wenn eine größere Gästeschar geladen war. Damit aber hatte der Besucher allein von den etwa zwanzig Zimmern der ersten Etage nur wenige gesehen, der stattliche Rest blieb ihm verschlossen. Der endlose Reigen der Gäste ist in diesen wenigen Räumen an Goethe vorübergezogen. Gemächer, die ausschließlich der Aufbewahrung von Kunstwerken dienten, sind erst später eingerichtet worden, nach dem Tod Christianes, als etwa das Schlafzimmer die Majolikasammlung aufnahm. Das ganze Haus am Frauenplan war von Anfang an ein Museum.

Unzugänglich für fast alle Besucher blieben die Räume im Hinterhaus, die der Arbeit und Ruhe vorbehalten waren: ein Vorzimmer; das Arbeitszimmer, in dem Goethe, umherwandelnd oder an einem Pult stehend, diktierte; das Schreib- oder Dienerzimmer, in dem die Reinschriften von Briefen und Manuskripten angefertigt wurden; schließlich das Schlafzimmer mit einfacher Bettstatt und einem Armsessel, in dem der Dichter dann, am 22. März 1832, starb. Man hat mit Recht diese wenigen Räume, die zusammen nicht mehr als 62 Quadratmeter umfassen, Goethes eigentliche Wohnung genannt.

Die Repräsentations- und Empfangssäle im Vorderhaus waren mondän, fast wie in einem Palais eingerichtet und gaben den Blick auf den Frauenplan frei. Die Arbeits- und Ruheräume im Hinterhaus nahmen sich asketisch, ja spartanisch aus, zeigten kaum ein Bild an den Wänden und boten die Aussicht auf den Garten, der mit zu diesem Bezirk der Konzentration und der Stille gehörte. Es kam schon einer Auszeichnung gleich, wenn der Hausherr einmal einen Gast durch den Garten führte, was etwa dem von einer tiefen Scheu erfaßten Franz Grillparzer geschah. Ansonsten war dieser Bereich ein nach außen hin streng abgeschirmter Distrikt. Von den Besuchern, die sich um eine Audienz bemühten, gelangten nur die Visitenkarten hierher, die Goethe auf einer Schnur im Arbeitszimmer aufzufädeln pflegte.

Einer der ersten, die sich melden ließen, wenn auch vermutlich noch nicht unter Vorlage einer Visitenkarte, war der vierundzwanzigjährige Johann Daniel Falk aus Danzig, damals Studiosus der Theologie und Philosophie zu Halle an der Saale.

In einem Brief an seinen Bruder schilderte Falk den Geheimen Rat, wie er etwa zum Zeitpunkt seiner Rückkehr an den Frauenplan aussah: »Er ist von mittlerem Wuchse, hat ein männlich braunes Antlitz, schwarze funkelnde Augen, einen tieffassenden Blick, einen starken schwarzen Bart[wuchs] und genialische, aber regelmäßige Züge. Sein Anzug war bürgerlich einfach, ein simpler blauer Überrock, sein Anstand kunst- und anspruchslos. Ein mehr angeborener als angenommener Ernst erweckt in jedem, der mit ihm spricht, ein gewisses Gefühl von Hochachtung, ... Ehrfurcht, das aber keineswegs zurückstoßend ist. Ich hätte ihn eher für einen biederherzigen Amtmann als für den großen Schriftsteller gehalten.« Dann sprach Goethe dem Studenten Falk gegenüber mit »vielem Enthusiasmus« von Italien. Dort würden »schöne Körper und schöne Seelen unter einem Dach und Fach in brüderlicher Eintracht« zusammenwohnen, »bei uns wohnen sie durch verschiedene Stockwerke abgesondert und ungesellig, jedes treibt seine Wirtschaft für sich«.

Das mehr als einstündige Gespräch war der Beginn einer langen und an Schwankungen reichen Beziehung, die, besonders als Falk ganz nach Weimar gezogen war, auch manche

Störung mit sich bringen sollte. Als polemischer Spötter und verwegener Grenzgänger zwischen den politischen Fronten in der napoleonischen Besatzungszeit war er Goethe dann oft mißliebig, später als Begründer eines Erziehungsinstituts für verwaiste Kinder errang er die Achtung des Dichters. Seine Schrift *Goethe aus näherm persönlichen Umgange dargestellt* ist der Bericht eines Mannes, der oft Gast am Frauenplan war, erschien aber erst nach dem Tod des Dichters, obwohl Falk vor ihm starb. Ob Goethe auch Notiz von seinem Weihnachtslied *O du fröhliche* genommen hat, ist nicht ausdrücklich überliefert, jedoch wird es noch heute gesungen.

Kurz nach Falks erstem Besuch, 1793, hat der Hausherr noch einen anderen Studenten an einen Amtmann erinnert. David Veit aus Berlin studierte in Jena Medizin, später wirkte er als Arzt in Halle und Hannover. Er war der Neffe Dorothea Veits, die später die Frau Friedrich Schlegels wurde. Vor allem war er der Jugendfreund Rahel Levins, die damals, gerade zweiundzwanzigjährig, in der Berliner Jägerstraße ihren ersten Salon etablierte, wo Goethe bereits die Aura einer Kultfigur genoß. An sie ist der Brief gerichtet, in dem Veit von seinem Besuch am Frauenplan minutiös Kunde gibt. Zugleich zeigt der Brief aber auch, wie gravierend die Schilderungen der Besucher voneinander abweichen. Denn wenn Falk von den »schwarzen funkelnden Augen« Goethes beeindruckt ist, spricht Veit von »völlig braunen«.

»Unter den Augen hat er schon Falten und ziemlich beträchtliche Säcke«, fährt der junge Berliner Jude fort, »überhaupt sieht man ihm das Alter von vierundvierzig bis fünfundvierzig recht eigentlich an, und das Gemälde ist in der Tat zu jugendlich; es müßte denn wahr sein, was man in Weimar allgemein behauptet, daß er während seinem Aufenthalt in Italien merklich gealtert habe. ... (Ich habe ihn, indes er meinem Onkel verschiedene Fragen vorlegte, von der Seite und in dem Spiegel recht starr angesehen.) Der Mund ist sehr schön, klein, und außerordentlicher Biegungen fähig; nur entstellen ihn, wenn er lächelt, seine gelben, äußerst krum-

Visiten- und Empfangskarten aufgefädelt
in Goethes Arbeitszimmer.

men Zähne. (...) Alles zusammen genommen, kann er ein Minister, ein Kriegsrat, ein Geheimrat, allenfalls ein Amtmann sein, nur kein Gelehrter und gewiß kein Virtuose.« Man sprach über den Krieg, denn Goethe war erst vor wenigen Wochen aus der Kampagne in Frankreich heimgekehrt, und berührte »keinen literarischen Punkt«. Seine Exzellenz habe mit den Händen auf dem Rücken vor den Gästen gestanden, überhaupt sei das Gespräch im Stehen geführt worden, »sitzen ließ er uns nicht«. Nach ungefähr einer Viertelstunde habe Goethe »eine bedeutend lächelnde Miene« aufgesetzt, »und wir waren nicht dumm«, was soviel heißt: die Gäste hatten verstanden, daß die Audienz zu Ende war.

Der lange Brief enthält auch über Christiane einige Ungereimtheiten, die Veit nur als Gerücht zugekommen sein können. Immerhin zeigen sie, was damals über »die Vulpius« in Weimar kolportiert wurde. Sie käme nie in Goethes Haus, wo sie doch damals schon ihre Zimmer zum Garten hin bewohnte, und sei dem Geheimen Rat »zur Linken angetraut«, was ebenso absurd war: den Brauch einer »Ehe zur linken Hand« gab es nur in regierenden Dynastien. Rahel Levin reagierte dann auch darauf mit Unverständnis und überhaupt auf Veits Brief mit einer gewissen Ratlosigkeit, denn er paßte gar nicht zum Goldgrund der erhabenen Goethe-Ikone, die diese Jüdin im Herzen trug. Sie, die ihren Salon zur Hochburg der Berliner Goethe-Verehrung machte, konnte noch nicht wissen, daß sie selbst einmal am Frauenplan zu Gast sein würde.

Gegenüber unbekannten jungen Leuten wie Falk und Veit war der Dichter Johann Heinrich Voß längst eine Berühmtheit, als er Anfang Juni 1794 in Weimar Station machte. Über die in Gärung befindlichen Zeitläufte wird man sich kaum unterhalten haben, da Voß, Enkel eines mecklenburgischen Leibeigenen, noch immer als Sympathisant der Französischen Revolution auftrat, auch nach der Hinrichtung Ludwigs XVI. Vielleicht lag es daran, daß Goethe zunächst etwas schweigsam war und seinen Gast »scharf betrachtete«. Aber er »ward allmählich lebhafter«, vor allem als die Rede auf Homer kam. Voß, Übersetzer der *Ilias* und der *Odyssee*, war eine unbestrittene Autorität auf dem weiten Feld der griechischen Literatur und einer der besten Kenner antiker Versmaße. Schon daher fühlte er sich wohl in dem »prächtigen Hause, das mit Statuen und Gemälden des Altertums prangt«. Dann las Voß einige Partien aus seiner Übertragung der *Odyssee*, woraufhin »alle gestanden, sie hätten einen solchen Versbau, eine so homerische Wortfolge, die gleichwohl so deutsch, so edel, so kindlich einfach wäre, sich nicht vorgestellt«. »Dabei ward rechtschaffen gezecht, Steinwein und Punsch«, notierte der selige Voß für seine Frau Ernestine.

Was aber den Hexameter betraf, verstand er keinen Spaß. Als Goethe ihm den *Reineke Fuchs* mitgab, um die Meinung dieser Koryphäe über den Versbau seines Epos zu hören, bekam er es mit einem richtigen Beckmesser zu tun. Voß kreidete ihm die metrisch freien Hexameter als fehlerhaft an und wollte überhaupt nicht einsehen, wie die schlichte alte Tierfabel zu so einem prunkenden Versmaß gekommen war. Goethe ging darauf, sehr zum Glück seines Werks, nicht ein. Die Beziehungen der beiden ungleichen Statthalter griechischem Geistes auf deutschem Boden erlitten dadurch keinen dauernden Schaden. Goethe las schon kurz danach die *Ilias*-Übersetzung seines Kritikers in der Freitagsgesellschaft vor.

Eine Woche nach der Abreise von Johann Heinrich Voß, im Juni 1794, erhielt Goethe einen Brief, in dem er zur Mitarbeit an einer neugegründeten Zeitschrift eingeladen wurde, die den Titel *Die Horen* trug. Der Brief rührte von einem Mann her, der ihn schon einmal besucht hatte, fast sechs Jahre zuvor, aber damals war aus der flüchtigen Begegnung kein bleibender Kontakt hervorgegangen. Man kam einander zwar seither nie ganz aus den Augen, aber tiefe Verschiedenheiten trennten die beiden Individualitäten, Gegensätze im Herkommen, in Mentalität und Gesinnung, auch im sozialen

Standort und sogar in den täglichen Gewohnheiten. Erst in diesem Sommer 1794 schmolz das Eis, und Goethe war es nun, als ob eine Epoche beginnen würde, in der sie »miteinander fortwandern mußten«. Aus dem Fremden wurde der Gefährte – und damit derjenige von allen seinen Gästen, dem Goethe als vielleicht einzigem Ebenbürtigkeit zugestanden hat. Dieser Gast war Friedrich Schiller.

3. Kapitel

Schiller und die Romantiker

Schiller als Hausgast Goethes – Friedrich Hölderlin – Wilhelm und Alexander von Humboldt – Jean Paul – Die Romantiker: August Wilhelm und Friedrich Schlegel, Caroline Schlegel, Dorothea Schlegel, Friedrich Wilhelm Joseph Schelling, Novalis, Ludwig und Friedrich Tieck, der Naturphilosoph Steffens, der Physiker Ritter, Philipp Otto Runge, Friedrich Baron de la Motte Fouqué – Der Philosoph Georg Wilhelm Friedrich Hegel – Naturwissenschaftler: Ernst Florens Friedrich Chladni und Thomas Johann Seebeck – Friedrich von Gentz – Das Mittwochskränzchen »Cour d'amour« – Drei neue Hausfreunde: Kanzler Friedrich von Müller, Karl Friedrich Zelter, Friedrich Wilhelm Riemer – Germaine de Staël – Studenten – Letzter Besuch Schillers

Während eines Zwiegesprächs am Rande einer Tagung der Naturforschenden Gesellschaft zu Jena im Juli 1794 waren sich Goethe und Schiller nähergekommen. »Eine so zerstückelte Art, die Natur zu behandeln«, wie sie offenbar die Kongreß-Debatten beherrscht hatte, war von Schiller moniert worden – sehr zur Befriedigung Goethes, der daraufhin seine Metamorphose der Pflanzen mit der Beredsamkeit des gebildeten Enthusiasten entwickelt hatte. Den nächsten und entscheidenden Schritt auf dem Weg zum »Bund des Ernstes und der Liebe« hatte Schiller am 23. August 1794 getan, in einem ausführlichen Brief an den bisherigen Widerpart »Lange schon habe ich, obgleich aus ziemlicher Ferne, dem Gang Ihres Geistes zugesehen, und den Weg, den Sie sich vorgezeichnet haben, mit immer erneuerter Bewunderung bemerkt...« Die Epistel schwoll, unter der Feder des um zehn

Jahre Jüngeren, zu einer Lebens- und Schaffensbilanz des
Älteren an, die dieser ohne Umschweife, am Vorabend seines
fünfundvierzigsten Geburtstags, beantwortete: »Zu meinem
Geburtstage, der mir diese Woche erscheint, hätte mir kein
angenehmer Geschenk werden können als Ihr Brief, in welchem Sie mit freundschaftlicher Hand die Summe meiner
Existenz ziehen und mich durch Ihre Teilnahme zu einem
emsigeren und lebhafteren Gebrauch meiner Kräfte aufmuntern.«

Goethe hatte die »freundschaftliche Hand« ergriffen und
gedachte, sie nicht mehr loszulassen. Wie zur Bekräftigung
dieses Vorsatzes lud er Schiller für Mitte September 1794 an
den Frauenplan ein: »Sie sollten ganz nach Ihrer Art und
Weise leben und sich wie zu Hause möglichst einrichten.«
Schiller, der damals in Jena wohnte, ging auf das Angebot
ein, nicht ohne jedoch die heiklen Begleitumstände zu nennen, die sein Besuch mit sich bringen würde: »Mit Freuden
nehme ich Ihre gütige Einladung nach W. an, doch mit der
ernstlichen Bitte, daß Sie in keinem einzigen Stück Ihrer
häuslichen Ordnung auf mich rechnen mögen, denn leider
nötigen mich meine Krämpfe gewöhnlich, den ganzen Morgen dem Schlaf zu widmen, weil sie mir des Nachts keine
Ruhe lassen, und überhaupt wird es mir nie so gut, auch den
Tag über auf eine *bestimmte* Stunde sicher zählen zu dürfen.
Sie werden mir also erlauben, mich in Ihrem Hause als einen
völlig Fremden zu betrachten, auf den nicht geachtet wird…«
Diese Beschreibung eines ungewöhnlichen Tages- und Nacht-
ablaufs, auf den zu verzichten sich Schiller nicht imstande
sah, gipfelte in einem Wunsch, der ebenso befremdlich war:
»Ich bitte bloß um die leidige Freiheit, bei Ihnen krank sein zu
dürfen.«

Daß Goethe, der jeder Unordnung und dem Anblick kör-
perlicher Leiden möglichst aus dem Weg ging, solche Bedingungen akzeptierte und sie nicht als Zumutung sah, zeigt,
daß er entschlossen war, bei diesem Gast seine Grundsätze zu
vergessen. Am 14. September 1794 traf Schiller im Haus am

Friedrich Schiller. Ölgemälde von F. A. Tischbein, 1806.

Frauenplan ein, übrigens in Begleitung Wilhelm von Humboldts, der ihm von Jena her das Geleit gegeben hatte. Nach dessen Abreise blieb Schiller allein in Weimar zurück, und die Vertrautheit der beiden neuen Freunde wuchs nun von Tag zu Tag.

Man sprach über die Zeitschrift *Die Horen,* die ja den Dialog mit Goethe ausgelöst hatte, über eine von Schiller zu bewerkstelligende Bearbeitung des *Egmont,* über das Weimarer Theater, über *Wilhelm Meisters Lehrjahre* und über die Farbentheorie Newtons, die Goethe heftig ablehnte. Schon kurz nach seinem Eintreffen schrieb der Neuankömmling an seine Frau: »Seit drei Tagen bin ich hier und nun schon ziemlich bei Goethe eingewohnt. Ich habe alle Bequemlichkeiten, die man außer seinem Hause erwarten kann und wohne in einer Reihe von drei Zimmern, vorn hinaus. Diese meiste Zeit aber bin ich fast immer mit G. zusammen gewesen, doch ohne den ganzen Genuß dieses Umgangs, weil ich mich selten wohl befand. Die Nächte waren viel besser, und ich schlief bald ein, aber meine Krämpfe inkommodierten mich den Tag über so sehr, daß ich nicht einmal die Stein besuchen konnte...« Kurz darauf berichtete Schiller nach Hause: »Ich bringe die meiste Zeit des Tages mit Goethe zu, so daß ich, bei meinem langen Schlafen, kaum für die nötigsten Briefe noch Zeit habe. Vor einigen Tagen waren wir von ½12, wo ich angezogen war, bis nachts um 11 Uhr ununterbrochen zusammen.«

Noch nie hatte ein Gast die geistige Welt Goethes so im Innersten berührt und bereichert wie dieser schon damals »am Tode entlang lebende« Mann, dessen Gesicht, einem Wort, des Kunscht-Meyer zufolge, »dem Bilde des Gekreuzigten« glich. Es muß der seltsame Zusammenklang von Leiden und Leidenschaft gewesen sein, der von der hohen, stets leicht gebeugt einherschreitenden Gestalt mit dem leichenblassen Antlitz ausging, von dem Goethe bewegt wurde, jedoch auch die Gewißheit, daß ihn hier zum ersten und wohl einzigen Mal ein Mensch vollkommen verstand. Schillers

Aufenthalt endete nach knapp vierzehn Tagen, aber er war nur der Auftakt einer Weggenossenschaft, die erst mit dem Tod dieses Dichters elf Jahre später aufhörte. Ein einzigartiger Glücksfall begann Wirklichkeit zu werden: jenes Dezennium, das die Weimarer Klassik ausmachte und als solche in die deutsche Geistesgeschichte eingehen sollte.

Gleich nach seiner Rückkehr in die Jenaer Arbeitsfront schrieb Schiller an den neu gewonnenen Gefährten: »Ich sehe mich wieder hier, aber mit meinem Sinn bin ich noch immer in Weimar. es wird mir Zeit kosten, alle die Ideen zu entwirren, die Sie in mir aufgeregt haben; aber keine einzige, hoffe ich, soll verloren sein.« Goethe seinerseits bestätigte es ihm am 1. Oktober: »Wir wissen nun ... aus unsrer vierzehntägigen Conferenz, daß wir in Prinzipien einig sind und daß die Kreise unseres Empfindens, Denkens und Wirkens teils coincidieren, teils sich berühren, daraus wird sich für beide gar mancherlei Gutes ergeben.«

Später würdigte er ausdrücklich den Anteil des Freundes am eigenen poetischen Schaffen: »Sie haben mir eine zweite Jugend verschafft und mich wieder zum Dichter gemacht, welches zu sein ich so gut als aufgehört hatte.« Und Schiller sah in dem produktiven Dialog mit Goethe »das wohltätigste Ereignis« seines Lebens.

Die Freunde, aus denen nun im Bewußtsein eines klassisch gebildeten Zeitalters das »Dioskurenpaar« wurde, haben den Dialog bei jeder Gelegenheit fortgesetzt, auch während Goethes ausgedehnten Aufenthalten in Jena. Im Weimarer Haus am Frauenplan wohnte dann Schiller wieder von Ende März bis Ende April 1796, vier Wochen lang, die von Gesprächen und gemeinsamen Plänen angefüllt waren. Schillers Frau und Sohn Karl, die jetzt den Dichter begleiteten, wurden im Haus der Frau von Stein untergebracht.

In die Zeit dieses Besuchs fiel ein Gastspiel August Wilhelm Ifflands auf der Weimarer Bühne, eines der berühmtesten deutschen Schauspieler der Epoche. Da im Theater keine Logen vorhanden waren, ließ Goethe für Schiller einen hölzernen Verschlag errichten, hinter dem er das Spiel des Mimen beobachten konnte, ohne selbst vom Publikum gesehen zu werden. Der kränkelnde Dichter genoß so den Vorteil, »mich vor niemand zwingen zu dürfen«, wie er es in einem Brief an den Dresdner Freund Körner formulierte. Nach den Vorstellungen gab Goethe spätabends in seinem Haus noch Soupers für geladene Gäste. Einmal, am Donnerstag nach Ostern, war fast der ganze Weimarer Geistes-Areopag versammelt: außer dem Hausherrn, Schiller und Iffland noch Wieland, Herder, Knebel, der Unternehmer Bertuch, der Minister Voigt sowie der Maler Georg Melchior Kraus. Der Fürst von Schwarzburg-Rudolstadt, der auch mit dabeisein durfte, war zu Recht der Meinung, daß es sich hier um keine ganz alltägliche Zusammenkunft handelte, und versah die Aufzählung der glanzvollen Namen in seinem Tagebuch mit einem Ausrufezeichen.

Wieder zog Schiller, nach der Heimkehr in seinen Jenaer Alltag, ein positives Resümee der in Weimar verbrachten Wochen. »Wie gut der dortige Aufenthalt im Physischen und Moralischen auf mich gewirkt, fühlte ich schon unmittelbar, und es wird sich gewiß in Tat und Wirkung erweisen«, schrieb er an Goethe am 21. April.

Über ein Jahr danach, im Juli 1797, war Schiller noch einmal, für die Dauer einer Woche, Goethes Hausgast. Jetzt stand das gemeinsame Ringen um die Kunstform der Ballade im Mittelpunkt der Gespräche. Der geschwätzige, jedoch altphilologisch versierte Gymnasialdirektor Böttiger wurde herbeizitiert, um zu erzählen, was es mit dem Stoff der *Kraniche des Ibykus* für eine Bewandtnis habe. Böttiger kam, wußte Rat und bekam zum Dank zwei bereits fertige Balladen Schillers vorgelesen: den *Taucher* und den *Ring des Polykrates*. Goethe, der den *Ibykus*-Stoff zuerst in einer Ballade hatte abhandeln wollen, trat das Sujet nun an Schiller ab, der daraufhin dankbar seinem Gastgeber schrieb: »Ich kann nie von Ihnen gehen, ohne daß etwas in mir gepflanzt worden wäre, und es freut mich, wenn ich für das viele, was Sie mir geben, Sie und Ihren innern Reichtum in Bewegung setzen kann.« Zu einem ähnlichen Fazit gelangte Goethe: »Wenn wir so fortfahren, verschiedene Arbeiten gleichzeitig durchzuführen, und, indem wir die größeren sachte fortleiten, uns durch kleinere immer aufmuntern und unterhalten, so kann noch manches zustande kommen.«

Es kam »noch manches zustande« im Lauf der nächsten Jahre, in Gesprächen, auf Spaziergängen, in Jena und Weimar. Gleichsam nebenher und trotz der geringen Entfernung, durch die beide Dichter getrennt waren, wuchs der Briefwechsel, der von beiläufigen Billetts bis zum abgründigen Credo reicht: eine der schönsten und fesselndsten Korrespondenzen deutscher Sprache. Die Übernachtungen am Frauenplan wurden entbehrlich, als Schiller mit seiner Familie Anfang Dezember 1799 von Jena nach Weimar zog, zunächst in eine Wohnung in der Windischengasse, schließlich, 1802, ins erste und zugleich letzte eigene Haus an der Esplanade. Jedoch blieb er, bis wenige Wochen vor seinem Tod, ein regelmäßiger und unentbehrlicher Besucher Goethes: als Freund, Anreger und wichtigster geistiger Begleiter, der eigentlich mit zum Haus gehörte. Er war der Partner bei Goethes intimsten Gesprächen und, soweit es sein Gesundheitszustand erlaubte, der Teilnehmer der vom Hausherrn arrangierten Geselligkeiten. Auch bei den Sitzungen des Mittwochskränzchens war Schiller zugegen.

Unter einem schlechten Stern standen jedoch die wenigen Begegnungen Goethes mit einem jungen Poeten, der damals Schillers Protektion genoß. Es war der kaum fünfundzwanzigjährige Friedrich Hölderlin aus dem Schwäbischen, vor kurzem noch Hofmeister auf dem Landsitz der Charlotte von Kalb, dann Hörer Fichtes in Jena. Dort hatte er bei einem Besuch, den er Schiller abstattete, den anwesenden Goethe nicht erkannt – für ihn fortan ein Grund zu quälenden Selbstvorwürfen. Um die Jahreswende 1794/95 überschritt er schließlich »mit Herzpochen« die Schwelle des Hauses am Frauenplan, aber er traf Goethe nicht an. Erst bei Charlotte von Kalb fand er den umworbenen Meister, was Hölderlin, in einem Brief an den Jugendfreund Hegel, zu dem Jubelruf bewog: »Goethen hab ich gesprochen, Bruder! Es ist der schönste Genuß unseres Lebens, soviel Menschlichkeit zu finden bei soviel Größe. Er unterhielt mich so sanft und freundlich, daß mir recht eigentlich das Herz lachte und noch lacht, wenn ich daran denke.«

Es wird wohl eher ein unverbindliches Gespräch gewesen sein, jedenfalls war Hölderlins Frohlocken verfrüht. Goethe nahm das Ingenium dieses Dichters kaum wahr, dessen Griechenland-Begeisterung mit dem klassizistischen Hellas Winckelmanns nicht mehr identisch war. Auch Schiller verlor das Interesse an dem ehemaligen Schützling, eine letzte Zusammenkunft mit Goethe in Frankfurt blieb folgenlos. Nach dem einen vergeblichen Anlauf hat Hölderlin den SALVE-Gruß an Goethes Tür nie mehr überschritten.

Hingegen wuchs, fast gleichzeitig mit dem Verhältnis zu Schiller, die Freundschaft mit einem noch jungen Gelehrten, der drei Jahre älter als Hölderlin, jedoch acht Jahre jünger als Schiller und achtzehn Jahre jünger als Goethe war. Wilhelm von Humboldt, ein Polyhistor schon in der Jugend, ästhetisch und wissenschaftlich gleichermaßen interessiert, kam zusammen mit seinem Bruder Alexander aus Preußen, wo beide als unabhängige Köpfe aufgefallen waren. In Jena hatten sie beim Zustandekommen von Goethes und Schillers Freundschaftsbund eine Rolle gespielt, und fast kann man sagen, daß Wilhelm von Humboldt der Dritte in diesem Bund wurde. Da er ein exzellenter Kenner der griechischen Literatur war, suchte Goethe bald seinen Rat. Besonders die Verskunst des Epos *Hermann und Dorothea* profitierte davon. Humboldts durchaus kritische Studie über dieses Werk markiert dann auch den Beginn eines wissenschaftlichen Bemühens, aus dem später die Goethe-Forschung hervorgehen sollte.

Das Haus am Frauenplan suchte Humboldt über mehr als drei Jahrzehnte hinweg immer wieder auf, oft für längere

Zeit. Am 7. April 1797 schrieb er dort an seine Frau: »Goethe ist unendlich gut und freundschaftlich, und es lebt sich sehr schön so nah und allein mit ihm... Er ist so vertraulich, spricht so leicht über die Dinge, die ihm die liebsten sind, wird so schön davon erwärmt und erscheint ganz, zugleich in der eigenen Zuversicht und Bescheidenheit, die ihm so ausschließend eigen sind. Auf die Freude und den Nutzen, die ihm das Zusammenleben mit Schiller gibt, kommt er sehr oft zurück. Nie vorher, sagt er, hätte er irgend jemand gehabt, mit dem er sich über ästhetische Grundsätze hätte vereinigen können.«

Humboldt war einer der wenigen Zeitgenossen, die sich nicht nur in den Künsten und Wissenschaften, sondern auch in der Politik auskannten. Beide Sphären brachte er zeitweise sogar miteinander in Einklang, als er später, in der Ära der preußischen Reformen, als Kultus- und Unterrichtsminister sowie als Mitbegründer der Berliner Universität Geist und Macht zu versöhnen suchte. Es war ein schwerer, stets vom Scheitern bedrohter Weg, auf dem er sich häufig der Sympathie und des Zuspruchs Goethes versicherte. Im Haus am Frauenplan pflegte Humboldt immer dann Station zu machen, wenn er an einer Zäsur seiner Laufbahn stand und neue Ziele anvisierte, so 1802 auf dem Weg nach Rom, wo der Posten des preußischen Gesandten seiner harrte, so auch 1810 auf dem Weg nach Wien, wo er ebenfalls als Gesandter amtieren und kurz danach als preußischer Delegierter auf dem Wiener Kongreß Einblick in das Labyrinth des Zeitalters gewinnen sollte.

Über Jahrzehnte hinweg blieb er ein Vertrauter Goethes. Intime Lebens- und Schaffenszeugnisse, etwa die *Marienbader Elegie*, legte ihm dieser als erster vor. Zuletzt blieb Wilhelm von Humboldt, den Lauf der Welt skeptisch beobachtend, in seiner Einsiedelei auf Schloß Tegel bei Berlin. Dorthin richtete Goethe fünf Tage vor seinem Tod seinen allerletzten Brief überhaupt, in dem er, Abschied nehmend, noch einmal auf das eigene Lebenswerk und auf den bisher unveröffentlich-

ten zweiten Teil des *Faust* zu sprechen kam: »Ganz ohne
Frage würd es mir unendliche Freude machen, meinen wer-
ten, durchaus dankbar anerkannten, weitverteilten Freunden
auch bei Lebzeiten diese sehr ernsten Scherze zu widmen,
mitzuteilen und ihre Erwiderung zu vernehmen. Der Tag ist
aber wirklich so absurd und konfus, daß ich mich überzeuge,
meine redlichen, lange verfolgten Bemühungen um dieses
seltsame Gebäude würden schlecht belohnt und an den
Strand getrieben, wie ein Wrack in Trümmern daliegen und
von dem Dünenschutt der Stunden zunächst überschüttet
werden. Verwirrende Lehre zu verwirrendem Handel waltet
über die Welt…«

Daß Wilhelm von Humboldts jüngerer Bruder Alexander,
der berühmte Naturforscher und Reisende, Goethes Interessen in vielfältiger Weise anzusprechen vermochte, wird
nicht verwundern. Er hielt sich zum ersten Mal im April 1797
am Frauenplan auf, wo sogleich Einzelheiten der Anatomie
und des Galvanismus erörtert wurden. »Mit Humboldt habe
ich die Zeit sehr angenehm und nützlich zugebracht, meine
naturhistorischen Arbeiten sind durch seine Gegenwart wieder aus ihrem Winterschlafe geweckt worden, wenn sie nur
nicht bald wieder in einen Frühlingsschlaf verfallen!« schrieb
Goethe höchst aufgeräumt Ende April an Schiller. Als der
junge Gelehrte zwei Jahre später im Begriff war, zu einer
Reise nach Südamerika aufzubrechen, die einen legendären
Ruf erlangen sollte, begleiteten ihn Goethes große Erwartungen: »Ich darf ihn wohl in seiner Art einzig nennen, denn
ich habe niemanden gekannt, der mit einer so bestimmt
gerichteten Tätigkeit eine solche Vielseitigkeit des Geistes
verbände. Es ist inkalkulabel, was er noch für die Wissenschaft tun kann.«

Wie beschwingt dieser Forscher, der zugleich ein faszinierender Erzähler war, von seinen Reisen zu berichten vermochte, hat sogar in dem Roman *Die Wahlverwandtschaften*
ein Echo gefunden. Dort notiert Ottilie in ihrem Tagebuch:
»Nur der Naturforscher ist verehrenswert, der uns das Frem-

deste, Seltsamste mit seiner Lokalität, mit aller Nachbarschaft, jedesmal in dem eigensten Elemente zu schildern und
darzustellen weiß. Wie gern möchte ich nur einmal Hum-
boldten erzählen hören.« Von dieser Kunst gab der Weitgereiste im Haus am Frauenplan mehrfach Kostproben, zum
letzten Mal im Januar 1831, als er Goethe von seiner Expedi-
tion ins Ural- und Altai-Gebiet sowie an das Kaspische Meer
berichtete. Wie stark muß die Ausstrahlung seiner Persönlichkeit gewesen sein, daß er das Meisterstück zustande
brachte, von einem Neptunisten zu einem Vulkanisten zu
werden und trotzdem Goethes Freund zu bleiben!

Mit den Brüdern Humboldt verband Goethe eine Vielzahl
von gemeinsamen Interessen und der Respekt vor deren
mannigfaltigen Aktivitäten. Männer der Wissenschaft genossen bei ihm überhaupt höheren Kredit als Literaten, wenn
sie nicht gerade mit den leidigen Vulkanisten oder mit dem
verhaßten Newton paktierten. Poeten hatten es schwerer am
Frauenplan, vor allem wenn sie es an der notwendigen
Unterwerfung unter die vom Hausherrn vertretenen ästhetischen Normen fehlen ließen. Davon konnte bald ein Autor
ein Lied singen, der Mitte Juni 1796 zum ersten Mal Goethes
Herrschersitz betrat: der soeben zu literarischem Ruhm gelangte Jean Paul, der eigentlich Johann Paul Friedrich Richter
hieß und aus Wunsiedel im Fichtelgebirge stammte.

Seine beiden ersten Romane, *Die unsichtbare Loge* und den
Hesperus, hatte er Goethe verehrungsvoll geschickt, ohne
jedoch einer Antwort gewürdigt zu werden. Daß der Geheime Rat darüber mit Schiller in ein recht kritisches Gespräch getreten war, konnte der Autor nicht wissen. Er hielt
sich an den Erfolg, den ihm besonders der *Hesperus* bescherte,
auch in Weimar, wo ihn der »ganze Hof bis zum Herzog« las,
wie Jean Paul bei seinem ersten Aufenthalt an der Ilm freudig
einem Jugendfreund schrieb. Eine Woche nach seiner Ankunft war er bei Goethe zum Mittagessen eingeladen, von
Charlotte von Kalb allerdings in einer gewissen Voreinge-
nommenheit bestärkt. Frau von Kalb, die bei Goethe nie recht

zum Zuge gekommen war, sah ihn daher ziemlich distan-
ziert, umwarb dafür aber um so heftiger Jean Paul, ohne
freilich auch bei ihm auf die Dauer Glück zu haben. Goethe,
erzählte sie dem Neuankömmling, bewunderte nichts mehr,
nicht einmal sich selber, »jedes Wort sei Eis, zumal gegen
Fremde, die er selten vorlasse; er habe etwas Steifes, reichs-
städtisches Stolzes…« Der Verfasser des *Hesperus* nahm es
zunächst von der humoristischen Seite und wollte sich durch
einen Mineralbrunnen versteinern lassen, um dem Gastgeber
»im vorteilhaften Licht einer Statue« zu nahen.

Jean Paul war nicht nur von der Treppe beim Betreten des
Hauses beeindruckt, das ganze Haus sei ein Pantheon, voller
Bilder und Statuen, »eine Kühle der Angst presset die Brust«.
Schließlich sei »der Gott« eingetreten, »kalt, einsilbig, ohne
Akzent«. Die Nachricht von den Siegen der Franzosen in
Italien habe »der Gott« nur mit einem »Hm!« quittiert. Dann
fährt Jean Paul fort, unentschieden schwankend zwischen
widerwilliger Bewunderung und innerer Abwehr: »Seine Gestalt ist markig und feurig, sein Auge ein Licht (aber ohne
eine angenehme Farbe). Aber endlich schürete ihn nicht bloß
der Champagner, sondern die Gespräche über die Kunst,
Publikum usw. sofort an, und – man war bei Goethe. Er
spricht nicht so blühend und strömend wie Herder, aber
scharf – bestimmt und ruhig. Zuletzt las er uns… ein unge-
drucktes herrliches Gedicht vor, wodurch sein Herz durch
die Eiskruste die Flammen trieb, so daß er dem enthusiastischen Jean Paul… die Hand drückte. Beim Abschied tat er's
wieder und hieß mich wiederkommen. Er hält seine dich-
terische Laufbahn für beschlossen… Auch frisset er entsetz-
lich. Er ist mit dem feinsten Geschmack gekleidet.«

Beide Gesprächspartner wußten nun, was sie voneinander
zu halten hatten. Jean Paul warf einen tiefen Blick hinter die
Fassade der komplizierten Psyche seines Gastgebers: »Er ist
ein Vulkan, außen überschneit, innen voll geschmolzner Ma-
terie.« Goethe wiederum resümierte die Begegnung in einem
Brief an Schiller, wobei er die nun auch in Weimar umge-

hende Jean-Paul-Mode, wie allen Ruhm, als eine Summe von Mißverständnissen nahm: »Hier scheint es ihm übrigens wie seinen Schriften zu gehn: man schätzt ihn bald zu hoch, bald zu tief, und niemand weiß das wunderliche Wesen recht anzufassen.«

Ganz zu fassen war »das wunderliche Wesen« nie, auch nicht als Jean Paul drei Jahre später längere Zeit in Weimar lebte und noch mehrfach das Haus am Frauenplan besuchte. Einmal, Mitte Januar 1799, war er zu einem Mittagessen eingeladen, das Goethe zu Ehren Schillers gab. Anwesend waren auch der Jenaer Buchhändler Frommann sowie Herder, Bertuch und der Maler Kraus. Goethe erzählte, daß er seinen *Werther* zehn Jahre lang nach dessen Entstehung nicht gelesen habe, denn wer würde sich schon »eines vorübergegangenen Affekts, des Zorns, der Liebe etc.« gern erinnern? Hierauf gestand Jean Paul, daß ihm seine Werke gleich nach ihrem Erscheinen ungemein gefielen, »ich kenne keine bessere Lektüre«, vorher aber nicht, denn da sei noch die Erinnerung an das Ideal lebendig, das einem ursprünglich vorgeschwebt habe. Ansonsten warfen die dramatischen Zeitläufte ihre Schatten auch auf diese Weimarer Tischgesellschaft, die allerdings, da sie eben eine weimarische war, hauptsächlich die unangenehmen Folgen der gegenwärtigen politischen Ereignisse für die Kunst beklagte. So kritisierte Schiller den Leichtsinn der Franzosen bei der Behandlung von Kunstwerken, die sie in Europa zusammenzurauben begannen.

Jean Paul, obwohl ein erfolgreicher Schriftsteller, war doch ein Einzelgänger, der sich keiner Gruppierung oder künstlerischen Richtung zugehörig fühlte. Die »ästhetischen Gaukler in Weimar und Jena und Berlin« blieben ihm fremd, womit er sich auch gegen eine Handvoll junger Literaten abgrenzte, die nun laut und vernehmlich ans Tor des Hauses am Frauenplan pochten. Es waren unruhige Geister, die als »Romantiker« eine irrlichternde Spur in der Kultur jener Zeit hinterlassen haben, faszinierend und exemplarisch bis auf den heutigen Tag.

Daß Goethe sich ihnen erst einmal zuwandte, zunächst überwiegend wohlwollend und positiv, ist unbestritten. War es doch das Verdienst dieser jungen Leute, in ihm nicht nur einen großen Dichter, sondern eine Gestalt von Jahrhundertrang zu sehen, in der sich die Strahlungen der Epoche wie in einem Prisma sammelten. Einer ihrer Bannerträger, Friedrich Schlegel, erhob Goethes *Wilhelm Meister* neben der Französischen Revolution und Fichtes Wissenschaftslehre zu den »großen Tendenzen des Zeitalters«. Wenn eine der Hauptbestrebungen der frühen Romantiker darin bestand, die Grenzen zwischen Kunst und Wissenschaft niederzureißen und einen neuen Universalismus zu begründen, dann mußte ihnen eine nach vielen Seiten hin ausgreifende Gestalt wie Goethe wichtig sein. Der Verfasser des *Wilhelm Meister* nun nicht mehr nur ein bedeutender Poet, sondern der Erschaffer großer Synthesen, der Weltweise und Präzeptor von Generationen – an diesem Bild haben die Romantiker von Jena entscheidend mitgewirkt, ja man kann sagen, daß es ihr Werk war. Der »alte Herr«, wie sie ihn respektvoll nannten, ließ es sich zunächst gefallen.

Manche seiner Begegnungen mit den romantischen Literaten fanden nicht in Weimar, sondern in Jena statt, wo er sich gerade zu jenem Zeitpunkt oft und lange aufhielt. Dort besaßen die Wortführer des romantischen Geistes so etwas wie ein Hauptquartier in der Wohnung August Wilhelm Schlegels am Löbdergraben, ganz in der Nähe des Roten Turms. Fuhr aber einer von ihnen in die Residenzstadt hinüber, versäumte er nicht, am Frauenplan seine Aufwartung zu machen, um an Ort und Stelle »dem Papst die Pantoffeln zu küssen«, wie es Dorothea Schlegel etwas maliziös formulierte. Ein Hang zu schneidender Ironie und desillusionierendem Witz, gelegentlich auch zur Arroganz, war überhaupt bezeichnend für diese euphorisch gestimmten Intellektuellen, die es auf eine Romantisierung der Welt abgesehen hatten.

Einer der Hauptleidtragenden ihrer Streitlust und Auf-

Jean Paul, Schiller, Goethe und Herder im Gespräch.
Federzeichnung von Adolph von Menzel, 1858.

sässigkeit war Schiller, mit dem sich die »Schlegelsche Clique« spätestens im Sommer 1797 überwarf. Die Gründe für den Zwist lagen teils in unvereinbaren grundsätzlichen Überzeugungen auf ästhetischem und philosophischem Gebiet, teils in menschlich-allzumenschlichen Animositäten, die bis ins Familiäre und Intime reichten. Auch waren beide Seiten an diesen Grabenkämpfen beteiligt, keineswegs nur die Frühromantiker. Goethe freilich kam dadurch in eine schwierige Situation, denn er hatte nicht vor, den Freundschaftsbund mit Schiller aufs Spiel zu setzen, wollte aber auch das Gespräch mit seinen jungen Paladinen nicht abreißen lassen, deren literarische Produktion er durchaus schätzte. Seine auf Ausgleich zwischen den beiden feindlichen Lagern bedachte Haltung konnte allerdings wenig bewirken. August Wilhelm Schlegel erinnerte sich noch nach Jahrzehnten daran, nicht ohne Hohn und Bosheit, aber auch nicht ohne eine gewisse Selbstgefälligkeit: »Überhaupt trat Goethe auf eine sehr liebenswürdige Weise vermittelnd ein. Seine sorgsame Schonung für Schiller, welche der eines zärtlichen Ehemannes für seine nervenschwache Frau glich, hielt ihn nicht ab, mit uns auf dem freundschaftlichsten Fuße fortzuleben.«

All diese Persönlichkeiten – Schiller, die romantischen Provokateure und die Grenzgänger zwischen beiden Lagern – waren auch Gäste im Haus am Frauenplan, das dadurch zum Begegnungsort der gegensätzlichsten Temperamente wurde. Zum Schauplatz ihrer Fehden wurde es nicht oder doch nur sehr selten, denn man hielt sich zurück, wenn man Seine Exzellenz besuchte. Goethe, stets auf die Wahrung eines halbwegs gedeihlichen Balancezustandes bedacht, machte gleichermaßen Gebrauch von seiner Autorität und von seinem diplomatischen Geschick, von dem alle profitierten, am meisten natürlich er selbst. Das ist ihm auch lange beim Umgang mit dem älteren der Brüder Schlegel, August Wilhelm, geglückt.

Dieser Schriftsteller verfügte über eine immense Bildung und zugleich über die Fähigkeit, sich Fremdes schnell anzueignen und an das Publikum weiterzugeben. Obwohl er kaum dreißig Jahre zählte, als er Goethe kennenlernte, fiel ihm auf der literarischen Bühne der Zeit schnell die Rolle eines Conférenciers zu, der poetische Talente aus Vergangenheit und Gegenwart gewandt und kenntnisreich präsentierte. Dieses Talent und seine hervorragende Beherrschung einiger Fremdsprachen ließen ihn zum einfühlsamen Übersetzer werden. In Jena begann Schlegel mit der großen Shakespeare-Übertragung, die sein Freund Ludwig Tieck erst dreieinhalb Jahrzehnte später in Dresden vollendete. Daß er sich überhaupt in Jena niedergelassen hatte, hing mit seiner Mitarbeiterschaft an Schillers Zeitschrift *Die Horen* und an der *Allgemeinen Literaturzeitung* zusammen, für die er nicht weniger als 300 Rezensionen schrieb. Darunter waren auch die Besprechungen von Goethes *Römischen Elegien* und von *Hermann und Dorothea*, die enthusiastischen Schwung und tiefschürfende Gelehrsamkeit gleichermaßen auszeichneten. Sie imponierten dem »alten Herrn« am Frauenplan, der, obwohl er mittlerweile als Deutschlands prominentester Dichter galt, nicht viele solcher Stimmen von seinen Zeitgenossen vernahm.

Es gab also reichlichen Gesprächsstoff, wenn Schlegel sich in Goethes Haus einfand, zumal er seinen Gastgeber auch in komplizierten metrischen Fragen und anderen literarischen Einzelheiten beriet. Jedoch büßte nun der junge Mann die Protektion Schillers ein, den eine satirische Kritik der *Horen* durch Schlegels Bruder Friedrich verärgert hatte. Erbittert kündigte er August Wilhelm die Mitarbeit an der Zeitschrift auf: ein spontaner Schritt, mit dem er gleichsam die ganze Familie Schlegel in Haftung nahm. Daß Goethe nicht ohne weiteres geneigt schien, sich diesem Akt der Exkommunikation anzuschließen, war Schiller durchaus bewußt. In einem Brief an seinen Dresdner Freund Körner bemängelte er, daß es die »Krankheit« des Geheimen Rates sei, »sich der Schlegels anzunehmen«. Selbst der Zeitschrift *Athenaeum*, die von den streitbaren Brüdern von 1798 bis 1800 in Berlin herausgegeben wurde, ließ Goethe sein Interesse angedeihen, obwohl hier Tendenzen zutage traten, die ihm verdächtig vorkommen mußten. Immerhin war es die Zeit, in der Schlegel seine romantischen Gefährten Ludwig Tieck und Novalis sowie den Naturphilosophen Henrik Steffens bei Goethe einführte, womit er seinem Geschick als literarischer Mittler wieder glänzend gerecht wurde. Goethe revanchierte sich, indem er, wenn auch erfolglos, Schlegels Schauspiel *Ion* in Weimar aus der Taufe hob und ihn schließlich der Madame de Staël als kundigen Cicerone für ihre Streifzüge durch die deutsche Kulturszene empfahl.

Doch danach ging es bergab im beiderseitigen Verhältnis, vor allem das Engagement für die romantisch-nazarenische Malerei hat Goethe dem Jüngeren nicht verziehen. Auch fand er sich in dessen in Berlin und Wien gehaltenen Vorlesungen mißverstanden und für die romantische Sache vereinnahmt. Es kam zu Verstimmungen, dann wieder zu Annäherungen, denen neue Entfremdung folgte.

Zuletzt war der alternde August Wilhelm Schlegel Ende April 1827 Gast des inzwischen hochbetagten Goethe. Mittlerweile war er Professor in Bonn geworden und, als Begründer der deutschen Indologie, noch immer ein literarischer Pionier mit hohen Meriten. Auch war er, wie schon früher, eitel, parfümiert, grell aufgeputzt, mit einer Neigung zum Affektierten und Manierierten. Eckermann berichtet über diesen letzten Besuch: »Goethe machte mit ihm vor Tisch eine Spazierfahrt und gab ihm zu Ehren diesen Abend einen großen Tee... Alles in Weimar, was irgend Namen und Rang hatte, war dazu eingeladen, so daß das Getreibe in Goethes Zimmern groß war... Schlegel war höchst sauber angezogen und höchst jugendlichen, blühenden Aussehens, so daß einige der Anwesenden behaupten wollten, er scheine nicht unerfahren in Anwendung kosmetischer Mittel.« Goethe zog Eckermann in eine Fensternische und flüsterte ihm zu, die Augen auf den von Damen umringten Gast gerichtet: »Er ist freilich in vieler Hinsicht kein Mann, aber doch kann

man ihm seiner vielseitigen gelehrten Kenntnisse und seiner
großen Verdienste wegen etwas zugute halten.«

Zwei Jahre später endeten die Beziehungen mit einer
Dissonanz, als Goethe seinen Briefwechsel mit Schiller veröffentlichte. Hier konnte Schlegel, zu seinem Befremden,
nachlesen, was die beiden Klassiker schon vor dreißig Jahren
von ihm gehalten hatten: daß er von Schiller mit Groll über-
zogen und von Goethe nur halbherzig in Schutz genommen
worden war. Der solchermaßen Bloßgestellte ließ noch ein
paar Epigramme drucken, die bissig sein sollten, doch eher
einen hilflosen Eindruck erweckten. Es war ein unwürdiges
Finale, nicht auf der intellektuellen Höhe der beiden Kontrahenten.

Daß Goethe in den produktiven Jahren der Jenaer Frühromantik sich so eng mit diesem Kreis eingelassen und, trotz
Schillers Störversuchen, die Verbindung zu ihm nicht aufge-
geben hatte, hing auch mit August Wilhelm Schlegels dama-
liger Frau Caroline zusammen. Ganz sicher war sie eine der
bemerkenswertesten Frauen im Deutschland jener Jahrzehnte. Mit ihrer Zivilcourage, ihrer an Höhen und Tiefen
reichen Biographie und nicht zuletzt mit ihrem erotischen
Brio hat sie viele Reaktionen ausgelöst, nur keine Gleichgültigkeit. Goethe kannte sie bereits aus ihrer Göttinger Jung-
mädchenzeit, später hatte man sie mit einem Arzt verheiratet,
der früh gestorben war. Die nächsten Stationen auf ihrem
Lebensweg waren dramatisch genug: ihre Anteilnahme am
Schicksal des von seiner Frau verlassenen Georg Forster
inmitten der Wirrnisse der Mainzer Jakobinerrepublik; die
Geburt eines unehelichen Kindes, dessen Vater ein franzö-
sischer Offizier war; schließlich die Ehe mit dem um vier
Jahre jüngeren August Wilhelm Schlegel, dem sie seither in
Jena ein Hauswesen mit stark bohemehaften Zügen führte.
Den Romantikerkreis prägte sie in einer gar nicht meßbaren
Weise mit, und auch Goethe konnte und wollte sich ihrem
aufregenden Charme nicht entziehen. Wenn die Schlegels ihn
am Weimarer Frauenplan besuchten, zeigte er sich von seiner

besten Seite, wie Caroline Weihnachten 1796 einer Freundin berichtet:

»Den Mittag drauf waren wir bei Goethe, und Herder auch, wo ich bei ihm und Knebel saß, allein ich hatte den Kopf immer nur nach einer Seite. Goethe gab ein allerliebstes Diner, sehr nett, ohne Überladung, legte alles selbst vor, und so gewandt, daß er immer dazwischen noch Zeit fand, uns irgendein schönes Bild mit Worten hinzustellen (er beschrieb zum Beispiel ein Bild von Füßli aus dem *Sommernachtstraum*, wo die Elfenkönigin Zetteln mit dem Eselskopf liebkoset) oder sonst hübsche Sachen zu sagen. Beim süßen Wein zum Dessert sagte ihm Schlegel grade ein Epigramm vor, das Klopstock kürzlich auf ihn gemacht, weil Goethe die deutsche Sprache verachtet hat, und drauf stießen wir alle an, jedoch nicht Klopstock zum Hohn; im Gegenteil, Goethe sprach so brav, wie sich's geziemt, von ihm. Gern wär ich noch länger dageblieben, um bei Goethe nicht allein zu hören, sondern auch zu sehn, und daneben freilich auch zu hören, aber das muß auf den Sommer verspart bleiben. *Was* ich sah, paßte alles zum Besitzer – seine Umgebungen hat er sich mit dem künstlerischen Sinn geordnet, den er in alles bringt, nur nicht in seine dermalige Liebschaft, wenn die Verbindung mit der Vulpius (die ich flüchtig in der Komödie sah) so zu nennen ist. Ich sprach noch heute mit der Schillern davon, warum er sich nur nicht eine schöne Italienerin mitgebracht hat?«

Es dauerte dann allerdings nur noch eine kurze Weile, bis Caroline von »der Schillern« und deren Mann als »Dame Luzifer« verunglimpft werden sollte. Goethe jedoch erhielt ihr seine Sympathie und war sogar bei der Scheidung behilflich, als sich Caroline von Schlegel trennen wollte, um den zwölf Jahre jüngeren Philosophen Schelling heiraten zu können. Die Frau, die August Wilhelm Schlegels »blauäugichte Athene« und Schillers »Dame Luzifer« gewesen war, starb bereits 1809, nach nur sechsjähriger dritter Ehe.

August Wilhelm Schlegels jüngerer Bruder Friedrich, zweifellos der originellere, aber auch frechere und provokantere Geist der beiden, hatte Goethe bereits früh als den »ersten einer ganz neuen Kunstperiode« gefeiert. Von ihm stammte der im *Athenaeum* veröffentlichte Aufsatz, der den *Wilhelm Meister* neben der Wissenschaftslehre Fichtes und der Französischen Revolution zu den »größten Tendenzen des Zeitalters« zählte. Dante, Shakespeare und Goethe seien der »große Dreiklang der modernen Poesie«. Das ließ sich hören, auch wenn zunächst kaum bemerkt wurde, daß es Friedrich Schlegel gerade nicht um das von Goethe vertretene Humanitäts- und Bildungsideal ging. Das Zerwürfnis mit Schiller, dessen, wie er räsonierte, »stilisierte Deklamationsübungen« ihm ein Greuel waren, hat eigentlich Friedrich vom Zaun gebrochen und wohl von Anfang an gesucht. Hingegen war er mehrere Jahre lang ein willkommener Gast im Haus am Frauenplan, da es Goethe für interessant hielt, »sich mit einem verständigen und einsichtsvollen Manne über sich selbst zu unterhalten«. Das bezog sich zwar auf eine Rezension Friedrich Schlegels, aber es traf wohl noch mehr zu auf die Gespräche, die diese beiden Angehörigen zweier verschiedener Generationen miteinander führten.

Die von dem literarischen Rebellen im *Athenaeum* postulierte »progressive Universalpoesie« der Romantiker war jedoch auf die Dauer nicht mit dem Bild vom Menschen und der Kunst in Einklang zu bringen, das nach wie vor von Winckelmanns Antike-Verständnis geprägt war. Trotzdem brachte Goethe, die Warnungen einiger Skeptiker in den Wind schlagend, Friedrich Schlegels Trauerspiel *Alarcos* an der Weimarer Bühne zur Aufführung und beschwor damit einen Skandal herauf. Der ganze Abend litt bereits unter Unruhe und mühsam zurückgehaltenem Mißvergnügen, als von einem Protagonisten des Stücks gemeldet wurde, daß er »aus Furcht zu sterben, endlich gar gestorben sei«. Hierauf brach tosendes Gelächter aus, in das Goethe, der sich von seinem Sessel erhoben hatte, mit drohender Bewegung die Worte donnerte: »Man lache nicht!« Das Gelächter erstarb augenblicklich, aber das Stück ging nun »ohne das geringste Zeichen des Beifalls zu Ende«, auch zum Schluß rührte sich keine Hand.

Friedrich Schlegel, der zunehmend zu der Einsicht gelangte, daß die Vernunft »auch in ihrer höchsten Verfeinerung sich nur zu einer negativen Idee des Unendlichen zu erheben« vermag, zog daraus die Konsequenz und trat am 18. April 1818, zusammen mit seiner Frau, im Kölner Dom zum katholischen Glauben über. Drei Wochen später war er zum letzten Mal Goethes Gast im Haus am Frauenplan, aber man hatte sich nicht mehr viel zu sagen. »Herr Friedrich mit der leeren Tasche«, wie ihn Clemens Brentano einmal nannte, war auf der Durchreise nach Wien, wo den Konvertiten ein weitgestecktes Aufgabenfeld erwartete. Der Geheime Rat sann ihm hinterher, nachdenkend über einen »so merkwürdigen Fall..., daß im höchsten Lichte der Vernunft, des Verstandes, der Weltübersicht ein vorzügliches und höchstausgebildetes Talent verleitet wird sich zu verhüllen, den Popanz zu spielen«. Schlegel lebte noch über zwanzig Jahre, die reich sein sollten an geistig-geistlichen Kombinationen und Spekulationen, aber auf der Navigationskarte dieser Kreuz- und Querzüge war der Weimarer Frauenplan nicht mehr zu finden.

Friedrich Schlegels Frau Dorothea legte die kurvenreiche Bahn ihres Mannes mit ihm gemeinsam zurück und vollzog mit ihm auch den Weg von der Goethe-Nähe zur Goethe-Ferne. Sie war eine Tochter des jüdischen Philosophen Moses Mendelssohn und wurzelte in den Traditionen des jüdischen Glaubens, von denen sie sich dann ebenso trennte wie von ihrem ersten Mann, um Friedrich Schlegels willen. Ihr Vater war das Urbild von Lessings *Nathan* gewesen, sie selbst wurde zum Urbild *Lucindes*, der erotisch-exzessiven Romanheldin ihres Mannes. Mehrfach war sie, an seiner Seite, in Goethes Haus zu Besuch, wo sie die »göttliche Exzellenz« als einen »Gott in Menschengestalt« erlebte. Später, nachdem aus der romantischen »Bacchantin« die römische Konvertitin geworden war, attestierte sie ihrem einstigen Gastgeber, er habe »kein Gemüt und keine Liebe«, vor diesem »sächsisch-weimarischen Heidentum« sei Vorsicht geboten.

Eine der letzten Persönlichkeiten, die Zugang zur »Schle-gelschen Clique« in Jena fanden, bevor dieser Kreis zerfiel, war der Philosoph Friedrich Wilhelm Schelling. »Etwas Napoleonartiges«, das später ein Zeitgenosse an ihm bemerkte, muß damals bereits dem schwäbischen Pfarrerssohn zu eigen gewesen sein, »eine Härte, die schonungslos und zermalmend wirken kann«. Gleichwohl ging von ihm nichts Gewalttätiges aus, sondern ein Charisma, dem die meisten erlagen, auch Goethe, der die Berufung des Neuankömmlings als Professor an die Jenaer Universität förderte und dies durch die persönliche Übersendung des Anstellungsdekrets noch unterstrich. Schellings Naturphilosophie vermochte er zwar nicht in allen Einzelheiten zu teilen, aber sie schien dem eigenen Naturverständnis doch verwandt zu sein. Caroline Schlegel, die Schelling sogleich bewunderte, verglich ihn mit »echtem Granit«, was ihren Schwager Friedrich Schlegel zu dem zynischen Bonmot veranlaßte: »Aber wo wird Schelling, der Granit, eine Granitin finden? Wenigstens muß sie doch von Basalt sein?«

Daß er seine »Granitin« tatsächlich in Caroline fand, hat ihre Ehe mit August Wilhelm Schlegel ruiniert und damit zum Ende des Kreises von Jena beigetragen. Auf dem Höhepunkt der Krise und unter der Last eigener Schuldgefühle bat Caroline den Geheimen Rat in einem vertraulichen Brief, daß er sich des Geliebten annehmen möge. Goethe erfüllte diesen Wunsch mit einer Gefälligkeit, die unerklärlich gewesen wäre, wenn er nicht selber Schelling sehr gemocht hätte. Er lud ihn nicht nur zur Jahreswende 1800/1801 in sein Weimarer Haus ein, sondern holte ihn sogar in Jena persönlich ab. Schelling kannte das Haus bereits von kurzen Besuchen her, aber erst vom 26. Dezember 1800 bis zum 4. Januar 1801 war er dort Tag und Nacht Goethes Gast.

Immerhin galt es zu Silvester, das 18. Jahrhundert zu verabschieden und das 19. zu begrüßen. Die »Nullisten«, die schon ein Jahr früher gefeiert hatten, waren damals in der Minderheit, die »Einser«, für die das neue Jahrhundert mit 1801 begann, stellten die Mehrheit. Schelling sollte »bei unserer Säcular-Empirie einen tüchtigen Hinterhalt« abgeben, wie Schiller von Goethe im voraus erfuhr. Diese Nachricht hing wohl auch mit der Sorge zusammen, daß Schiller, der Verächter der »Dame Luzifer«, ihren neuen Liebhaber womöglich sehr kritisch mustern würde. Dann aber scheint alles gut abgelaufen zu sein. Am 30. Dezember gab es ein »frugales Gastmahl«, an dem außer Schelling noch der Kunscht-Meyer teilnahm. Der Silvesterabend vereinte dann Schiller und Schelling an Goethes Tafel und verstrich »im ernsten Gespräch«.

Zwei Abende später kam es, am Rande einer Maskerade bei Hof, zu einer weiteren Begegnung, die ganz im Banne des Jahrhundertwechsels stand. Der Norweger Henrik Steffens, ein Schüler und Freund Schellings, war mit von der Partie und protokollierte das Beisammensein für die Nachwelt: »Einige Bouteillen Champagner standen auf dem Tisch, und die Unterhaltung ward immer lebhafter... Goethe war unbefangen lustig, ja übermütig, während Schiller immer ernsthafter ward und sich in breiten doktrinären, ästhetischen Explikationen erging... er ließ sich nicht stören, wenn Goethe ihn durch irgendeinen geistreichen Einwurf in seinem Vortrage zu verwirren suchte. Schelling behielt fortdauernd seine ruhige Haltung, ich konnte ihm kaum eine Veränderung anmerken.« Schließlich sei der Arzt Hufeland hereingetreten, der eben im Begriff gestanden habe, einem Ruf nach Berlin zu folgen. Er hätte, obwohl sehr beliebt, die Hänselei der Anwesenden ertragen müssen, worin sich »die Abneigung gegen Preußen ziemlich unbefangen« ausgesprochen habe.

Goethe bedauerte den Weggang Hufelands nach Berlin sehr, mehr aber noch den Schellings nach Würzburg und später nach München. Als anregender Gesprächspartner war er ihm unersetzlich, erst das Aufkommen mystischer Tendenzen in Schellings nachmaligen Schriften führte eine Entfremdung herbei. Aber noch die Rede *An die Studierenden*, die der Philosoph vor den rebellischen Studenten der Münchener Universität hielt, veranlaßte Goethe, zwei Jahre vor seinem Tod, zum Beifall für »das vorzügliche Talent, das wir lange kannten und verehrten«.

Einmal, am 30. Mai 1802, geschah es sogar, daß Schelling und sein späterer Antipode Georg Wilhelm Friedrich Hegel gemeinsam an Goethes Tisch saßen. Hegel wirkte damals in Jena, wo Goethe ihn kennengelernt hatte. Von da an sprach der Philosoph immer wieder am Frauenplan vor, auch noch als er längst in Heidelberg und schließlich in Berlin zu einer Zelebrität geworden war. Er wußte die *Farbenlehre* und den *Faust* zu schätzen, den er die »absolute philosophische Tragödie« nannte, ebenso die *Iphigenie, Hermann und Dorothea* sowie den *West-östlichen Divan*. In demselben Maße besaß Goethe einen Blick dafür, daß in der Gestalt Hegels gleichsam die ganze Epoche ihren *doctor universalis* gefunden hatte. Daß ihm in der klaren, aber dünnen Höhenluft, die Hegels Hervorbringungen durchwaltet, gelegentlich schwindlig wurde, gab er zu. Solche Schwierigkeiten resultierten namentlich aus dem zur Abstraktion neigenden Stil dieses Weltweisen, der Gedanken zu zwingen suchte und dabei um Worte rang.

Wenn Hegel bei Goethe erschien, kam das Gespräch schnell auf grundsätzliche Fragen, und der Hausherr nutzte dann den Augenblick, seinen Gast um Definitionen zu bitten. So war es noch bei Hegels Besuch am 18. Oktober 1827, den Eckermann festgehalten hat. Man kam auf das Wesen der Dialektik zu sprechen, das Hegel folgendermaßen erklärte: »Es ist im Grunde nichts weiter als der geregelte, methodisch ausgebildete Widerspruchsgeist, der jedem Menschen innewohnt und welche Gabe sich groß erweiset in Unterscheidung des Wahren vom Falschen.« Hierauf Goethe: »Wenn nur solche geistigen Künste und Gewandtheiten nicht häufig

gemißbraucht und dazu verwendet würden, um das Falsche
wahr und das Wahre falsch zu machen.« Hegel erwiderte:
»Dergleichen geschieht wohl, aber nur von Leuten, die geistig krank sind.« Daraufhin Goethe, nicht ohne Ironie: »Da
lobe ich mir das Studium der Natur, das eine solche Krankheit nicht aufkommen läßt. Denn hier haben wir es mit dem
unendlich und ewig Wahren zu tun, das jeden, der nicht
durchaus rein und ehrlich bei Beobachtung und Behandlung
seines Gegenstandes verfährt, sogleich als unzulänglich ver-
wirft. Auch bin ich gewiß, daß mancher dialektisch Kranke
im Studium der Natur eine wohltätige Heilung finden
könnte.«

Solche Disputationen zeigen den Respekt, mit dem die
beiden Koryphäen einander behandelten, verraten aber
ebenso die Fremdheit, die zwischen ihnen blieb. So wird es
noch bei Hegels letztem Besuch gewesen sein, als er, auf der
Rückreise von Karlsbad, am 11. September 1829 Goethe die
Hand drückte, zwei Wochen nach dessen achtzigstem Geburtstag. Sein Verhältnis zu dem Philosophen brachte Goethe
einmal gegenüber Kanzler von Müller auf die knappe Formel: »Ich mag nichts Näheres von der Hegelschen Philosophie wissen, wiewohl Hegel selbst mir ziemlich zusagt.
Soviel Philosophie, als ich bis zu meinem seligen Ende brauche, habe ich noch allenfalls im Vorrat, eigentlich brauchte ich
gar keine.«

Als Hegel 1801 nach Jena gekommen war, hatte der be-
gabteste Poet des Schlegel-Kreises, obwohl erst neunundzwanzig Jahre alt, gerade das Zeitliche gesegnet: Friedrich
von Hardenberg, unter dem Pseudonym »Novalis« eine emblematische Erscheinung der Frühromantik. Er war ein geistiger Grenzgänger zwischen Dichtung und Naturwissen-
schaft, ein Meister der romantischen »Gemütserregungs-
kunst« und ein Kenner von Bergwerken, Steinbrüchen und
Kohlenlagerstätten, keineswegs nur ein weltfremder Phan-
tast. Insofern wäre er, der Schüler des Geologen Werner an
der Bergakademie zu Freiberg, ganz besonders dazu präde-

stiniert gewesen, Goethes Interesse und Sympathie zu wek-
ken, zumal er in der Zeitschrift *Athenaeum* den Autor des
Wilhelm Meister als den »wahren Statthalter des poetischen
Geistes auf Erden« gepriesen hatte.

Jedoch verlief das erste Zusammentreffen mit ihm in Jena
enttäuschend: Goethe sei »nicht offen und mitteilend« gewesen, schrieb Novalis an Schiller, den er übrigens, im Gegensatz zu den Schlegels, hoch verehrte. Über ein Jahr danach, am 21. Juli 1799, kam es zu seinem einzigen Besuch in
Goethes Weimarer Haus, wo er, zusammen mit Ludwig
Tieck, von August Wilhelm Schlegel eingeführt wurde. Jedoch scheint der Hausherr, während man gemeinsam speiste,
hauptsächlich von Tieck Notiz genommen zu haben. Ob er
bereits zu diesem Zeitpunkt spürte, daß sich bei Novalis eine
wachsende Distanz zu ihm, vielleicht sogar eine Abkehr,
vorbereitete, bleibt unerforschlich, ist aber kaum anzunehmen.

Jedenfalls nannte Novalis den vorher so gefeierten *Wilhelm
Meister* wenig später »ein fatales und albernes Buch – so
prätentiös und preziös – undichterisch im höchsten Grade«,
und auch sein unvollendet gebliebener Roman *Heinrich
von Ofterdingen* war als ein Gegenentwurf zu Goethes Werk
gedacht. Andererseits war es der Geheime Rat, der von einer
Veröffentlichung des Aufsatzes *Die Christenheit oder Europa*
dringend abriet, in dem Novalis die vorreformatorische
Glaubenseinheit so beredt beschworen hatte. Goethes
Abneigung blieb von da an bestehen, auch nachdem der
Jüngling ein Opfer der Schwindsucht geworden war. Als
dessen hinterlassene *Geistliche Lieder* Goethe vor Augen kamen, waren ihm »zu viel Blut und Wunden« darin, unver-
träglich mit seinem »Heidentum«. Und als er schließlich
hören mußte, daß »Jungfrauen und Studenten rudelweise«
zum Grab des Novalis pilgern und ihm »mit vollen Händen
Blumen« streuten, hielt er das für ein bedenkliches Zeichen.
»Ich meinerseits bin damit zufrieden, daß man bei meinen
Lebzeiten alles nur erdenkliche Böse von mir sagt«, sprach

Goethe sarkastisch zu Johann Daniel Falk, der es sogleich notierte.

Bei jenem Mittagessen am 21. Juli 1799 wandte Goethe, wie bereits erwähnt, seine Aufmerksamkeit weniger Novalis als vielmehr Ludwig Tieck zu. Der sechsundzwanzigjährige Dichter war von den Brüdern Schlegel soeben zum »König der Romantik« ausgerufen worden, was gleichermaßen Goethes Neugier und Skepsis hervorrufen mußte. Immerhin scheint der erste Eindruck, den er am Frauenplan erweckte, nicht ungünstig gewesen zu sein, wie Goethe später Schiller meldete: »Tieck hat mit Hardenberg und Schlegel bei mir gegessen; für den ersten Anblick ist es eine recht leidliche Natur. Er sprach wenig, aber gut und hat überhaupt hier ganz wohl gefallen.« Es war kein begeistertes, aber ein vorsichtig-joviales Urteil, das auch schon den Grundakkord für das beiderseitige Verhältnis anstimmte, wie es dann bis zu Goethes Tod fortbestehen sollte.

Tieck war ein außerordentlich belesener Mann, der vielfältige Anregungen zu geben vermochte. Bei einem seiner Besuche am Frauenplan etwa wies er Goethe auf den englischen Dramatiker Ben Jonson hin und brachte auch gleich dessen Komödie *Volpone* mit. Vor allem war er einer der besten deutschen Shakespeare-Kenner, der dann maßgeblich daran beteiligt sein sollte, den Dramatiker für die deutsche Bühne zu erobern. Er besaß, wie es einmal einer seiner Verehrer formulierte, eine »dialogische Natur«, die es ihm erlaubte, sich mit nachtwandlerischer Sicherheit auf sein Gegenüber einzustellen, was auch seinem Umgang mit Goethe zustatten kam. Außerdem war Tieck ein genialer Deklamator, der die verschiedenen Rollen eines Theaterstücks, nur mit dem Einsatz seiner Stimme und seines Gebärdenspiels, hinreißend vortrug: Clemens Brentano zufolge war er »das größte mimische Talent, das jemals die Bühne *nicht* betreten«.

Vor allem an dieser Gabe hat sich Goethe mehrfach und gern delektiert, wie zahllose andere Zeitgenossen auch. Im Haus am Frauenplan waren solche Abende stets wahre Attraktionen, zum Entzücken der geladenen Gäste. Jedoch las Tieck sein Trauerspiel *Leben und Tod der heiligen Genoveva* nicht dort, sondern im Jenaer Schloß Goethe vor, an zwei Abenden im Dezember 1799. Goethe war so verzaubert, daß ihm das Schlagen der Turmuhr ganz entgangen war. »Das will aber schon etwas sagen, mir so drei Stunden aus meinem Leben weggelesen zu haben«, erinnerte sich Goethe noch nach Jahrzehnten.

Zuweilen wurde das Verhältnis ein wenig getrübt, etwa als Goethe gegen die ihm verhaßte romantische Malerei zu Felde zog. In der *Allgemeinen Literatur-Zeitung* wetterte er öffentlich gegen das »klosterbrudrisierende, sternbaldisierende Unwesen«, womit er zwei Wegbereiter nazarenischer Kunst- und Glaubensinbrunst namhaft machte: Wilhelm Heinrich Wakkenroders *Herzensergießung eines kunstliebenden Klosterbruders* und Tiecks Malerroman *Franz Sternbalds Wanderungen*. Aber Wackenroder war damals bereits tot, und Tieck wartete in aller Gelassenheit ab, bis der Zeus-Blitz verraucht war.

Es hinderte ihn aber nicht daran, immer wieder am Frauenplan einzukehren, zum letzten Mal im Oktober 1828. Bei dieser Gelegenheit las Tieck den *Clavigo*, worüber Eckermann detailliert berichtet:

»Ich hatte das Stück oft gelesen und empfunden, doch jetzt erschien es mir durchaus neu und tat eine Wirkung wie fast nie zuvor. Es war mir, als hörte ich es vom Theater herunter, allein besser; die einzelnen Charaktere und Situationen waren vollkommener gefühlt; es machte den Eindruck einer Vorstellung, in der jede Rolle ganz vortrefflich besetzt worden.

Man könnte kaum sagen, welche Partien des Stückes Tieck besser gelesen, ob solche, in denen sich Kraft und Leidenschaft der Männer entwickelt, ob ruhig-klare Verstandesszenen oder ob Momente gequälter Liebe. Zu dem Vortrage letzterer Art standen ihm jedoch ganz besondere Mittel zu Gebote. Die Szene zwischen Marie und Clavigo tönt mir noch immer in den Ohren; die gepreßte Brust, das Stocken und

Zittern der Stimme, abgebrochene, halberstickte Worte und Laute, das Hauchen und Seufzen eines in Begleitung von Tränen heißen Atems, alles dieses ist mir noch vollkommen gegenwärtig und wird mir unvergeßlich sein. Jedermann war im Anhören versunken und davon hingerissen; die Lichter brannten trübe, niemand dachte daran oder wagte es, sie zu putzen, aus Furcht vor der leisesten Unterbrechung; Tränen in den Augen der Frauen, die immer wieder hervorquollen, zeugten von des Stückes tiefer Wirkung und waren wohl der gefühlteste Tribut, der dem Vorleser wie dem Dichter gezollt werden konnte.

Tieck hatte geendigt und stand auf, sich den Schweiß von der Stirne wischend. Die Hörenden aber waren noch immer wie gefesselt auf ihren Stühlen; jeder schien in dem, was ihm soeben durch die Seele gegangen war, noch zu tief begriffen, als daß er passende Worte des Dankes für den hätte bereit haben sollen, der eine so wunderbare Wirkung auf alle hervorgebracht hatte.

Nach und nach fand man sich wieder; man stand auf und sprach und ging erheitert durcheinander; dann aber begab man sich zu einem Souper, das in den Nebenzimmern auf kleinen Tischen bereitstand.«

Mit solchen Glanzpunkten konnte der jüngere Bruder des Dichters und Deklamators, der Bildhauer Friedrich Tieck, nicht aufwarten, dafür vertrat er als Künstler einen strengen Klassizismus, der jedem Jünger Winckelmanns und daher sogar dem Kunscht-Meyer gefallen mußte. Im Haus am Frauenplan werkelte er von Ende September bis Mitte Oktober 1801, fast drei Wochen lang, an Goethes Porträtbüste. Während der Sitzungen unterhielten sich der Dichter und Friedrich Tieck über Paris, »jene wunderliche Hauptstadt der Welt«, wo der Künstler lange gelebt hatte, aber seine despektierlichen Äußerungen über die Gesellschaft riefen den Tadel des Geheimen Rates hervor. Die fertige Büste gefiel ihm jedoch so gut, daß Friedrich Tieck nach diesem Modell die monumentale Goethe-Büste für die Walhalla bei Regensburg

Warum stehen sie davor?
Ist nicht Thüre da und Thor?
Kämen sie getrost herein.
Würden wohl empfangen seyn.
Goethe 1828

Goethes Haus am Frauenplan. Kupferstich von Ludwig Schütze
nach einer Zeichnung von Otto Wagner.

gestalten durfte. Später, von 1802 bis 1805, wirkte der Künstler ganz in Weimar, um dort für das Schloß zu arbeiten. In dieser Zeit war er oft Goethes Gast.

Unter den Jeaner Romantikern war ein junger Physiker aufgefallen, ein Autodiktat und Bohemien: Johann Wilhelm Ritter, der aus Schlesien stammte. Als Zweiundzwanzigjähriger legte er sein erstes Buch vor, *Beweis, daß ein beständiger Galvanismus den Lebensprozeß in dem Tierreich begleite*, in dem er sich, völlig selbständig und originell, zur Theorie der Elektrizität äußerte. Mit der Einsicht, daß »in jedem chemischen Prozeß notwendig auch ein elektrischer enthalten ist«, wurde er, Wilhelm Ostwald zufolge, zum Begründer der Elektrochemie. Drei Jahre später gelang ihm der experimentelle Nachweis der Existenz ultravioletter Strahlen. Es waren spektakuläre Leistungen, die Ritters Freund Novalis zu dem Bonmot veranlaßten: »Ritter ist Ritter. Wir sind nur Knappen.«

An und für sich hätte er Goethe zutiefst unsympathisch sein müssen, denn er neigte zur Trunksucht und zu einer chaotischen Lebensweise, spielte den Bürgerschreck und arbeitete in extremen Schüben, denen wiederum Phasen der Depression folgten. Sein Buch über den Galvanismus hatte Goethe noch mit einer gewissen Reserve gelesen, aber dann konnte er sich doch nicht mehr den genialischen Aktivitäten und den imponierenden Kenntnissen des Mannes entziehen, der ihm hier entgegentrat. »Rittern habe ich gestern bei mir gesehen, er ist eine Erscheinung zum Erstaunen, ein wahrer Wissenshimmel auf Erden«, erfuhr Schiller aus einem Brief Goethes Ende September 1800. Und ebenfalls Schiller gegenüber sah sich Goethe zu dem Geständnis genötigt, wie sehr er die Poesie geradezu verdrängt sehe, »wenn er mit Rittern über höhere Physik spreche«.

Es war eine kurze Euphorie, wie sich bald zeigen sollte, aber das Haus am Frauenplan wurde nun zum Schauplatz angestrengter Experimente, bei denen Ritter assistierte. Man stellte optische Versuche an, die der *Farbenlehre* galten.

Ritter war es, der Goethe von den Forschungen des nach
England ausgewanderten Astronomen Wilhelm Herschel erzählte. Die Observationen dieses »Kolumbus der Fixstern-
welt« hatten, wie Goethe staunend innewurde, erhebliche
Konsequenzen für seine Beschäftigung mit dem Phänomen
des Lichts. Ritter mußte dann zum Mittagessen bleiben und
weiter berichten, daß er Herschels Entdeckungen fortsetzte
und ausdehnte. Dabei flossen allerdings orakelhafte natur-
philosophische Assoziationen mit ein, die Ritter später, in
seiner Münchener Zeit, anfällig für die Wünschelrutengänge-
rei machten. In solche Spekulationen wollte ihm Goethe nicht
folgen, so daß sich der »wahre Wissenshimmel auf Erden«
bald mit dunklen Wolken überzog. 1804 ging Ritter nach
München, wo er, verfeindet mit seinen Akademiekollegen
und dem Alkohol verfallen, mit nur vierunddreißig Jahren
starb.

Ein dauerhafteres Verhältnis war Goethe zu dem Privat-
gelehrten Ernst Florens Friedrich Chladni beschieden, der ihn
zum ersten Mal Ende Januar 1803 und später noch oft am
Frauenplan besuchte. Ihn zählte Goethe ausdrücklich »unter
die Glückseligen, welche auch nicht eine Ahndung haben,
daß es eine Naturphilosophie gibt, und die nur, mit Aufmerksamkeit, suchen die Phänomene gewahr zu werden, um sie
nachher so gut zu ordnen und zu nutzen, als es nur gehen
will...« Diese Äußerung, nachzulesen in einem Brief an Schiller, scheint zu beweisen, daß der Bedarf des Geheimen Rates
an romantischer Naturphilosophie nun offenbar gedeckt war.
Die nach Chladni benannten »Klangfiguren«, die auf einer
mit Sand bestreuten und mit einem Fiedelbogen bestrichenen
Glasplatte entstehen, nutzte Goethe für seine *Farbenlehre*.
Kurz danach lernte er auch den Physiker und Chemiker
Thomas Johann Seebeck kennen, der an der Entstehung der
Farbenlehre regen Anteil nahm, sie später jedoch kritischer
beurteilte. Seebeck war als wissenschaftlicher Gesprächspart-
ner und als unermüdlicher Experimentiergefährte in Goethes
Haus willkommen.

Hingegen entpuppte sich Henrik Steffens, ein Schüler Schellings, als sentimentaler Schwärmer und romantischer Naturapostel. Goethe nahm den Jenaer Studenten mehrere Tage in seinem Haus auf, worüber Steffens nach Jahrzehnten in seiner Autobiographie *Was ich erlebte* berichtete: »Ich lernte nun Goethe von einer mir bis dahin unbekannten Seite kennen. Das tiefe Naturgefühl, die lebendige schöpferische Macht, die durch alle seine Gedichte hindurchging, über alle seine Darstellungen ein helles Licht ergoß, rang nach Bewußtsein; Pflanzen und Tiere und das allbelebende Licht, welches als ein Ding unter den andern Dingen, zusammengesetzt wie diese, sich in Farben verteilen ließ, und so nur in ein äußeres Verhältnis zu allem Lebendigen treten konnte, erschienen hier zwar nicht in einer bewußten Einheit, aber ein tiefer geistiger Instinkt faßte sie dennoch zusammen.... Ich verlebte diese kurze Zeit wie in einem Taumel und hielt mich nun für entschieden überzeugt, daß eine lebendige Naturanschauung, die ich als die Quelle der echten Dichtkunst betrachtete, und die so heitere und bedeutungsvolle Früchte getragen hatte, auf immer für die Geschichte gewonnen wäre.«

Steffens wurde später der Schwiegersohn des Kapellmeisters Reichardt sowie Professor in Halle, Breslau und Berlin. Als eloquenter Naturphilosoph gewann er ein dankbares Publikum, aber solide Männer der Wissenschaft beurteilten ihn abschätzig, etwa der Chemiker Friedrich Wöhler: »Bei der einen Partei hat er Gestank hinterlassen, bei der andern, den Weibern, Kindern und geistig Besoffenen, Unsterblichkeit.« Das war zwar ziemlich gallig gesprochen, jedoch warnte auch Goethe seinen Schützling Fritz von Stein regelrecht vor den Phantasmagorien des ehemaligen Hausgastes Steffens.

Ein früh verstorbener Freund dieses sonderbaren Propheten berührte Goethe offenbar sehr: der Maler Philipp Otto Runge, dessen Zeichnung »Achill und Skamandros« die Weimarer Kunstfreunde unter der Ägide des Kunscht-Meyer abgelehnt hatten. Runge nahm die Zurückweisung als Chance und Ermutigung, die er in dem lapidaren Satz zusammenfaßte: »Wir sind keine Griechen mehr.« Seither bekannte er sich, nach der Lektüre von Tiecks *Sternbald*-Roman und nach langen Gesprächen mit dem Dichter, zur romantischen Kunst, deren Ausdrucksmöglichkeiten er in ungeahnter Weise erweitern sollte. Damit schien sich eine geradezu selbstverständliche Frontstellung gegen Goethe abzuzeichnen, die Runge aber nicht daran hinderte, Mitte November 1803 nach Weimar zu kommen und den Dialog mit dem Mann zu suchen, der für ihn gleichermaßen Widerpart und Idol war. Bereits am Vorabend des ersten Besuchs am Frauenplan lernte er Goethe im Haus des Ministers Voigt kennen. Gefaßt und im Vorgefühl einer schicksalhaften Begegnung schrieb der Maler an seine Braut: »...es ist ein starker und hartnäckiger Mann, gegen den ich wie ein Kind stehe, das ohn' Waffen ist, und doch fürchte ich mich nicht, auf welcher Seite er steht, neben oder gegen mir...«

Runge war dann zusammen mit dem Bildhauer Friedrich Tieck (nicht, wie gelegentlich behauptet, mit dem Dichter Ludwig Tieck) am 17. und 18. November 1803 bei Goethe zum Mittagessen eingeladen. Diese Besuche verliefen offensichtlich sehr harmonisch, ja beschwingt, was Runge sofort erleichtert seiner Braut mitteilte: »Bei Goethe waren wir den letzten Mittag noch recht vergnügt, er unterhielt sich nach Tische noch sehr lange mit mir, fragte mich in mancher Hinsicht über meine Ansichten, wie ich von seinen dortigen Ansichten dächte, und sagte mir, wie sie gemeint seien, gab mir denn auch in allen, wie ich meine Sachen einrichtete, großen Beifall.« Goethe seinerseits war von seinem Gast ebenfalls beeindruckt. Noch nie habe er, erzählte er Johanna Schopenhauer, ein Profil wie das von Runge gesehen.

Das Gespräch wurde in Briefen fortgesetzt, besonders als der Künstler, auch in theoretischer Hinsicht, das Phänomen der Farben zu umkreisen begann. Sie waren ihm keineswegs nur optische, sondern metaphysische Erscheinungen und

Symbole, die auf den Dualismus zwischen Überirdischem und Irdischem, zwischen Licht und Finsternis verwiesen. Daß er trotz solcher Transzendierungen doch nie den Bezug zur malerischen Praxis verlor, zeigte seine *Farbenkugel*-Schrift, die im gleichen Jahr wie Goethes *Farbenlehre* erschien. Noch im selben Jahr, 1810, starb Runge, erst dreiunddreißigjährig, in Hamburg.

Wenige Monate darauf, im Mai 1811, ließ sich der junge Kunstsammler Sulpiz Boisserée aus Köln am Weimarer Frauenplan anmelden. Während ein anderer Gast, Baron Oliva aus Wien, auf dem Klavier Beethovens *Egmont*-Musik spielte, erblickte Boisserée die vier Radierungen der *Tageszeiten* von Runge an der Wand. Diesen Blättern galt der Dialog, den Boisserée in einem Brief an seinen Bruder geschildert hat:

»Goethe merkte, daß ich sie aufmerksam betrachtete, griff mich in den Arm und sagte: »Was, kennen Sie das noch nicht? Da sehen Sie einmal, was das für Zeug ist, zum Rasendwerden, schön und toll zugleich. Ich antwortete: Ja, ganz wie die Beethovensche Musik, die der da spielt, wie unsere ganze Zeit. Freilich, sagte er, das will alles umfassen und verliert sich darüber immer ins Elementarische, doch noch mit unendlichen Schönheiten im Einzelnen; da sehen Sie nur, was für Teufelszeug, und hier wieder, was da der Kerl für Anmut und Herrlichkeit hervorgebracht, aber der arme Teufel hat's auch nicht ausgehalten, er ist schon hin, es ist nicht anders möglich, was so auf der Kippe steht, muß sterben oder verrückt werden, da ist keine Gnade.«

Selten hat sich Goethe einem seiner Gäste gegenüber zu einem solchen Geständnis herbeigelassen, ein Zeichen dafür, daß er von dieser Kunst nicht bloß abgestoßen, sondern auch fasziniert war. Das betraf keineswegs nur den »armen Teufel« Runge, sondern noch andere Romantiker, denen er nicht gestatten wollte, die schon lange gebändigten Dämonen in seiner Brust wieder zu entfesseln.

Fern den Romantikern, wenn auch mit einigen von ihnen gut bekannt, stand der Kriegsrat Friedrich von Gentz, der die

Sprache der Weimarer Dichter auf die politische Publizistik seiner Zeit übertrug. Der geborene Preuße trat 1802 in die Dienste des jungen österreichischen Diplomaten Metternich, dessen Restaurationspolitik er dann dreißig Jahren lang so glanzvoll zu stilisieren wußte. Unmittelbar zuvor, Ende November 1801, besuchte er Goethe in Weimar, den er später einmal seiner Freundin Rahel Levin gegenüber folgendermaßen charakterisierte: »Von Goethe muß ich aber behaupten, daß zwei Menschen in ihm stecken. Eine Art von Mephistopheles, und das nicht einmal ein pikanter – dann das allmächtige Dichtergenie.« Daß der Kriegsrat, der es in Wien zum Hofrat brachte, selber viel von einem Mephisto besaß, haben die Fortschrittsfreunde erfahren müssen. Bei Goethe eingeführt hat ihn übrigens sein Bruder, der Architekt Heinrich Gentz, der zeitweilig den Ausbau des Weimarer Schlosses leitete und auch am Frauenplan verkehrte.

Kurz nach Friedrich von Gentz tauchte ein junger Mann in Weimar auf, der damals als Offizier im preußischen Kürassierregiment von Herzog Carl August diente: Friedrich Baron de la Motte Fouqué, der mit seinen Dichtungen zeitlebens auf das Banner der Romantik schwören sollte, auch als es schon ziemlich zerschlissen war. Er lernte Goethe auf einem Maskenball kennen, bei dem »die schwarze Larve über dem ersehnten Angesicht« lag. »Aber die herrlichen Augen leuchteten herdurch und blickten mich freundlich an.« Goethe wußte später mit den Romanen dieses Barden, die vom Rasseln der Harnische und Schwerter ritterlicher Recken erfüllt waren, wenig anzufangen, nur das Märchen *Undine* fand Gnade vor seiner Kritik. Fouqué jedoch hing mit beinahe naiver Verehrung an dem Abgott, was er in seiner Erinnerungsschrift *Goethe und einer seiner Bewunderer* ausführlich bezeugte. Am Frauenplan hatte man sich mehrfach verfehlt, aber dann fand Fouqué doch »noch Zutritt in Goethes Haus für einen bedeutungsvollen Abend, der eigentlich einem geschlossenen geselligen Kreis angehörte«.

Dieser Kreis war das Mittwochskränzchen oder »*Cour*

d'amour«, das den ganzen Winter 1801/02 über alle vierzehn Tage im Haus am Frauenplan zusammentrat, nicht zu verwechseln mit der späteren Mittwochsgesellschaft. Goethe hatte seine Gründung angeregt, um etwas gegen die drohende Langeweile an den tristen Winterabenden zu tun. Auch die Statuten waren von ihm ausgearbeitet worden, die nach Minnesängerart die Mitglieder in sieben feste Paare ordneten. So erkor sich Goethe die schöne Henriette von Egloffstein als Dame, Schiller erhielt seine Schwägerin Caroline von Wolzogen beigesellt, Herr von Wolzogen saß an der Seite von Schillers Frau. Problematisch schien eine solche Regelung für die kleine, verwachsene, bereits über fünfzigjährige Luise von Göchhausen zu sein, die Hofdame der Herzogin-Mutter Anna Amalia. Sie rechnete aber fest damit, daß sich ein »treuer Seladon« finden würde. Er fand sich dann tatsächlich, in Gestalt des Kunscht-Meyer.

Man tagte, jeweils nach dem Theater, in Goethes Haus, wo ein Souper bereitstand. Für das Essen waren reihum die Damen verantwortlich, für den Wein die Herren. Nach den Statuten durfte »während des Beisammenseins kein Gegenstand zur Sprache kommen, der sich auf politische oder andere Streitfragen beziehen könnte, damit die Harmonie des Vereins keine Störung erleide«. Jedes Mitglied durfte einen Gast mitbringen, sofern die anderen nichts dagegen hatten, wodurch auch Fouqué in die Runde gelangt war.

Zunächst verlief alles ungezwungen, wenn man einem Brief Schillers glauben darf, der am 16. November 1801 seinem Dresdner Gewährsmann Körner schrieb: »Goethe hat eine Anzahl harmonierender Freunde zu einem Klub oder Kränzchen vereinigt, das alle vierzehn Tage zusammenkommt und soupiert. Es geht recht vergnügt dabei zu, obgleich die Gäste zum Teil sehr heterogen sind, denn der Herzog selbst und die fürstlichen Kinder werden auch eingeladen. Wir lassen uns nicht stören, es wird fleißig gesungen und pokuliert.« Die Texte für die Tafellieder lieferten Schiller und der Hausherr.

Dann aber schlugen diese Zusammenkünfte in Pedanterie und Steifheit um, obwohl doch gerade der Langeweile der Kampf angesagt war. Schon zu Beginn hatte die amüsierte Gräfin Egloffstein bemerkt, daß Goethe mit »auffallender Gravität und imponierendem Nachdruck« die Statuten vorgelesen hatte, wie wenn es hier um ein Dokument von staatstragender Bedeutung gegangen wäre. So viel Würde war der Geselligkeit wohl eher abträglich, und so kamen einige Damen überein, die Bitte des allseits beliebten Stückeschreibers Kotzebue um Aufnahme in den Zirkel zu unterstützen. Goethe, der als Theaterdirektor die populären Bühnenreißer dieses Schriftstellers durchaus auf dem Spielplan hatte, war aber doch nicht bereit, dem Maestro der Trivialliteratur auch noch sein Haus zu öffnen.

Das SALVE auf der Schwelle zum Goethe-Reich mochte für viele gelten, für Kotzebue jedoch nicht! Er mußte draußen bleiben, rächte sich aber, indem er ein Donnerstagskränzchen gründete, wo jeder, der es wollte, seinen Goethe-Überdruß abreagieren konnte. Das Mittwochskränzchen entschlief, als »die Frühlingslüfte den Eintritt der mildern Jahreszeit verkündigten«. Es hatte nur einen Weimarer Winter lang geblüht, ständig vom Frost bedroht, und dies nicht nur in meteorologischer Hinsicht.

Im Gegensatz zu dieser flüchtigen Arabeske sollten Goethes Beziehungen zu drei Männern dauerhaft fortbestehen, die während der letzten Jahre der Freundschaft mit Schiller in sein Leben traten. Alle drei gehörten dann bis zum Tod des Hausherrn zu den immer wiederkehrenden Gästen des Hauses am Frauenplan. Kanzler Friedrich von Müller, dem Komponisten und Musikprofessor Karl Friedrich Zelter sowie dem Philologen und Goethe-Adlatus Friedrich Wilhelm Riemer begegnet man fortan oft. Es waren sehr unterschiedliche, ja konträre Individualitäten und Temperamente, die als unentbehrliche Trabanten an die Seite des Kunscht-Meyer traten.

Der erst zweiundzwanzigjährige Friedrich Müller, ein geborener Franke, stattete am 21. Oktober 1801 Goethe seinen

Antrittsbesuch ab, nachdem er kurz zuvor als Jurist in weimarische Dienste getreten war. Er avancierte binnen weniger Jahre zum geschicktesten Diplomaten des Herzogs Carl August, der ihn schon 1807 in den Adelsstand erhob. Vom Minister Voigt als »unser *perpetuum mobile*« apostrophiert, rettete Müller das Herzogtum Sachsen-Weimar aus der Konkursmasse, die Napoleon nach der Schlacht bei Jena an seine Vasallen verteilte. Als Kanzler gelangte er schließlich an die Spitze des gesamten Justizwesens.

Müller war ein Mann nach Goethes Sinn: betriebsam, gebildet, anhänglich, doch nie unterwürfig, ein rühriger Vermittler zwischen dem Frauenplan und dem Rest der Welt. Er war ein glänzender Festorganisator, ein *Maître de plaisir* im kleinen Kreis sowie bei Hof- und Staatsaktionen, auch ein hinreißender Plauderer, des rechten Tons und Taktes stets bewußt. Seine Unterhaltungen mit Goethe protokollierte er, oft nur in Stichworten, aber immer prägnant, wobei ihm exzellente Momentaufnahmen gelangen, die auch des Meisters dunkle Seiten, seine Melancholien und Versteinerungen, nicht verschweigen, ohne ihn doch je zu beschädigen. Er, der ein Stammgast bei Goethe wurde, hielt den Reigen der Gäste fest, der sich dort unablässig drehte, so daß Müllers hinterlassenes Werk für die Nachwelt ein wahres Kompendium darstellt. Der alternde Dichter wußte, was er an ihm hatte, bis in die letzte Lebenszeit hinein, und ernannte den Kanzler zu seinem Testamentsvollstrecker.

Der zweite Gefährte, den ihm das Schicksal zuführte, bevor er den Umgang mit Schiller für immer entbehren mußte, war Karl Friedrich Zelter, dessen Kompositionen Goethe schon seit einigen Jahren schätzte. Dann war es zur Aufnahme des Briefwechsels zwischen ihm und dem um acht Jahre Jüngeren gekommen, bis das Tagebuch am 24. Februar 1802 meldete: »Mittag einige Gäste: Herr Zelter, Hufeland, Schiller, Professor Gentz.« Damit begann eine menschliche Beziehung, die von allen Beziehungen Goethes in seiner zweiten Lebenshälfte am ehesten eine Freundschaft genannt werden darf. Und dies nicht nur im Hinblick auf das brüderliche »Du«, zu dem Goethe überging, nachdem Zelters Stiefsohn freiwillig aus dem Leben geschieden war.

Zelter stammte noch aus der Zeit Friedrichs des Großen, dessen Tod er mit einer Trauerkantate verklärt hatte. Eigentlich war er Maurermeister und Erbe des väterlichen Baugeschäfts, pflegte aber mit Energie seine Leidenschaft für die Musik. Er trat in den Singverein seines Lehrers Fasch ein, die spätere »Singakademie«, die dann unter Zelters Leitung eine Chorinstitution von hohem Rang wurde. Musikalisch wurzelte er im 18. Jahrhundert, in dem von Bach, Händel und Haydn bereiteten Nährboden, aus dem er sich nie lösen konnte und wollte. Dort sind auch seine eigenen Kompositionen beheimatet, nicht zuletzt die zahlreichen Goethe-Vertonungen, die stets die Strophenform zur Geltung bringen und dem Dichterwort den Vortritt lassen. Die Tonkunst als gefällige Schleppträgerin der Dichtung: so konnte der Geheime Rat den *König von Thule* goutieren, der es in Zelters schlichter musikalischer Einkleidung zu weiter Popularität brachte.

Inmitten von Goethes engstem Gefolge fungierte er bald als Berater für alle musikalischen Fragen, so wie der Kunscht-Meyer für Malerei und Bildhauerkunst zuständig war. Man hat daher Zelter dafür verantwortlich machen wollen, daß Berlioz, Weber und besonders Schubert am Frauenplan kein Echo fanden, vermißt aber dabei, daß er es war, der den zwölfjährigen Felix Mendelssohn Bartholdy dem staunenden Goethe vorstellte. Außerdem dürfte der menschliche Gewinn, den Zelter für Goethe bedeutete, den künstlerischen noch übertroffen haben. Er besaß ein kraftvolles Naturell, das den ehemaligen Handwerker nicht verleugnete, neigte zu Derbheit und Burschikosität, war zudem ein heiterer Mann, der wußte, daß die Humanität dort abwesend ist, wo der Humor fehlt. Er war zuverlässig und treu, zur Freundschaft wie geschaffen – ein Stück Berliner Urgestein, wenn es je ein solches gegeben hat. Hinter alledem war ein hohes Maß an

Sensibilität rege, die Zelter auch dort noch zum Künstler machte, wo er andere und neue Begabungen nicht mehr verstand.

»Man fängt wieder an, ans Leben zu glauben, wenn man solche Menschen sieht, die so tüchtig und redlich wirken, gegen so viele, die nur wie das Rohr vom Winde hin und her geweht werden«, schrieb Goethe über diesen neuen Freund an Frau von Stein. Er verbrachte mit ihm, wie fleißige Biographen zusammenzählten, etwa zwanzig Wochen seines Lebens, in Lauchstädt und in den böhmischen Bädern, die meiste Zeit aber im Haus am Frauenplan. Zelter kehrte immer wieder dorthin zurück, zum letzten Mal im Juli 1831. Fortgesetzt wurde das Gespräch in Briefen, von denen mehr als 850 erhalten sind: neben dem Briefwechsel mit Schiller die gewichtigste Korrespondenz Goethes überhaupt, die vom Alltag der beiden Männer, ihren Vergnügungen und, bis zum künstlerischen Credo, von Teltower Rübchen bis zum *Faust* reicht. Den letzten Brief an Goethe schrieb Zelter am 22. März 1832, nicht wissend, daß der Freund an diesem Tag seine Augen für immer schloß. Dann starb er, wie der Kunscht-Meyer, noch im gleichen Jahr.

Der dritte Weggenosse, den Goethe in den ersten Jahren des neuen Jahrhunderts gewann, war Friedrich Wilhelm Riemer, der aus Schlesien stammte und in Halle zu Füßen des Altphilologen Friedrich August Wolf gesessen hatte. Anschließend war er der Lehrer der Kinder Wilhelm von Humboldts gewesen, auf Schloß Tegel bei Berlin und dann in Rom, aber dann war er einer so leidenschaftlichen Verehrung für Frau von Humboldt verfallen, daß er es nicht mehr ausgehalten und selbst um seine Entlassung gebeten hatte! Riemer ging nach Jena, wo er an einem später sehr erfolgreichen griechischen Lexikon arbeitete. Am 4. September 1803 war er zum ersten Mal am Frauenplan zum Mittagessen eingeladen, und schon wenige Tage später hieß es in einem Brief des Hausherrn: »Herr Riemer hat sich entschlossen, diesen Winter bei uns zu bleiben und besonders den Unterricht meines

Knaben im Griechischen und Lateinischen über sich zu nehmen.«

Der damals knapp dreißigjährige Philologe wurde, wie vor ihm der Kunscht-Meyer, direkt im Goethe-Haus einlogiert, wo er bis 1812 wohnen blieb. Danach bezog er eine Wohnung am Markt, ohne je wieder den Bannkreis des Dichters zu verlassen, der ihm zum Schicksal wurde – so, daß er schließlich Caroline Ulrich heiratete, die als Gesellschafterin Christianes und gelegentliche Sekretärin Goethes ebenfalls jahrelang zu den Bewohnern seines Domizils gehörte. Sie war ein kluges, belesenes, auch lustiges und mit einem Einschlag ins Soubrettenhafte ausgestattetes Mädchen: eine sympathische Biedermeier-Schönheit, die viele Bewunderer hatte. Die Ehe mit ihr muß ein Glücksfall für den hypochondrischen Riemer gewesen sein, dessen Physiognomie Thomas Mann in *Lotte in Weimar* meisterhaft beschrieben hat: dieses Gesicht mit »weit auseinander und flach liegenden, ja etwas hervorquellenden Augen, einer geraden, fleischigen Nase und weichem Munde, um den ein etwas verdrießlicher, gleichsam maulender Zug lag«. Das Antlitz war nur der Spiegel eines labilen Bewußtseins, das unter der Abhängigkeit von Goethe zuweilen litt und ohne ständiges Loben durch den Meister doch nicht zu existieren vermochte.

Er wurde Professor am Gymnasium, dann zweiter Bibliothekar und endlich Oberbibliothekar des Großherzogs, aber die Rechtfertigung seines Daseins fand er als Goethe wichtigster Mitarbeiter. Riemer war ausdrücklich dazu ermächtigt, stilistisch glättend in die Texte einzugreifen, sie zu ergänzen und redaktionell zu bearbeiten, was mehr als einmal das beiderseitige Verhältnis trübte. Seit 1806 sind alle Werkausgaben unter seiner Federführung entstanden, zum Herausgeber des Nachlasses wurde er, neben Eckermann, testamentarisch ernannt. So geschah es, daß Riemer manchmal von »Wir« sprach, worunter er Goethe und sich selbst verstand. Daß diese *Unio mystica*, die Wilhelm von Humboldt einmal ironisch beschrieb, ihn dazu berechtigte, das Arbeits-

zimmer des Dichters jederzeit zu betreten, zeichnete den
Adlatus vor fast allen anderen Gästen des Hauses am Frauenplan aus.

Was Goethe ihm bedeutete, wurde ihm mit letzter Klarheit
erst nach dessen Tod bewußt. Während Zelter und der
Kunscht-Meyer dem toten Dichterfürsten schnell nachstar-
ben, mußte Riemer allein zurechtkommen, nur noch getröstet
von seiner Frau Caroline. Zwei Jahre später gestand er Knebel in einem rührenden Brief: »Ihnen, als dem ältesten
Freunde unseres Verewigten, kann ich, mit der Überzeugung
verstanden zu werden, vertrauen, daß nach seinem Hinscheiden nicht nur er mir, sondern auch ich selbst mir fehle.
Wie eine Schlingpflanze, wenn sie ihren stützenden Stamm
verloren, sich kümmerlich auf der ebenen Erde hinranken
muß, wenn sie anders noch kann, so lebe ich auch nur an der
Gleichgültigkeit der Tage so hin, zwar beschäftigt, aber ohne
Freude und Lust; denn die gewohnte stärkende und näh-
rende Umgebung fehlt, und ich weiß eigentlich nicht, für wen
ich sammle und wozu, da nur er mir erst das Gewonnene
zugute machen half.«

Neben Kanzler von Müller, Zelter und Riemer, die Goethes
ständige Gäste wurden, riß der Gästestrom nicht ab, der sich,
von Jahr zu Jahr zunehmend, aus aller Herren Länder über
das Haus am Frauenplan ergoß. Kurz nachdem Riemer sich
hier für immer eingerichtet hatte, nahte Germaine de Staël,
eine der berühmtesten Frauen Europas. Ihr Besuch hing
allerdings auch, sogar auf ziemlich beunruhigende Weise, mit
den Zeitläuften zusammen, während Goethe und Schiller,
unbeeindruckt von den dräuenden Ereignissen, die Funda-
mente zu einer neuen Ästhetik legten.

Germaine de Staël zählte zu den unerschrockensten Kriti-
kern Napoleons, der sie erst aus Paris und dann aus ganz
Frankreich verbannt hatte. Seither lebte sie auf ihrem Schloß
Coppet am Genfer See. Von dort brach sie zu ihren Reisen
auf, die sie dorthin führten, wo Napoleons Macht noch nicht
übergegriffen hatte. Den Aufmarsch seiner Armeen schien sie

überall aufgeregt anzukündigen, einer unheilverheißenden Walküre vergleichbar. So fuhr oder floh Madame de Staël zehn Jahre lang durch Europa. Noch 1812 sollte sie die letzte Sendbotin des Westens sein, die das unzerstörte Moskau sah, bevor es kurz darauf ein Opfer des Krieges wurde.

Im Winter 1803/04 war sie über den Rhein gekommen, um Material für ein Deutschland-Buch zu sammeln, wie der bestens informierte Gymnasialdirektor Böttiger in den Weimarer Salons verbreitete. Dort stieg sie am 13. Dezember 1803 aus dem Reisewagen, an der Seite den französischen Schriftsteller Benjamin Constant, auf dem Kopf einen turbanartig hochgewundenen roten Schleier, der ihr ein amazonenhaftes Aussehen verlieh. Goethe kannte einige ihrer Schriften, hatte auch schon mit Madame de Staël korrespondiert, aber hielt es nun für angezeigt, ihr auszuweichen und sich zunächst in Jena zu verschanzen. Ihr war wohl der Ruf einer aufdringlichen, ungeheuer redseligen und spektakulären Frau vorangegangen – ein Image, das Goethes Mutter in Frankfurt bestätigen konnte, nicht ohne den Sohn in Weimar vorzuwarnen. Schiller, dem jede Unterbrechung bei der Arbeit am *Wilhelm Tell* ungelegen kam, war der Besucherin preisgegeben, während der Hof alles unternahm, sie mit Bällen und Empfängen bei Lust und Laune zu halten.

Endlich, zu Weihnachten, kam Goethe aus seinem Exil zurück und lud Madame de Staël für den Heiligen Abend zum Mittagessen ins Haus am Frauenplan ein. Herzog Carl August, Schiller und dessen Frau sowie einige andere Gäste waren ebenfalls zugegen. Germaine de Staël hatte einen strahlenden Helden à la Werther erwartet – aber es trat ihr ein korpulenter Mittfünfziger entgegen. Über das Gespräch, wie es sich nun und bei den folgenden Besuchen entfaltete, berichtet ein Augenzeuge: »Bald fällt Frau von Staël über Kunst ein Urteil, wobei Goethe erstarrte; bald sprach Goethe ein schneidendes Wort über falsche Sentimentalität und verruchte moralische Tendenz, die alle Kunstreinheit beflecke; da bebte wieder Frau von Staël ob solcher Ketzerei zurück.

Neue Annäherung, neue Abstoßung. So ging es in endlosen divergierenden und zuneigenden Linien, ein langes Konversationsmenuett, das zuletzt mit zwei tiefen Verneigungen endigte.« Später bekannte Goethe, einigermaßen erschöpft: »Es war eine interessante Stunde, ich bin nicht zu Worte gekommen, sie spricht gut, aber viel, sehr viel.« Übrigens erklärte auch Madame de Staël, bei Goethe kaum zu Wort gekommen zu sein. »Aber«, sagte sie besänftigt, »wer so gut spricht, dem hört man gern zu.«

So ging es weiter, bei mehreren Besuchen Germaines während der nächsten Wochen, die allerdings durch Goethes Flucht in eine Krankheit unterbrochen wurden. Madame de Staël beschloß, das Ende dieses Intermezzos abzuwarten, um die Gespräche fortzusetzen. Goethe, im Umgang mit Frauen durchaus erfahren, kam zu dem Resultat: »Ihre Gegenwart hatte, wie in geistigem so in körperlichem Sinne, etwas Reizendes, und sie schien es nicht übelzunehmen, wenn man auch von dieser Seite nicht unempfindlich war.« Sie fuhr Anfang März 1804 nach Berlin weiter, ausgestattet mit einem Empfehlungsbrief Goethes an August Wilhelm Schlegel, der daraufhin für mehrere Jahre ihr Reisemarschall wurde.

Germaine de Staëls Buch *De l'Allemagne*, diese Inkunabel deutsch-französischer Verständigung, erschien erst 1813 in London, nachdem die französische Ausgabe von 1810 auf Befehl Napoleons eingestampft worden war. Goethe, der darin ausführlich gewürdigt ist, sah in dem Werk ein »mächtiges Rüstzeug«, das »in die chinesische Mauer antiquierter Vorurteile, die uns von Frankreich trennte, sogleich eine breite Lücke durchbrach, so daß man über dem Rhein und, im Gefolge dessen, über dem Kanal, endlich von uns nähere Kenntnis nahm, wodurch wir nicht anders als lebendigen Einfluß auf den fernern Westen zu gewinnen hatten«.

Aber nicht nur prominente Gäste reisten an, um dem Olympier in Weimar ihre Aufwartung zu machen, sondern auch viele unbekannte Besucher, deren Namen dem heutigen Leser kaum mehr etwas sagen. Schon zu Beginn des neuen

Jahrhunderts war das Haus am Frauenplan das Ziel von Besuchern aus allen Teilen Europas, von Portugal bis zum Baltikum. Zahlreiche Studenten waren darunter, aus Jena und anderswoher. Einer von ihnen war der Engländer Henry Crabb Robinson, später ein bekannter Mittler zwischen deutscher und englischer Literatur. Er studierte von 1801 bis 1805 in Jena und hielt Madame de Staël ein Privatissimum über deutsche Philosophie. Als Student verkehrte er mehrfach am Frauenplan, wo er Goethe als Schlichter zwischen einigen Kommilitonen und dem Herzog zu gewinnen suchte. Das sei eine »Polizeiangelegenheit«, bemerkte der Hausherr mißbilligend, was aber den Beziehungen zu Robinson keinen Abbruch tat. Er kam auch später noch nach Weimar, um Goethe aus den Dichtungen Byrons und Miltons vorzulesen.

Ein anderer Student, der heute völlig vergessen ist, war Nikolaus Meyer aus Bremen, der in Jena seine medizinische Ausbildung erhielt. Goethe gewährte ihm einen ganzen Winter über Obdach im Haus am Frauenplan und regte auch das Thema für seine Dissertation an, *Prodromus anatomiae murium (Vorläufige Bemerkungen zur Anatomie der Mäuse)*. Die Präparation der Mäuse erfolgte in Gegenwart des Geheimen Rates, jedoch zum Entsetzen Christianes, am Küchenherd. Mitte August 1806 kam Meyer, inzwischen Arzt in Bremen, auf seiner Hochzeitsreise wieder zu Goethe, der im Tagebuch vermerkte: »Meyer... hat sich sehr ausgebildet und brachte sein junges, hübsches, wunderliches Mädchen mit.« Aber da standen bereits die kriegerischen Ereignisse unmittelbar bevor, auf deren Eintritt der Besuch Madame de Staëls vorausgewiesen hatte.

Die Welt wurde dunkler, draußen, jenseits der Grenzen, und auch in Goethes engstem Lebenskreis. Der Beginn des Jahres 1805 war von düsteren Auspizien begleitet, wie Heinrich Voß, der Sohn des Homer-Übersetzers, berichtet. Am Morgen des Neujahrstages habe Goethe an Schiller ein Glückwunschbillett gerichtet. »Als er es aber durchliest«, erzählt Voß, »findet er zu seinem Schrecken, daß er darin unwillkürlich geschrieben hatte: ›der letzte Neujahrstag‹, statt ›erneute‹ oder ›wiedergekehrte‹ oder dergleichen. Voll Schrecken zerreißt er's und beginnt ein neues. Als er an die ominöse Zeile kommt, kann er sich wiederum nur mit Mühe zurückhalten, etwas vom ›letzten‹ Neujahrstage zu schreiben.«

Anfang Februar erkrankte Goethe an einer Lungenentzündung; in einem Brief des jungen Voß vom 8. Februar ist gar davon die Rede, er liege »auf dem Todbette«. Gleichzeitig mehrten sich bei Schiller die schweren Fieberanfälle, die mit Ohnmachten einhergingen. In diesen Wochen war Voß der einzige Mensch, der zwischen dem Frauenplan und der Esplanade vermittelte, wo der Dichter des *Wallenstein* wohnte. Schiller war es denn auch, der sich zuerst zu erholen schien, so daß er beschloß, Goethe einen Krankenbesuch abzustatten. Es war Freitag, der 1. März 1805, als Schiller zum letzten Mal das Haus am Frauenplan betrat. Voß hat das Wiedersehen festgehalten und beschrieben, wie die beiden Freunde sich lange umarmten und keiner von ihnen »ein Wort hervorbrachte«. Dann aber sei von Krankheit überhaupt nicht mehr die Rede gewesen, weder von der eigenen noch von der des anderen, und beide hätten sich einfach darüber gefreut, »wieder mit heiterm Geiste vereint zu sein«.

Goethe, der noch mehrere Rückfälle bewältigen mußte, besuchte Schiller noch zweimal an der Esplanade, da sich dessen Befinden rapide verschlechterte. Sie trennten sich, für immer, am 1. Mai vor Schillers Haustür. Acht Tage später war Schiller tot. Goethes engste Mitarbeiter, Riemer und der Kunscht-Meyer, schreckten davor zurück, dem Dichter die Nachricht zu überbringen. Erst am nächsten Morgen erfüllte Christiane die schwere Pflicht.

Allmählich, gleichsam nach einer Generalpause in Goethes Lebenspartitur, erschienen wieder Gäste, alte und neue, im Haus am Frauenplan. Einer freilich, der mehr als nur ein Gast gewesen war, fehlte fortan. Die schwere Krankheit bedenkend, der er selbst soeben entronnen war, und die Zäsur ermessend, mit der er jetzt fertig werden mußte, schrieb Goethe am 1. Juni 1805 an Karl Friedrich Zelter: »Ich dachte mich selbst zu verlieren, und verliere nun einen Freund und in demselben die Hälfte meines Daseins.«

4. Kapitel

Gebetene und ungebetene Gäste

Die Mittwochsgesellschaft – Der Bildhauer Weißer – Nach der Schlacht bei Jena: Einquartierungen, Marodeure im Goethe-Haus, die Marschälle Lannes und Augereau, der Generalinspekteur Denon – Bettine Brentano – Zacharias Werner – Gäste am Rande des Erfurter Fürstentags: der Minister Maret, der Schauspieler Talma, neue Einquartierungen – Gerhard von Kügelgen malt Goethe – Teegesellschaft bei Christiane – Wilhelm Grimm – Der Dichter Oehlenschläger – Graf Reinhard – Sulpiz Boisserée – Erster Besuch Ottilie von Pogwischs – Neuer Aufmarsch der Militärs und Politiker im Herbst 1813: General Travers, der französische Gesandte Saint-Aignan, Graf Zaluski, Kosaken und Baschkiren, der Feldzugmeister Colloredo, neue Einquartierungen, Fürst Metternich, Gespräch mit dem Historiker Luden – Arthur Schopenhauer – Staatskanzler Hardenberg und sein Leibarzt Koreff

Das durch Schillers Tod eingetretene Vakuum war nicht auszufüllen, so daß Goethe, öfter als bisher, sich inmitten seiner Gäste vereinsamt vorkam. Die Distanz zwischen ihm und den vielen Zeitgenossen, die ihn besuchten, wuchs jedenfalls, und häufiger begann er nun, die frostige Exzellenz herauszukehren. Allerdings verging kaum ein Tag, an dem nicht irgendwelche Besucher die Treppe im Haus am Frauenplan hinaufstiegen, oft genug nur von der Neugier beflügelt, den berühmten Mann zu sehen. Das war eine Herausforderung, die der Geheime Rat auf die Dauer mit Würde und Geduld, gelegentlich auch mit Ironie bewältigte. Dazu kam seine eigene Neugier auf viele dieser Gäste, deren unterschiedliche Erfahrungshorizonte und Bildungspotentiale er für seine Belange zu nutzen verstand. Auch bedurfte er, der die Rolle des Präzeptors mit großer Entschiedenheit spielte, eines teilnehmenden Publikums oder eines bildungsfähigen Gegenübers, das seinen Bestrebungen zugänglich war und sich durch sie überzeugen ließ.

Solchem Bedürfnis sowie dem Verlangen nach gepflegter Geselligkeit verdankte die Mittwochsgesellschaft ihr Entstehen, die Goethe im November 1805, etwa ein halbes Jahr nach Schillers Tod, in seinem Haus begründete. Jeweils an den Mittwochvormittagen fanden sich gegen 10 Uhr interessierte Damen bei ihm ein, allen voran Herzogin Louise, dazu manchmal Herzog Carl August, Knebel und der alte Wieland. »Ich habe ... wöchentlich einen Morgen eingerichtet, an dem ich einer kleinen Societät meine Erfahrungen und Überzeugungen, natürliche Gegenstände betreffend, vortrage. Ich werde bei dieser Gelegenheit erst selbst gewahr, was ich besitze und nicht besitze«, wurde dem Freund Zelter mitgeteilt.

Goethe sprach zunächst über naturwissenschaftliche Themen und veranstaltete dazu Experimente. Während draußen in der Welt die Unordnung triumphierte, hielt er sich an die Ordnung in der Natur. »Freiheit und Bedingnis sind in der physischen wie in der moralischen Welt die Motive der Handlungen wie Erscheinungen. Ein Streben nach Freiheit, und Rückkehren zu der Ordnung und dem Bedingten ist der ewige Wechsel des Lebens und der Kräfte«, notierte Schillers Witwe nach einem physikalischen Vortrag Goethes am 20. November 1805, vierzehn Tage bevor Napoleon die österreichischen und russischen Armeen bei Austerlitz zerschmetterte. Derartige umwälzende Ereignisse kamen in den Darlegungen des Hausherrn natürlich nicht vor, wie Charlotte von Stein ihrem Sohn Fritz mitteilte: »Indes alles nur von Krieg und Politik spricht, hören wir alle Mittwoch bei Goethe eine gelehrte Vorlesung.« Und ein paar Wochen danach, als die Zeitläufte an Dynamik gewonnen hatten, fügte Frau von

Stein hinzu: »Ein Viertelstündchen wird der Politik gewidmet oder vielmehr den jetzigen Begebenheiten; doch hat er das nicht gern.«

Später gewährte der Dichter seinen Zuhörerinnen auch Einblicke in noch nicht veröffentlichte Manuskripte, etwa des *Faust* oder der *Wahlverwandtschaften*. Schließlich ließ er sich sogar dazu herbei, altdeutsche Dichtungen aufs Programm zu setzen, was noch kurz vorher undenkbar gewesen wäre. Höhepunkt dieser Öffnung für die Schätze der vaterländischen Vorzeit war das *Nibelungenlied*, das Goethe gleichzeitig aus dem Stegreif übersetzte und vortrug – eine Leistung, die leider nur dem Augenblick angehörte und nicht schriftlich festgehalten worden ist. Immerhin zeigen solche Aktivitäten, daß die Romantik mit ihrem Interesse am deutschen Altertum auf dem Umweg über die Mittwochsgesellschaft doch noch einen Zugang zum Haus am Frauenplan fand.

Von diesen Kreisen abgesondert durch seinen »oft hervortretenden Widerspruchsgeist« und seinen Hang zur Hypochondrie lebte der Bildhauer Carl Gottlob Weißer dahin, den Friedrich Tieck aus Berlin mitgebracht hatte. Goethe versuchte, ihn zu unterstützen und in sein Haus zu ziehen, ohne Weißers bedürftige Lage auf die Dauer bessern zu können. Im Beisein des Schädelforschers Gall nahm Weißer die Lebendmaske Goethes ab, die dann zum Modell zahlreicher Goethe-Büsten wurde. Der Dichter hielt die Maske für vollkommen geglückt – zum einen, weil ihn Weißers Werk tatsächlich überzeugte, zum anderen jedoch, weil er es ablehnte, sich nochmals »das nasse Zeug ins Gesicht streichen zu lassen, ohne eine Miene zu verziehen«. »Da ist's eine Kunst, nicht noch viel unwirscher auszusehen«, seufzte die Exzellenz nach der Prozedur.

Mit seiner Maske hat Weißer das optische Goethe-Bild der Nachwelt geradezu exemplarisch beeinflußt. Gleichwohl blieb er ein glückloser Mann, den die Ernennung zum schlecht bezahlten Hofbildhauer kaum zu ernähren vermochte. Er schuf noch eine Büste Lucas Cranachs für die

Walhalla des bayerischen Kronprinzen Ludwig sowie Porträtplastiken von Weimarer Persönlichkeiten, darunter eine von Christiane. Dann, erste Mitte der Dreißig, schied Weißer freiwillig aus dem Leben.

Es war ein düsteres Einzelschicksal, das von vielen inmitten der damaligen Turbulenzen kaum wahrgenommen wurde. Die Kriege, mit denen Napoleon seit Jahren Europa überzog, hatten Preußen und seine Verbündeten, zu denen auch der Herzog Carl August von Sachsen-Weimar gehörte, lange verschont. Im Spätsommer und Herbst 1806 war es jedoch mit der trügerischen Ruhe vorbei, als Preußen, mehr von Verzweiflung als vom Willen zum Sieg geleitet, zu den Waffen griff und seine wenigen Alliierten mit ins Verderben riß. Vom fast beiläufigen Ende des Heiligen Römischen Reichs hörte Goethe auf der Heimfahrt von der Karlsbader Kur, und während er in Jena mit dem Philosophen Hegel tiefschürfende Gespräche führte, marschierten ganz in der Nähe die Armeen auf. Sie brachten für das Haus am Frauenplan Gäste mit, wie man sie dort noch nie gesehen hatte. »Die Nationen gehen jetzt in der Welt so durcheinander, daß man Kosmopolit wird, ohne seine Wohnung zu verändern«, schrieb Goethe wenige Jahre später.

Anfang Oktober inspizierte er im Auftrag des Herzogs das preußische Heerlager bei Jena, um sich ein Bild von der Verpflegung der Truppen zu verschaffen. Friedrich August Ludwig von der Marwitz, der Adjutant des Fürsten Hohenlohe, erlebte ihn dort noch wie eine Gestalt aus dem *Ancien régime:* »Er war beflissen, vom Gelehrten und Dichter nichts, sondern allein den Minister sehen zu lassen. Er erschien nicht anders als im Hofkleide und größten Staat. Gepudert und mit einem Haarbeutel, gesticktes Hofkleid und Weste, schwarze, seidene Beinkleider, weiße, seidene Strümpfe, Galanteriedegen und ein kleines seidenes Dreieck statt eines Hutes unter dem Arm. Er war ein großer schöner Mann und verstand die Würde seines Ranges, wenngleich nicht den natürlichen freien Anstand eines vornehmen Mannes, sich anzueignen.« So sah ihn ein märkischer Junker, und so ungefähr, beschloß Goethe, gedachte er Freund und Feind entgegenzutreten, als er sich in seinem Domizil verschanzte, um den weiteren Gang der Ereignisse abzuwarten.

Am Abend des 13. Oktober ließ er noch im Theater die Oper *Fanchon das Leiermädchen* (Text von Kotzebue, Musik von Friedrich Heinrich Himmel) spielen. Am nächsten Morgen war deutlich Kanonendonner aus Richtung Jena zu vernehmen: die große Schlacht hatte begonnen. Da die Kanonade wieder nachließ und endlich ganz zu verebben schien, wurde im Haus am Frauenplan zum Mittagessen gerüstet, wie Riemer erzählt: »Wir setzten uns daher ohne weitere Beunruhigung zu Tische, wie gewöhnlich um 3 Uhr etwa, aber wir hatten kaum angefangen von den Speisen zu genießen, als wir Kanonenschüsse erst einzeln, darnach mehrere hintereinander ganz in der Nähe vernahmen… Der Tisch wurde schleunigst abgeräumt; Goethe entfernte sich durch die vordern Zimmer, ich eilte von der andern Seite durch den Hof in den Hausgarten und fand ihn bereits darin auf- und abgehend. Währenddessen pfiffen Kanonenkugeln über das Haus hin.« Unmittelbar darauf flohen preußische Soldaten »in der gräßlichsten Verwirrung« durch die Ackerwand, gleich hinter dem Frauenplan. Dann habe, so Riemer weiter, »eine furchtbare Stille« die Straßen und den Platz vor Goethes Haus erfüllt.

Die Totenstille wurde jäh unterbrochen, als die ersten französischen Husaren vor das Haus sprengten, die von Riemer und dem sechzehnjährigen August mit Bier und Wein beschwichtigt wurden. Es war ein dramatischer Augenblick, der jedoch bald zeigte, daß Iphigenies Parzen noch nicht daran dachten, den Lebensfaden ihres Dichters abzuschneiden. Denn während die Situation auf des Messers Schneide stand, erkundigte sich ein Husarenoffizier »sehr geheimnisvoll« nach dem Hausherrn. Dieser Offizier war ein Sohn der Lili von Türckheim, geborene Schönemann, die vor mehr als dreißig Jahren beinahe Goethes Frau geworden wäre! An der

Seite dieses Beschützers konnte Goethe, vorbei an brennenden Häusern, den Gang zum Schloß wagen, wo man ihm eröffnete, daß er Marschall Ney und einige Kavalleristen als Einquartierung aufzunehmen habe.

Die Reiter, die meisten von ihnen Elsässer, wurden ins Bedienstetenzimmer gewiesen, wo sie nach sechzehn im Sattel verbrachten Stunden sofort einschliefen. Das Haus wurde fest verriegelt, einige Weimarer Bürger, darunter die Verwandten Christianes, hatten darin Zuflucht gefunden. Der Zustand gespannter Ruhe hielt jedoch nicht lange an, da zwei betrunkene Soldaten mit rauher Gewalt eindrangen und den Hausbesitzer zu sprechen verlangten. Goethe kam im majestätisch bauschenden Schlafrock, seinem berühmten »Prophetenmantel«, der allein schon genügte, dem Auftritt einen zeremoniellen Charakter zu verleihen. Die beiden Plünderer hätten sich daraufhin, wie Riemer angibt, in »höfliche Franzosen« verwandelt, die Goethe ersuchten, mit ihnen anzustoßen. Das sei in einer nicht unwürdigen Weise geschehen, Goethe habe sich nach einigen Sätzen wieder entfernt und die Marodeure hätten, den Flaschen weiterhin zusprechend, eine Ruhestatt gesucht. Auch der sorgsame Riemer zog sich zurück, wohl in dem Glauben, daß man das Schlimmste überstanden hatte.

Er scheidet daher als Augenzeuge für die folgenden Szenen aus, deren Einzelheiten auch durch keinen anderen Berichterstatter protokolliert worden sind. Sicher ist, daß es den beiden bezechten Soldaten gelungen sein muß, in Goethes Schlafzimmer einzudringen und ihn dort mit ihren Waffen zu bedrohen. Es sei Christiane gewesen, die sich resolut »dazwischen geworfen« und einen Helfer herbeigerufen habe. So hätten die fuchtelnden Trunkenbolde aus dem Zimmer gedrängt werden können, wodurch die dramatischsten Minuten in Goethes Dasein ein glimpfliches Ende fanden. Daß dabei Christiane die Rolle der beherzten Retterin zugefallen war, stand außer Zweifel, am allerwenigsten für Goethe selbst. In einem Brief an den Verleger Cotta stellte er zehn

Tage später das Schicksal seiner Papiere als die größte Sorge dar, die ihn beschäftigte. Aber es war wohl um mehr gegangen als um einige noch so kostbare Manuskripte, wie die unmittelbar danach niedergeschriebene Eintragung ins Tagebuch verrät: »Plünderung, schreckliche Nacht. Erhaltung unseres Hauses durch Standhaftigkeit und Glück.«

Am nächsten Morgen kamen weitere Gäste, zwar auch ungebeten, aber von anderer und imposanter Statur. Statt Ney erschien der Marschall Lannes, der in der Galerie napoleonischer Paladine als Herzog von Montebello figurierte. Er blieb eine Nacht, die genügte, um eine gegenseitige Sympathie herzustellen. Im Dezember folgte noch die attraktive Gattin des Marschalls, die einige Jahre später, nach dem Tod von Lannes in der Schlacht bei Aspern, Goethe zur dauernden Erinnerung ein wertvolles Tintenfaß überreichen ließ. Der Herzog sei, so der Dichter in einem Dankesbrief an dessen Witwe, »in gefährlicher Zeit mein Retter und in glücklichen Tagen mein Gönner gewesen«, was wohl darauf anspielt, daß Lannes die Audienz vermittelte, die Goethe 1808 von Napoleon in Erfurt gewährt wurde.

Lannes war es auch, der eine Wache vor dem Haus am Frauenplan postierte, um Übergriffe der Soldateska zu verhindern. An dieser Gepflogenheit hielt auch der nächste hier einquartierte Gast fest, Marschall Augereau, der durch die Gunst Napoleons zum Herzog von Castiglione aufgestiegen war. Eine solche Einquartierung bestand natürlich nicht nur aus dem Marschall selbst, sondern aus seinem ganzen Stab, den zahlreiche Adjutanten und Ordonnanzen bildeten, so daß nun Tag und Nacht martialisches Poltern und Kommandieren das Haus erfüllte.

Einem in Weimar umlaufenden Gerücht zufolge war es Marschall Augereau, der Goethe dazu gebracht haben soll, die soeben durchstandenen Drangsale als Anlaß für die Eheschließung mit Christiane zu nutzen. Jedoch dürfte der Geheime Rat sich schon lange mit dem Gedanken getragen haben, das Verhältnis endlich zu legitimieren, das durch

Christianes mutiges Verhalten gerade seine Bewährungs-
probe bestanden hatte. Die Einsegnung fand am Sonntag,
dem 19. Oktober 1806, fünf Tage nach der Schlacht bei Jena,
in der Sakristei der Jakobskirche statt, in Gegenwart des
Sohnes August und des unentbehrlichen Riemer. Frau von
Stein teilte das Ereignis am gleichen Tag indigniert ihrem
Sohn Fritz mit: »Die Schiller hat wenig verloren, Goethe gar
nichts; er hat den Augereau bei sich gehabt. Und während
der Plünderung hat er sich mit seiner Maitresse öffentlich in
der Kirche trauen lassen, und war dies die letzte kirchliche
Handlung, denn alle unsere Kirchen sind nun Lazarette und
Magazine.«

Der Jenaer Anatomieprofessor Loder, der seine Informa-
tionen offenbar direkt vom Frauenplan erhalten hatte, schrieb
darüber an den Arzt Hufeland: »Goethe ward allerdings
geplündert, und ein paar brutale Kerls drangen mit ihren
Degen auf ihn ein und hätten ihn vielleicht umgebracht oder
wenigstens verwundet, wenn die Vulpius sich nicht auf ihn
geworfen und ihn teils dadurch, teils durch einige silberne
Leuchter, die sie sogleich hergab, gerettet hätte. *Dafür* hat er
sie geheiratet, und der Herzog hat nachher seine Einwilli-
gung dazu gegeben.... Daß Goethe sich unter dem Donner
der Kanonen hat kopulieren lassen, wie in der Hamburger
Zeitung stand, ist ein platter Spaß oder vielmehr eine dumme
Lüge.«

Die schwere Bürde der allgemeinen Verantwortung lastete
auf den Schultern der Herzogin Louise, da ihr Mann, Herzog
Carl August, als preußischer General mit den geschlagenen
Truppen auf dem Rückzug war. Durch ihre couragierte Inter-
vention bei Napoleon brachte es die Herzogin zuwege, daß
die Plünderung unterbunden und der konziliante General
Dentzel zum französischen Stadtkommandanten von Weimar ernannt wurde. Dieser Mann hatte einst in Jena Theologie studiert und war dann, nach abenteuerlichen Kreuz-
und Querzügen, zum Generaladjutanten Napoleons aufgestiegen. Er habe sich »überhaupt«, so Goethe nach einem

Vierteljahrhundert, »besonders auch gegen mich, sehr gut benommen.« – »Er quartierte Herrn Denon bei mir ein und machte dadurch die unglücklichen Tage zu Festtagen.«

Baron Denon, den Goethe bereits von Venedig her kannte, war auf eigenen Wunsch im Haus am Frauenplan einlogiert worden. Der gewandte Bonvivant und erlesene Kunstkenner reiste als Generalinspekteur der französischen Museen herum, um für den Pariser Louvre, jetzt *Musée Napoléon* genannt, Kunstschätze aus allen besetzten Ländern Europas zusammenzutragen. Diese fragwürdige Mission hinderte Goethe nicht daran, sich mit Denon glänzend zu verstehen. Der Gast ließ, am Tag nach Goethes Hochzeit, dessen Profil zeichnen, das als Vorlage für eine Medaille dienen sollte. Nicht ohne Selbstkoketterie schrieb der Dichter an Heinrich Meyer: »Es ist nur gut, daß unsre Überwinder wenigstens von einigen Individuen Notiz nehmen, da sie das Ganze nivellieren.«

Goethes Tagebuch verzeichnet den Herbst über immer wieder neue zwangsweise Beherbergungen, aus denen er freilich das Beste zu machen suchte: »Bemühung um Sauvegarden [Schutzposten] usw., bis endlich das Haus ganz voll Gäste war.« (16. Oktober) – »Hauptmann Gautier, Zeichner, zu Tische.« (25. Oktober) – »Würzburger Einquartierung.« (30. Oktober) – »Einquartierter Major zu Tische.« (1. November)

Als sich dann, wenigstens für einige Zeit, der Pulverdampf zu verflüchtigen schien und wieder zivile Besucher an die Pforte des Hauses am Frauenplan klopften, nahte eine junge Dame, die mit dem waffenstarrenden Ensemble der vergangenen Monate nicht das Geringste zu tun hatte. Es war die zweiundzwanzigjährige Bettine Brentano aus Frankfurt, die Tochter jener schwarzäugigen Maximiliane, mit der Goethe noch vor seiner Weimarer Zeit durch einen Rokoko-Flirt verbunden gewesen war. Bettine, eine temperamentvolle und phantasiebegabte Enthusiastin, suchte dort wieder anzuknüpfen, wo sich einst die Wege des Dichters und ihrer

Bettine Brentano. Miniatur, unbezeichnet, 1809.

Mutter getrennt hatten. Am 23. April 1807 stand sie endlich vor Goethes Haus, durchdrungen von allen Schauern einer schon lange in ihr gärenden Erregung und ausgestattet zudem mit einem schmeichelhaften Empfehlungsbrief des alten Wieland. Goethes alte Mutter in Frankfurt ließ sie folgendermaßen an ihrem Erlebnis teilnehmen:

»Mit diesem Billett ging ich hin, das Haus liegt dem Brunnen gegenüber; wie rauschte mir das Wasser so betäubend – ich kam die einfache Treppe hinauf, in der Mauer stehen Statuen von Gips, sie gebieten Stille. Zum wenigsten ich könnte nicht laut werden auf diesem heiligen Hausflur. Alles ist freundlich und doch feierlich. In den Zimmern ist die höchste Einfachheit zu Hause, ach so einladend! Fürchte dich nicht, sagen mir die bescheidnen Wände, er wird kommen und wird sein, und nicht *mehr* sein wollen wie du – und da ging die Tür auf, und da stand er feierlich ernst und sah mich unverwandten Blickes an; ich streckte die Hände nach ihm, glaub ich – bald wußt ich nichts mehr, Goethe fing mich rasch auf an sein Herz. ›Armes Kind, hab ich Sie erschreckt‹, das waren die ersten Worte, mit denen seine Stimme mir ins Herz drang; er führte mich in sein Zimmer und setzte mich auf das Sofa gegen sich über. Da waren wir beide stumm, endlich unterbrach er das Schweigen: ›Sie haben wohl in der Zeitung gelesen, daß wir einen großen Verlust vor wenigen Tagen erlitten haben durch den Tod der Herzogin Amalie.‹ – ›Ach!‹ sagt ich, ›ich lese die Zeitung nicht.‹ – ›So! – Ich habe geglaubt, alles interessiere Sie, was in Weimar vorgehe.‹ – ›Nein, nichts interessiert mich als nur Sie, und da bin ich viel zu ungeduldig, in der Zeitung zu blättern.‹ – ›Sie sind ein freundliches Kind.‹ – Lange Pause – ich auf das fatale Sofa gebannt, so ängstlich. Sie weiß, daß es mir unmöglich ist, so wohlerzogen dazusitzen. – Ach Mutter! Kann man sich selbst so überspringen? – Ich sagte plötzlich: ›Hier auf dem Sofa kann ich nicht bleiben‹, und sprang auf. – ›Nun!‹ sagte er, ›machen Sie sich's bequem‹; nun flog ich ihm an den Hals, er zog mich aufs Knie und schloß mich ans Herz. – Still, ganz still war's, alles verging. Ich hatte so lange nicht geschlafen; Jahre waren vergangen in Sehnsucht nach ihm – ich schlief an seiner Brust ein; und da ich aufgewacht war, begann ein neues Leben.«

Das ist nun allerdings kaum die Sprache eines sachlichen Berichts, sondern ein Stück hymnisch-raffinierter Prosa, die literarischen Rang beanspruchen darf und will. Es stammt aus Bettines *Goethes Briefwechsel mit einem Kinde,* in dem sie, mehr als ein Vierteljahrhundert nach diesen Begebenheiten, ihre und des Meisters Briefe zu einem Gebilde verarbeitet hat, das ein Roman und keine Sammlung authentischer Texte ist. Ob Goethe je so mit Bettine gesprochen hat, bleibt unerforschlich, aber das Ganze ist in der temperamentvollen Diktion geschrieben, mit der sie sich ihm näherte und ihn umwarb. Goethe als mythischer Über-Vater und sie selbst als romantisches »Kind« – damit ist das Verhältnis angedeutet, das diese neueste Besucherin des Hauses am Frauenplan herstellen wollte und zuletzt doch nur in der literarischen Stilisierung finden konnte.

Bereits Anfang November 1807 war sie wieder dort, jetzt in Begleitung von zwei Schwestern, des Rechtsgelehrten Savigny und des Dichters Achim von Arnim, der bereits vor zwei Jahren Goethe aufgesucht und bei ihm einen günstigen Eindruck hinterlassen hatte. An einem Tag war auch Bettines Bruder, der romantische Poet Clemens Brentano, mit von der Partie, ohne daß der Hausherr mit dessen unruhigem Spielmanns-Naturell viel anzufangen wußte. Immerhin hatte er den ersten Band der von Arnim und Brentano herausgegebenen Liedersammlung *Des Knaben Wunderhorn* durch eine ehrende Rezension ausgezeichnet. Jetzt beherrschte freilich die sprudelnde Bettine das Feld, die von Goethe ausgelacht wurde, als sie gestand, mit ihm habe sie wenigstens einen Frühling verbringen wollen. Das war genau der emphatische Stil, der während der nächsten Jahre auch ihre Briefe an Goethe bestimmte, in denen sie kindliche Einfalt, erotisches Flair und romantische Heldenverehrung so unnachahmlich zu mischen wußte. Sie duzte nun den Patriarchen, der manchem Zeitgenossen längst zum kalten Standbild geworden war, und rief ihm freimütig zu: »Umarme mich, weißer Carrarischer Stein!«

Höhepunkt von Bettines leidenschaftlicher Goethe-Passion war eine Begegnung mit dem Dichter in dem böhmischen Bad Teplitz im August 1810. Das abrupte Ende folgte ein reichliches Jahr darauf, im Spätsommer 1811, in Weimar. Bettine, nunmehr die Frau Achim von Arnims, kam mit ihrem Mann an die Ilm, um hier Jupiters zweiundsechzigsten Geburtstag zu feiern. Nur zu gern hätte sie, ungeachtet der gerade erst mit Arnim verlebten Flitterwochen, Goethe »von ihrer Liebe vorgeschwätzt«, wie es Riemer formuliert, der auch erwähnt, daß sich der Geheime Rat der peinlichen Situation zu erwehren suchte: »Er kam ihr beständig dadurch in die Quere, daß er sie auf den Kometen... aufmerksam machte und dazu ein Fernrohr nach dem andern herbeiholte.« Es war der berühmte Komet von 1811, der auch dem Wein dieses Jahrgangs, dem legendären »Eilfer«, zu seinem Namen verhalf: hochgerühmt im *West-östlichen Divan* sowie in den Wein-Phantasmagorien anderer deutscher Schriftsteller, etwa E.T.A. Hoffmanns. Ernstere Zeitgenossen sahen in dem Kometen den Vorboten von Napoleons Rußland-Feldzug.

Wenn der schweifende Himmelskörper tatsächlich irdische Zwietracht angekündigt hat, so muß dieses Omen zuerst Bettines Verhältnis zum Haus am Frauenplan betroffen haben. Füglich am Freitag, dem 13. September 1811, kam es zwischen ihr und Christiane in einer Kunstausstellung zu einem wilden Streit. Die gegenseitige Animosität, die beiden Frauen schon lange zu schaffen machte, entlud sich in unbeherrschten Beschimpfungen, die darin gipfelten, daß Christiane der Frau von Arnim die Brille von der Nase gerissen und auf dem Boden zerstampft haben soll. Bettine habe daraufhin der wütend davoneilenden Frau von Goethe die Worte »Sie wahnsinnige Blutwurst!« hinterhergerufen, wodurch der »Scandal« eklatant gewesen sei. Die schrille Szene ist nur durch wüsten Klatsch überliefert und zeigt allenfalls, daß Menschliches auch in der Dichterwelt durchaus seinen Platz hatte. Goethe verbot daraufhin den Arnims kurzerhand das Haus.

Erst Jahre nach Christianes Tod durfte Bettine dort wieder erscheinen, aber der von ihr heraufbeschworene Riß war nicht mehr ganz zu kitten. 1826, bei ihrem letzten Besuch, seufzte der Dichter: »… diese leidige Bremse ist mir als Erbstück von meiner guten Mutter schon viele Jahre sehr unbequem.« Bettines Goethe-Kult ist dadurch keineswegs erschüttert worden, wie ihr Briefroman und das von ihr entworfene steinerne Monument des Olympiers zeigen. Ihr Sohn Siegmund von Arnim sollte schließlich der letzte auswärtige Besucher sein, der Goethe Mitte März 1832 seine Aufwartung machte.

Von anfänglichem Wohlwollen und späterer Enttäuschung waren auch Goethes Beziehungen zu Zacharias Werner bestimmt, dem romantischen Schicksalsdramatiker. Er lernte ihn Ende 1807 in Jena kennen und begrüßte ihn dann oft im Haus am Frauenplan, was insofern merkwürdig schien, als der dreimal geschiedene und seither einem wirren religiösen Obskurantismus verfallene Mann kaum den Ansprüchen genügen konnte, die Goethe an die Menschen seines Umgangs stellte. »Es kommt mir, einem alten Heiden, ganz wunderlich vor, das Kreuz auf meinem eignen Grund und Boden aufgepflanzt zu sehen, und Christi Blut und Wunden poetisch predigen zu hören, ohne daß es mir gerade zuwider ist«, schrieb Goethe, beinahe über sich selbst den Kopf schüttelnd, über die erste Zeit seiner Beziehungen zu Zacharias Werner. Vermutlich war er von dessen Sinn für die dramatischen Erfordernisse der Bühne überzeugt, so daß er Werners Trauerspiel *Wanda, Königin der Sarmaten* aufs Weimarer Theater brachte und die Schicksalstragödie *Der 24. Februar* anregte.

Gleichwohl hielt er es für angebracht, seinen Gast zu bitten, ihm niemals »Fußangeln aus der Dornenkrone« vor die Füße zu streuen. Werner beherzigte die Warnung nicht und las am Silvestertag des Jahres 1808 ein Sonett vor, in dem er den Vollmond mit einer Hostie verglich. Er kam damit jedoch nicht bis zum Ende, denn an der bewußten Stelle wurde »Goethe furios und grob«, wie Riemer notiert. Er hasse diese »schiefe Religiosität«, donnerte der Meister, und werde sie nie unterstützen. Ein wahrer Zeus-Blitz fuhr hernieder, dessen Wirkung Riemer beschrieb: »Werner war geduldig wie ein Märtyrer, sagte nichts und buckelte nur nach seiner gewohnten Manier.« Die mißratene Dichterlesung war nur der Beginn einer völligen Entzweiung. Als aus dem routinierten Dramatiker ein fanatischer Wiener Modeprediger geworden war, gab es keinen Dialog mehr mit dem einstigen Weimarer Protektor.

Daß Werner eigentlich ein verhinderter Komödiant war, stand außer Zweifel, trotzdem hatte das politische Welttheater jener Tage weit imposantere Akteure zu bieten. Sie zeigten sich im Glanz einer großen Haupt- und Staatsaktion, als im Herbst 1808, auf Einladung Napoleons, der Fürstentag zu Erfurt zusammentrat. Goethe wurde vom Kaiser der Franzosen einer Audienz in Erfurt und eines weiteren Gesprächs in Weimar gewürdigt, das ihm von Napoleon dedizierte Kreuz der Ehrenlegion war fortan sein Lieblingsorden. Wie der Dichter beim Gastspiel der *Comédie Française* zu Erfurt inmitten eines Parketts von Königen saß, so war er nun selbst beinahe zu einem Souverän geworden, dessen Reich allerdings, im Gegensatz zu den Staaten der gekrönten Häupter ringsum, an keinem Schlagbaum endete.

Seine Residenz, das Haus am Frauenplan, hatte wieder unruhige Tage zu bestehen, obwohl die Protagonisten des Erfurter Kongresses unter den Gästen fehlten. Immerhin lernte Goethe, außer Napoleon, auch Zar Alexander I. und den schillernden Talleyrand persönlich kennen. Mehrere Tage und Nächte logierte bei ihm der französische Minister Maret, der spätere Herzog von Bassano. An einem Frühstück, das der Hausherr zu Ehren des Ministers gab, nahm außer-

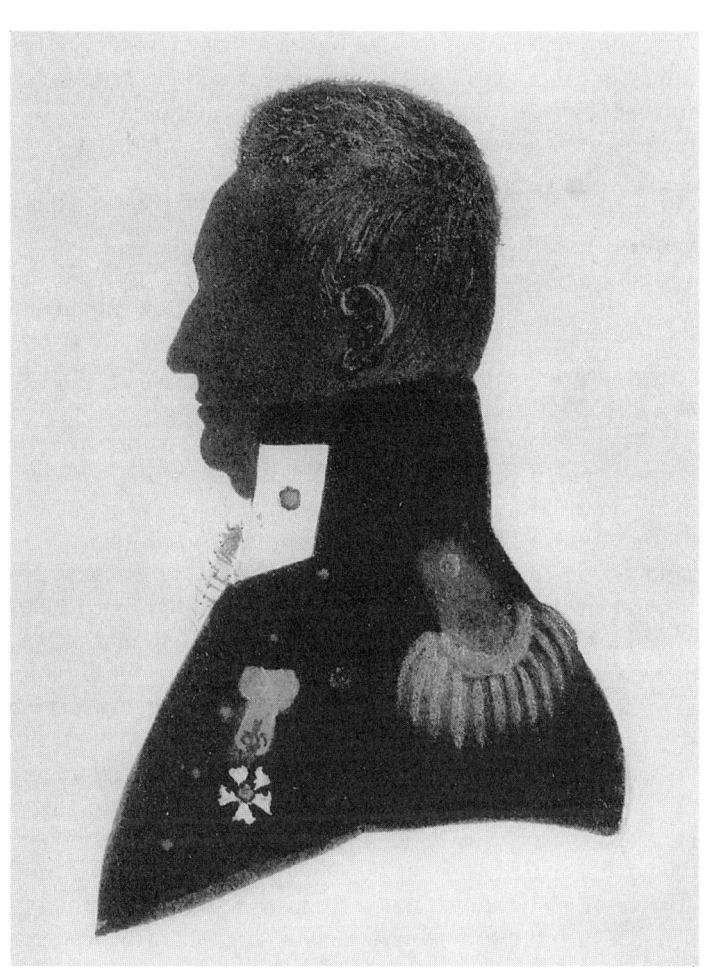

Goethe in Hofuniform, 1811.

dem Marschall Lannes teil, der hier seit 1806 in bester Erinnerung war. Aber wie damals, nach der Schlacht bei Jena, fielen auch jetzt wieder ungebetene Gäste am Frauenplan ein. Christiane mußte einmal binnen drei Tagen 39 Mann als Einquartierung bewältigen.

Ein Besucher ganz besonderer Art war der Schauspieler François-Joseph Talma, Star der Pariser *Comédie Française*, von dem Napoleon die pathetischen Gesten und die deklamatorische Sprechweise erlernt hatte. Der umjubelte Mime kam zweimal mit seiner Frau und suchte Goethe, wie vorher schon Napoleon, zur Übersiedlung nach Paris zu bewegen. Man könne dort den *Werther* dramatisieren und auf die Bühne bringen, woraufhin Goethe nicht ohne verhaltene Ironie entgegnete, man solle ihm doch das Stück schicken, damit er es ins Deutsche übersetzen und in Weimar aufführen lasse. Während dieses Gesprächs wurde ein Abgesandter von Zar Alexander gemeldet, der das große Band des russischen Anna-Ordens mit einem brillanten Stern überbrachte. Goethe entfernte sich für einige Zeit und kehrte danach in seiner Hofuniform zurück, das Kreuz der Ehrenlegion und den Stern des Anna-Ordens auf der Brust. »Ich komme«, sagte er, wieder mit einer gewissen Ironie, zu der versammelten Runde, »mich Ihnen zu zeigen und zu fragen, ob Sie mich akkreditieren wollen?« Die Frau des Göttinger Historikers Sartorius, eine Augenzeugin dieser Szene, war derart begeistert, daß sie Goethe um den Hals fiel und ausrief: »Ew. Exzellenz, Ihnen so zu widerstehen ist unmöglich, aber ich hoffe, Sie werden mein Unglück nicht wollen.« Wahrlich: der unter der Ägide Napoleons veranstaltete Jahrmarkt der Eitelkeiten hatte viel mit Theater zu tun, der Mitwirkung Talmas hätte es dabei gar nicht bedurft!

Goethe als theatralischer Repräsentant des Zeitgeistes: so bannte ihn der Dresdner Maler Gerhard von Kügelgen auf die Leinwand, als er im Dezember 1808 den Geheimen Rat in dessen Haus konterfeite. Er malte einen Minister, der als *Deus ex machina* im letzten Akt einer Oper auftreten könnte, wie

Goethe. Porträt von Franz Gerhard von Kügelgen, 1810.

der Minister im *Fidelio*-Finale. Eitel Harmonie scheint von dieser Lichtgestalt mit der hohen Stirn, den weit geöffneten Augen, der Adlernase und dem siegesgewissen Mund auszugehen, alles Disharmonische ist getilgt. Das kunstvoll hochgewundene Halstuch, der aufragende Kragen, der Ordensstern und die malerische Schabracke verstärken noch den Eindruck, daß diese Respektsperson ausschließlich mit Repräsentieren beschäftigt sei. Daß Goethe im selben Jahr den ersten Teil des *Faust* veröffentlicht und sich wieder der Arbeit an den *Wahlverwandtschaften* zugewandt hatte, läßt der hier Porträtierte kaum erahnen. Das stoische Antlitz des französischen Meisterdiplomaten Talleyrand erinnerte Goethe zum gleichen Zeitpunkt an die antiken »epikureischen Gottheiten«, die da wohnen, »wo es nicht regnet noch schneiet noch irgendein Sturm weht«. Die Beschreibung trifft weit eher noch auf ihn selber zu, wie Herr von Kügelgen ihn gemalt hat.

Der Künstler war nach den Sitzungen oft Goethes Tischgast, und er nahm auch an dem abendlichen Tee teil, den Christiane am 20. Dezember 1808 gab. Dieses gesellige Beisammensein war insofern denkwürdig, als Charlotte von Stein zum ersten Mal einer Einladung der »Geheimrätin« folgte, obwohl sie diese weiterhin, allerdings hinter vorgehaltener Hand, »Goethes dicke Hälfte« nannte. Es waren außerdem zugegen die Witwe Schillers, Hofmarschall von Egloffstein, Kanzler von Müller und seine Frau, die Hofrätin Johanna Schopenhauer, der Kunscht-Meyer, der noch nicht in Ungnade gefallene Achim von Arnim sowie weitere Damen und Herren der Weimarer Gesellschaft, insgesamt dreißig Personen. Christiane berichtete darüber freudig dem Sohn August, der inzwischen nach Heidelberg zum Studium gegangen war.

Währenddessen zog auch in diesen bewegten Jahren der Schwarm der Gäste durch das Haus, von denen nur wenige genannt werden können, stellvertretend für alle anderen. Der Altertumsforscher Martin Friedrich Arendt brachte eine vollständige Abschrift der *Edda* mit und ließ sich über altgermanische Runen vernehmen. Der Maler Carl Ludwig Kaaz, der wie Kügelgen aus Dresden kam, fertigte drei Porträts vom Hausherrn an. Der junge Wilhelm Grimm, damals Bibliothekar in Kassel, berichtete seinem Bruder Jacob: »Ich blieb fast eine Stunde da; er sprach so freundlich und gut, daß ich dann immer nicht daran dachte, welch ein großer Mann es sei. Als ich aber weg war, da fiel es [mir] immer ein, und wie gütig er sein müsse und wenig stolz, daß er mit einem so geringen Menschen, dem er doch eigentlich nichts zu sagen habe, reden möge. Tags darauf wurde ich zum Mittagessen bei ihm eingeladen. Seine Frau, die sehr gemein aussieht, ein recht hübsches Mädchen... und Riemer waren da. Es war ungemein splendid, Gänseleberpasteten, Hasen und dergleichen Gerichte. Er war noch freundlicher, sprach recht viel und invitierte mich immer zum Trinken, indem er an die Bouteille zeigte und leise brummte, was er überhaupt viel tut. Es war ein sehr guter roter Wein, und er trank fleißig; besser noch die Frau... Der Tisch dauerte von 1 bis halb 4 Uhr, wo er aufstand und ein Kompliment machte, worauf ich mit Riemer wegging.« Das hübsche Mädchen, das Grimm auffiel, war Caroline Ulrich, die Gesellschafterin Christianes und spätere Frau Riemers.

Manche Gäste bestätigten Napoleons Ausspruch, demzufolge es vom Erhabenen zum Lächerlichen nur ein Schritt ist. Zu ihnen gehörte der dänische Dichter Adam Oehlenschläger, der, abgesehen von Dienern und Ärzten, der einzige Besucher des Hauses am Frauenplan war, der Goethe im Nachtgewand gesehen haben will. Bei seinem letzten Aufenthalt, im November 1809, hatte sich der Hausherr geweigert, eine Lesung von Oehlenschlägers neuestem Stück anzuhören, so daß man im Streit auseinandergegangen war. Untröstlich darüber saß der Däne in seinem Zimmer im »Elephanten«, und am späten Abend vor der Abreise beschloß er, dem Meister doch noch auf versöhnliche Weise Lebewohl zu sagen. Oehlenschläger lief, trotz der nahenden Mitternacht, zu dem Haus, das ihm teuer war, und schlug sich mit Hilfe Riemers bis zu Goethes Schlafgemach durch, was er dann in seinen *Lebens-Erinnerungen* ausführlich beschrieben hat: »Da stand *Götz von Berlichingens* und *Hermann und Dorotheas* Verfasser in der Nachtjacke und zog seine Uhr auf, um zu Bett zu gehen. Als er mich sah, sagte er freundlich: ›Nun, mein Bester! Sie kommen ja wie Nikodemus!‹ – ›Herr Geheimrat‹, sagte ich, indem ich ihn umarmte, ›erlauben Sie mir, dem Dichter Goethe auf ewig Lebewohl zu sagen!‹ – ›Leben Sie recht wohl, mein liebes Kind‹, sagte er herzlich. ›Nichts mehr, nichts mehr!‹ rief ich gerührt und verließ schnell das Zimmer.«

Solche Begegnungen haben zwar bei den Besuchern, jedoch bei Goethe selbst keine tieferen Spuren hinterlassen. Das Gegenteil war der Fall, als er im böhmischen Karlsbad einen französischen Diplomaten deutscher Herkunft kennenlernte: Carl Friedrich von Reinhard, der es vom schwäbischen Pfarrerssohn zum Botschafter Napoleons gebracht hatte. Er war ein Grandseigneur, nobel und hochgebildet, wenn auch schwer zugänglich und sehr zurückhaltend, ein Kosmopolit und Europäer aus Überzeugung, ein *Homme de lettres* und späterer Vizepräsident der *Académie française*, dazu an Goethes *Farbenlehre* interessiert, von der er Teile ins Französische übersetzte. Schon in Karlsbad hatte Goethe geahnt, daß dieser soignierte Mann ein Gefährte fürs Leben sein könnte, so daß er ihm einen enthusiastischen Brief zur Begrüßung schrieb, als Reinhard im Juli 1809 überraschend nach Weimar kam: »Erst mußte ich mich von der Freude erholen, Sie so nahe zu wissen, dann mir widerstehen, daß ich nicht zu Ihnen eilte. Nehmen Sie zum Erwachen das herzlichste Willkomm! Morgen gehöre ich ganz Ihnen.«

Reinhard zählte später zu den geschätztesten Besuchern des Dichters, allerdings erst in Goethes Altersjahren. Mit dem Sturz Napoleons sollte Reinhards politische Karriere nicht beendet sein: Ludwig XVIII. erhob ihn in den Grafenstand und zum französischen Gesandten beim Deutschen Bundestag in Frankfurt, dem dann noch die Ernennung zum französischen Botschafter beim sächsischen Hof in Dresden und eine weitere Rangerhöhung zum Pair von Frankreich folgten. Von allen Stätten seines Wirkens aus vertiefte Reinhard die Freundschaft mit Goethe, die auch darin ihren Ausdruck erfuhr, daß er der Pate des Enkels Wolfgang wurde. Hier fand der Weitgereiste, der im Dienst seiner Herren überall und nirgends verwurzelt war, ein geistiges und menschliches Zentrum. Selten ist dem Haus am Frauenplan ein solches Kompliment zuteil geworden wie in dem Brief, den Reinhard während seiner Frankfurter Gesandtenzeit einmal an Goethe schrieb: »Dem Geburtsland entfremdet, in Paris nur wie im gewohnten Absteigequartier einheimisch,… in Frankfurt seit vierzehn Jahren eingewöhnt, aber nicht eingebürgert, scheint mir oft Weimar meine eigentliche Heimat, und dies ist sie durch Sie geworden.«

Durch Reinhard kam auch die Verbindung mit dem jungen Kunstsammler Sulpiz Boisserée aus Köln zustande. Im Zusammenhang mit Philipp Otto Runge wurde er bereits erwähnt – als Zeuge für Goethes Verhältnis zu diesem Maler, das aus Verweigerung und Faszination so unauflöslich gemischt war. Es gelang ihm, den Meister noch zu ganz anderen Geständnissen und Aktivitäten zu überreden, wie sich zeigen sollte, als er Anfang Mai 1811 zum ersten Mal im Haus am Frauenplan erschien. Boisserée kam eigentlich als »Vorbelasteter«, der, im Bann der Kunstschriften Tiecks und Wackenroders stehend sowie mit Friedrich Schlegel befreundet, das Sammeln altdeutscher und altniederländischer Bilder zu seiner Sache gemacht hatte. Sein jüngerer Bruder Melchior und der Kölner Jurist Bertram gingen ihm zur Hand bei den Bemühungen, die sichtlich vom Geist der Romantik inspiriert waren. Von da kam auch der Impuls zu Boisserées großem Vorhaben, das darin bestand, den seit dem 16. Jahrhundert als desolaten Torso vor sich hin bröckelnden Kölner Dom doch noch zu vollenden. Es war ein kaum zu bewältigendes, hoch gestecktes Ziel, für dessen Verwirklichung er Verbündete suchte. Nun klopfte er, ausgerüstet mit detaillierten Zeichnungen, bei Goethe an, der sich aber, inzwischen zur Antike bekehrt, an seine ehemalige Begeisterung für das Straßburger Münster kaum mehr erinnern wollte. Wie der achtundzwanzigjährige Bote einer romantischen Kunstgesinnung vom zweiundsechzigjährigen Erben Winckelmanns aufgenommen wurde, berichtete Boisserée noch am selben Tag seinem Bruder Melchior:

»Ich komme eben von Goethe, der mich recht steif und kalt empfing, ich ließ mich nicht irremachen und war wieder gebunden und nicht untertänig. Der alte Herr ließ mich eine Weile warten, dann kam er mit gepudertem Kopf, seine Ordensbänder am Rock; die Anrede war so steif vornehm als möglich. Ich brachte ihm eine Menge Grüße: ›Recht schön‹, sagte er. Wir kamen gleich auf die Zeichnungen, das Kupferstichwesen, die Schwierigkeiten, den Verlag mit Cotta und alle die äußern Dinge. ›Ja, ja, schön, hem, hem.‹ Darauf kamen wir an das Werk selbst, an das Schicksal der alten Kunst und ihre Geschichte. Ich hatte mir einmal vorgenommen, der Vornehmigkeit ebenso vornehm zu begegnen, sprach von der hohen Schönheit und Vortrefflichkeit der Kunst im Dom so kurz als möglich, verwies ihn darauf, daß er sich durch die Zeichnungen ja selbst davon überzeugt haben würde – er machte bei allem ein Gesicht, als wenn er mich fressen wollte.«

Aber Boisserée war kein Eiferer oder Agitator, sondern ein taktvoller junger Mann, der sowohl zuzuhören als auch seine Argumente im Gespräch so zu plazieren wußte, daß Goethe darauf einzugehen begann. Schließlich wagte er es sogar, die Illustrationen des Malers Peter Cornelius zum *Faust* vorzulegen, durchaus mit Erfolg, denn Goethe nahm sie gegen die Einwände des Kunscht-Meyer in Schutz. Mehr noch: für die Blätter vom Kölner Dom improvisierte Goethe eine Ausstellung im Schloß, um die Unterstützung des Herzogs und des Hofs zu gewinnen. Nach einer Woche war der Geheime Rat so überzeugt, daß er, wie er Reinhard gestand, »mit

Erstaunen und stiller Betrachtung das Märchen vom Turme zu Babel an den Ufern des Rheins verwirklicht« sah.

Am Ende seines neuntägigen Aufenthalts vermerkte Boisserée im Tagebuch: »Nachmittags nach Tisch saßen wir allein, er lobte recht mit aller Wärme und allem Gewicht meine Arbeit. Ich hatte das erhebende Gefühl des Siegs einer großen, schönen Sache, über die Vorurteile eines der geistreichsten Menschen, mit dem ich in diesen Tagen recht eigentlich einen Kampf hatte bestehen müssen…« Der Kölner Gast dankte für das ihm erwiesene Verständnis und wurde am Ende mit einer emotionalen Geste belohnt: »Ich sprach, wie eben meine Stimmung es mir eingab, ich weiß nicht, wie ich die Worte setzte, sie mußten meine Bewegung kundgeben, denn der Alte wurde ganz gerührt davon, drückte mir die Hand und fiel mir um den Hals, das Wasser stand ihm in den Augen.«

Es war nahezu eine Überwältigung, der sich Goethe nie mehr entziehen konnte. Später besuchte er die Bildersammlung der Boisserées zweimal in Heidelberg, bevor sie nach München gelangte. Er förderte das Kölner Dombau-Projekt publizistisch, ohne den Beginn der Arbeiten zu erleben, die erst 1842 in Gang kamen. Vom diplomatischen Geschick des Jüngeren profitierte er noch einmal, als die Verhandlungen über seine Werkausgabe letzter Hand mit dem Verleger Cotta zu scheitern drohten. Boisserée gelang es, solche Schwierigkeiten aus der Welt zu schaffen und zwischen den beiden Partnern einen Kompromiß auszuhandeln. Noch mehrfach war er im Haus am Frauenplan ein stets herzlich begrüßter Gast, zuletzt 1826. In diesem Jahr schrieb Goethe ihm einen erstaunlichen Brief, der, über den Dank für die Mithilfe Boisserées beim Zustandekommen der Werkausgabe hinaus, eine Reverenz enthält, wie sie der Dichter einem Jüngeren nur ganz selten bekundet hat: »Sie haben sich, lassen Sie es mich geradezu sagen, so klug als tüchtig, so edel als grandios gezeigt, und ich fange nur an, mich zu prüfen, ob ich meinen Dank bis an Ihre Leistung steigern kann.«

Aus Boisserée, den Goethe zunächst angesehen hatte, als ob er ihn »fressen wollte«, wurde ein ingeniöser Vertrauter, aus einem jungen Mädchen, das wenig später zum ersten Mal bei ihm erschien, eine enge Haus- und Schicksalsgenossin. Am 22. Dezember 1811 vermerkte der Dichter beiläufig in seinem Tagebuch: »Mittags Fräulein v. Pogwisch.« Ganz *en passant* ist die Fünfzehnjährige als Mittagsgast erwähnt, ohne daß ihr ein weiteres Wort der Erklärung oder Erinnerung zugebilligt wäre. Daß ihr dereinst, nach dem Tod Christianes, als Schwiegertochter des Hausherrn die Rolle der Betreuerin seiner Gäste und gleichsam einer Vorsteherin der Geselligkeit in seinem Haus zufallen würde, hätte sie wohl selbst am meisten gewundert, wenn es ihr an jenem Vorweihnachtstag des Jahres 1811 geweissagt worden wäre. Wie aus Goethe, dem Gast, der Gastgeber geworden war, so wurde aus dieser Besucherin seines Domizils eine Gastgeberin. Ottilie von Pogwisch, die dann Frau von Goethe wurde, hat im Abstand von fast einem halben Jahrhundert den Weg nachvollzogen, den ihr Schwiegervater gegangen war.

Die Ehe ihrer Eltern war seit Jahren geschieden. Die Mutter, Henriette von Pogwisch, stand als Hofdame im Dienst der Herzogin Louise. Frau von Pogwisch wohnte mit zwei Töchtern im Haus ihrer Mutter, einer Gräfin Henckel von Donnersmarck, gleich hinter Goethes Gartenhaus an der Ilm. Sie waren also Nachbarn des Geheimen Rats und brauchten nur wenige Schritte zu gehen, um ihn zu besuchen. Ein engerer Kontakt bestand jedoch nicht, und es blieb der Anmut und dem Charme der hübschen Ottilie vorbehalten, bei Goethe aufzufallen. Zudem besaß das Mädchen eine passable Altstimme, die es dazu prädestinierte, bei den kleinen Konzerten mitzuwirken, die der Dichter gelegentlich an Sonntagvormittagen in seinem Haus veranstaltete.

Als Teilnehmerin dieses Kreises war sie von nun an oft anwesend, auch wenn sie Goethe zunächst nur selten im Tagebuch nennt. Aber Ottilie war viel zu temperamentvoll und zu originell, als daß sie auf die Dauer nicht aufgefallen wäre. August von Goethe, der Sohn des Dichters, begann ihr den Hof zu machen, auf Redouten und Schlittschuhbahnen. Eine gewisse Exzentrizität und Launenhaftigkeit, die ihr nicht abzusprechen waren, reizten wohl August, übrigens auch seinen Vater, der die Neigung des Sohnes nach Kräften unterstützte. Die an Irritationen reiche Geschichte brachte es mit sich, daß Ottilie unter den Gästen des Hauses am Frauenplan immer öfter anzutreffen war – bis sie schließlich versuchte, »Weltfrau mit Hausfrau auf das trefflichste« zu vereinen, wie sie es Goethe im April 1817, ein paar Monate vor der Hochzeit mit August, versprechen sollte.

Vorläufig jedoch war es noch lange nicht so weit, denn das Schicksalsjahr 1813 brach an, dessen Turbulenzen Ottilie von Pogwisch dazu brachten, für einen verwundeten Lützower Jäger mehr zu schwärmen als für ihren späteren Mann. Goethe hatte versucht, den kriegerischen Ereignissen, die sich seit dem Frühjahr ankündigten, auf einer langen Reise auszuweichen, die ihn bereits im April nach Dresden, dann ins böhmische Bad Teplitz und von dort im August wieder nach Dresden führten. Stets entging er nur mit knapper Not dem Schlachtengetümmel, nur wenige Tage nach seiner zweiten Abreise aus Dresden errang dort Napoleon seinen letzten großen Sieg auf deutschem Boden. Zu Hause schien alles ruhig zu sein, die thüringischen Länder, auch Sachsen-Weimar, waren noch fest in französischer Hand. Goethe beschloß, nach Ilmenau zu reiten, und schrieb unterwegs, zum fünfundzwanzigsten Jahrestag seiner Verbindung mit Christiane, das Gedicht *Gefunden:* »Ich ging im Walde so für mich hin…« Ende September, als die Kriegsfurie näherrückte, war es höchste Zeit, den bergenden Hafen am Frauenplan aufzusuchen, wo der Meister vorsorglich die Koffer packen ließ.

Anfang Oktober kam wieder einmal französische Einquartierung, zu Goethes größter Überraschung General Travers, den er bereits von den böhmischen Bädern her kannte. Marschall Augereau, der Quartiergast von 1806, stattete einen kurzen Besuch ab. Der französische Gesandte Saint-Aignan, ein glänzender Kunstkenner, kam noch mehrfach zum Mittagessen. Der polnische Graf Zaluski, Obrist in einem Reiterregiment, erzählte von Goethes Popularität bei den Polen, woraufhin der Hausherr »französisch-kosmopolitischen Champagner« auffahren ließ. »Wir tranken auf das Wohl der Schriftsteller und der Literatur beider Nationen: der deutschen und der polnischen.« Der Geheime Rat versuchte zwar, in das Studium chinesischer Reisebeschreibungen und des Marco Polo zu flüchten, aber täglich drängten nun gebetene und ungebetene Gäste herein. Daß Goethe ausgerechnet jetzt, am 12. Oktober 1813, das Gedicht *Offene Tafel* schrieb, während seine Tafel zum Proviantplatz martialischer Gestalten wurde, ist kaum nachzuvollziehen:

> Viele Gäste wünsch' ich heut'
> Mir zu meinem Tische!
> Speisen sind genug bereit,
> Vögel, Wild und Fische.
> Eingeladen sind sie ja,
> Haben's angenommen.
> > Hänschen, geh und sieh dich um!
> > Sieh mir, ob sie kommen!…

Es bedurfte keines »Hänschens«, das nach Gästen Ausschau hielt, denn sie kamen von ganz allein. Vom 16. bis zum 18. Oktober 1813 tobte in den Ebenen Leipzigs die Völkerschlacht, die mit Napoleons völliger Niederlage endete. Die Franzosen fluteten nun zurück, gingen auch wieder ein paar Kilometer vor, erneut in die Flucht geschlagen von den blitzschnell auftauchenden Kosaken. Oberst von Bock postierte eine Kosakenwache vor Goethes Haus, der aus den böhmischen Bädern wohlbekannte österreichische Feldmarschall-Leutnant Fürst Liechtenstein suchte mildernd einzugreifen und die »wilden Horden« zu bändigen, unter denen Goethe die Kosaken verstand. Er schrieb zwar, er habe »in achtundvierzig Stunden die ganze Stufenleiter vom Schreckbarsten bis zum Gemeinsten« durchdulden müssen, aber gemessen an der Bevölkerung ringsum gehörte er zweifellos zu den Privilegierten.

Am 23. Oktober erschien der österreichische Feldzeugmeister Graf Colloredo zur Einquartierung. Goethe begrüßte ihn mit dem Kreuz der französischen Ehrenlegion auf der Brust: man weiß nicht recht, ob ihn politische Ahnungslosigkeit oder unangemessener Stolz dazu verleiteten. Colloredo, den Goethe ebenfalls von seinen böhmischen Aufenthalten her kannte, war kein rauher Militarist, sondern ein höflicher Wiener Kavalier. Aber diese Art der Begrüßung nahm der Feldzeugmeister als Provokation, so daß er den Hausherrn anfuhr: »Pfui Teufel, wie kann man so etwas tragen!« Alle, die davon erfuhren, waren entsetzt, auch der Freund Wilhelm von Humboldt, der die Truppe als preußischer Diplomat begleitete. Nur Goethe schien ratlos, denn er warf die Frage auf, warum man den Orden nicht mehr tragen solle, bloß »weil der Kaiser eine Schlacht verloren habe«.

Vier Tage lang mußte er Colloredo und sein Gefolge, insgesamt 24 Personen, bewirten, die das Gedicht *Offene Tafel* mit ungeahnter Radikalität in die Praxis umsetzten. Das würde täglich zwei- bis dreihundert Taler kosten, klagte Frau Christiane, die sich obendrein als Dank von dem österreichischen Koch noch sagen lassen mußte, »daß sie sehr geizig wäre«. Humboldt berichtete es, nicht ohne Sarkasmus, seiner Frau. Das SALVE auf dem Boden am Eingang zu Goethes Gemächern sei durch die »gestiefelten Tritte« zahlloser Ordonnanzen fast unleserlich geworden, bezeugt der Dichter Fouqué, der als preußischer Offizier ein Wiedersehen mit dem Haus am Frauenplan nicht auslassen wollte.

Kaum war Graf Colloredo mitsamt seinem Troß abgezogen, ließ sich der nächste Gast melden, der nicht in sporenklirrenden Stiefeln, sondern auf leisen Diplomatensohlen die Treppe hinaufschritt: Fürst Metternich, der österreichische Außenminister. Er hatte sich den ersten Teil von *Dichtung und Wahrheit* ins Feld schicken lassen und gedachte nun, den

Verfasser zu beruhigen, der gar nicht einsehen wollte, warum der Umsturz notwendig geworden war, wo man »sich an den vorigen Zustand einmal gewöhnt habe«, da doch überhaupt alles »in Ordnung und Gleis gewesen sei«. Metternich, der Wert darauf legte, als »Fels der Ordnung« zu gelten, skizzierte seine Vorstellungen von der Zukunft, die so neu schon nicht beschaffen sein werde, im Gegenteil. Goethe war von dem nonchalant-souveränen Auftreten des Ministers so überzeugt, daß er ihn, wie es im Brief an eine österreichische Gräfin heißt, fortan zu den Persönlichkeiten zählte, die »uns die tröstliche Versicherung einflößen, daß Vernunft und Menschlichkeit die Oberhand behalten und ein klarer Sinn das vorübergehende Chaos bald wieder regeln wird«.

Indessen folgten weitere Besucher, meistens Offiziere. Die Träger alter österreichischer Namen waren darunter, Fürst Windisch-Graetz und Graf Clam-Martinitz, aber auch der englische Gesandte, Sir George Jackson. Prinz August von Preußen, Chef der preußischen Artillerie, beehrte ihn gleich viermal. Es kamen der junge österreichische Hauptmann Heinrich von Heß, mit dem Goethe noch vor wenigen Monaten in der Dresdner Gemäldegalerie gewesen war, sowie der Berliner Staatsrat Theodor von Hippel, der für den König von Preußen den Aufruf »An mein Volk« verfaßt hatte. Besonders tat es Goethe der polnische Fürst Anton Radziwill an, der in preußischen Diensten stand und mit einer Hohenzollern-Prinzessin verheiratet war. Er beschäftigte sich mit der Komposition des *Faust*, von der er, bei einem zweiten Besuch, Kostproben auf dem Cello zum besten gab.

Einmal, Anfang November, gab es wieder Ärger mit den Kosaken, von denen zwölf Mann bei Goethe einquartiert werden sollten. Er schloß sich in ein hinteres Zimmer ein und sandte, höchst dringend, nach dem Lützower Offizier Ferdinand Heinke mit der Bitte, diese Gäste von ihm abzuwenden, die bereits vor seiner verriegelten Haustür hielten und randalierten. Als sie gewaltsam ins Haus einzudringen versuchten, zog eine preußische Wachmannschaft auf, aber die Kosaken

wollten nicht weichen. »Endlich nach zweistündigem Stra-
ßenskandal gelingt es, den russischen Etappenkomman-
danten aufzufinden und von diesem eine Order zu erwirken,
auf welche die zwölf Riesen vom Dom abziehn.« Der dank-
bare Goethe schenkte seinem Retter die *Wahlverwandtschaften*,
versehen mit einer eigenhändigen Widmung. Dieser beherzte
preußische Offizier war kein anderer als jener Lützower
Jäger, den damals die junge Ottilie von Pogwisch, die spätere Schwiegertochter des Dichters, so leidenschaftlich an-
betete.

Der *Furor teutonicus* raste weiterhin über das Haus am
Frauenplan hinweg, unterstützt von seinem russischen Verbündeten. Goethe blieb skeptisch, und dies wohl nicht nur
aus Arroganz und elitärer Gesinnung. Über seine nach wie
vor reservierte Haltung äußerte er sich nur selten, am aus-
führlichsten vielleicht dem Historiker Heinrich Luden gegenüber, der ihn im Frühwinter 1813 von Jena aus besuchte.
Luden, soeben mit der Herausgabe einer patriotischen Zeitschrift befaßt, gebrauchte starke Worte »von der Erhebung
des deutschen Volkes, von den Proklamationen der Fürsten,
von Vaterland, von Freiheit, von der Notwendigkeit, gerade
jetzt eine bessere Zukunft zu begründen, und von der heiligen Pflicht eines jeden guten Menschen, nach seiner Stel-
lung und nach seinen Kräften mitzuwirken zur Benutzung
dieser großen Tage des neuen Heiles«.

Daraufhin holte Goethe, ruhig in seinem Sessel lagernd, zu
einem langen Monolog aus. Auch er sei nicht gleichgültig
gegen die großen Ideen Freiheit, Volk, Vaterland. Niemand
vermöge, sie von sich zu werfen, auch ihm läge Deutschland
warm am Herzen. Er habe oft einen bitteren Schmerz empfunden bei dem Gedanken an das deutsche Volk, das so
achtbar im einzelnen und so miserabel im ganzen sei. »Sie
sprechen von dem Erwachen, von der Erhebung des deutschen Volks und meinen, dieses Volk werde sich nicht wieder
entreißen lassen, was es errungen und mit Gut und Blut teuer
erkauft hat, nämlich die Freiheit. Ist denn wirklich das Volk

erwacht? Weiß es, was es will?... Der Schlaf ist zu tief gewesen, als daß auch die stärkste Rüttelung so schnell zur Besinnung zurückzuführen vermöchte. Und ist denn jede Bewegung eine Erhebung? Erhebt sich, wer gewaltsam aufgestöbert wird? Wir sprechen nicht von den Tausenden gebildeter Jünglinge und Männer, wir sprechen von der Menge, den Millionen. Und was ist denn errungen oder gewonnen worden? Sie sagen: die Freiheit; vielleicht würden wir es aber Befreiung nennen; nämlich Befreiung nicht vom Joche der Fremden, sondern von einem fremden Joche. Es ist wahr: Franzosen sehe ich nicht mehr und nicht mehr Italiener, dafür aber sehe ich Kosaken, Baschkiren, Kroaten, Magyaren, Kassuben, Samländer, braune und andere Husaren. Wir haben uns seit einer langen Zeit gewöhnt, unsern Blick nur nach Westen zu richten und alle Gefahr nur von dorther zu erwarten, aber die Erde dehnt sich auch noch weithin nach Morgen aus....«

Drohte vielleicht, während die Deutschen all ihren Haß gegen Frankreich kehrten, die neue Knechtschaft aus einer anderen Himmelsrichtung? Waren die Deutschen überhaupt erwacht? Bedeutete die Befreiung von einem fremden Joch tatsächlich schon die Freiheit? Stimmte das Feindbild wirklich, das die Freiheitsbarden dröhnend verkündeten? Das waren höchst unerwünschte Fragen am Ende des Jahres 1813, als die Verbündeten sich dazu anschickten, den Krieg über den Rhein hinein nach Frankreich zu tragen. Der Vaterlandsfreund Luden jedenfalls schied nachdenklich, ja bewegt aus dem Haus am Frauenplan.

Goethe hielt sich indessen an die Dinge, die man noch vor kurzem »keinem Propheten auszusprechen erlaubt hätte«. Wenn schon unter dem Banner des Zaren, Reitertruppen aus den Steppen Asiens in Weimar auftauchten, ließ sich für den Dichter des *West-östlichen Divans* womöglich etwas lernen. Einem Korrespondenten im sächsischen Freiberg teilte Goethe mit: »Wer durfte wohl vor einigen Jahren verkünden, daß in dem Hörsaale unseres protestantischen Gymnasiums mahometanischer Gottesdienst werde gehalten und die Suren des Korans würden hergemurmelt werden, und doch ist es geschehen, wir haben der baschkirischen Andacht beige-wohnt, ihren Mulla geschaut und ihren Prinzen im Theater bewillkommt.« Ein solcher Baschkire besuchte den Geheimen Rat in seinem Haus und schenkte ihm Bogen und Pfeile.

Ein anderer Besucher, der im Winter 1813/14 oft an den Frauenplan geladen war, hatte mit Krieg und Kriegsgeschrei gar nichts zu tun, er schuf eher einen Goethe wohltuenden Kontrapunkt dazu. Der fünfundzwanzigjährige Philosoph Arthur Schopenhauer lebte in einem gespannten Verhältnis zu seiner Mutter, auch Goethe hatte ihn in ihrem Salon lange nicht beachtet. Erst die Lektüre von Schopenhauers Dissertation machte ihn hellhörig, so daß er den jungen Mann nun vor den Gästen der Hofrätin durch ein ausführliches Gespräch auszeichnete. Einen »gewissen scharfsinnigen Eigensinn« glaubte er allerdings diesem originellen Denker attestieren zu müssen. »Man muß abwarten, ob ihn die Herren vom Metier in ihrer Gilde passieren lassen; ich finde ihn geistreich, und das Übrige lasse ich dahingestellt«, befand der Dichter in einem Brief an den Freund Knebel.

Er zog ihn in sein Haus, wo sich die beiden mit gemeinsamen optischen Experimenten beschäftigten. Auch Goethes Apparate durfte Schopenhauer benutzen. Der Philosoph schätzte die *Farbenlehre* des Hausherrn und teilte sogar dessen Verdammung Newtons. Dennoch kam es bald zu Gegensätzen, die Schopenhauer ungeniert aussprach, denn er neigte zu Respektlosigkeit und zu einem grimmigen Humor, der sich nicht immer in den Grenzen des Schicklichen hielt. Vor allem kam es zu unterschiedlichen Ansichten über die Entstehung der Farben, bei der Goethe dem Licht, Schopenhauer hingegen dem menschlichen Auge die entscheidende Rolle zuwiesen. In der Schrift *Über das Sehn und die Farben*, veröffentlicht 1816, hat der Philosoph dann seinen Standpunkt energisch vertreten, ohne sich mit dem Patriarchen direkt anzulegen, denn er war und blieb stolz auf den Umgang mit ihm. Goethe lehnte es freilich ab, das erbetene Vorwort zu dieser Schrift zu verfassen. Statt dessen schrieb er ein Epigramm auf den beklagenswerten Umstand, daß hier wieder einmal seine Gedanken in der Sicht eines anderen nicht mehr die seinigen waren:

> Was Gutes zu denken, wäre gut,
> Fänd' sich nur immer das gleiche Blut;
> Dein Gutgedachtes, in fremden Adern,
> Wird sogleich mit dir selber hadern.

In seinen *Annalen* 1816 beschrieb der Dichter die Beziehung zu diesem eigenwilligen Partner etwas gelassener: »Dr. Schopenhauer trat als wohlwollender Freund an meine Seite. Wir verhandelten manches übereinstimmend miteinander, doch ließ sich zuletzt eine gewisse Scheidung nicht vermeiden, wie wenn zwei Freunde, die lieber miteinander gegangen, sich die Hand geben, der eine jedoch nach Norden, der andere nach Süden will, da sie denn sehr schnell einander aus dem Gesicht verlieren.« Schopenhauers Hauptwerk *Die Welt als Wille und Vorstellung*, ihm überbracht von dessen Schwester Adele, las Goethe durchaus mit Anteilnahme. Dann kam es noch zu einer Begegnung in Jena, wo der Philosoph auf seiner Rückreise aus Italien Station machte. Das Haus am Frauenplan betrat er nicht mehr.

Daß er, der Individualist und Eigenbrötler, den Reigen der Gäste beschloß, die dieses Haus in den Kriegsjahren von 1806 bis 1814 besucht hatten, entbehrt nicht der Ironie, denn so wurde dem Defilee der Uniform- und Waffenträger mit der Laterne des Weltweisen heimgeleuchtet. Eine andere Zeit brach an, von Fürst Metternich verheißen, allerdings keineswegs so beschaffen, wie es viele erhofften, die den Blutzoll der Kriege erbracht hatten. Im Februar 1815, auf dem Wiener Kongreß, wurde Sachsen-Weimar zum Großherzogtum erhoben, was in aller Form Goethes Ernennung zum Staatsminister mit sich brachte. Der Hegelsche Weltgeist sandte noch ein fernes Grollen ins frisch gebackene Großherzogtum: die Nachrichten von Napoleons Wiederkehr, von seiner endgültigen Niederlage bei Waterloo, die Goethe bei einem Aufenthalt in Wiesbaden vernahm, und von der Verbannung des Korsen nach Sankt Helena. Dann trat Ruhe ein, die napoleonische Epoche war zu Ende.

Goethe, neuer Eindrücke bedürftig, unternahm in den Sommermonaten der Jahre 1814 und 1815 zwei lange Reisen, die ihn an Rhein, Main und Neckar führten. Der Gastgeber von Weimar durfte selber Gast sein: bei den Willemers in der Gerbermühle am Main, bei den Brentanos in ihrem Landhaus zu Winkel im Rheingau, bei Sulpiz Boisserée in Heidelberg. Von der zweiten Reise kehrte er Mitte Oktober 1815 zurück ins Haus am Frauenplan. »Goethe ist ... vom Rheine zurückgekommen so munter, froh und wohl, wie ich seit zehn und mehr Jahren ihn nicht gesehen. Er ist vielfach tätig, welches eben ein guter Beweis seines völligen Wohlbefindens ist«, ließ der Kunscht-Meyer den Arzt Hufeland wissen.

Mit dem Weimarer Alltag fanden sich auch die Gäste wieder ein. Goethe hatte noch nicht die mitgebrachten Mineralien ausgepackt, als sie schon vor der Tür standen: der Kanzler von Müller, der russische Großfürst Nikolaus, der als Zar Nikolaus I. in die Geschichte eingehen sollte, sowie nicht zuletzt die Theaterleute, die durch die lange Abwesenheit ihres Prinzipals in arge Bedrängnis geraten waren.

Anfang Dezember 1815 kam der preußische Staatskanzler Hardenberg, den Goethe schon seit seiner Leipziger Studentenzeit kannte. Der Kanzler brachte seinen Leibarzt Koreff mit, einen getauften Breslauer Juden und geistsprühenden Weltmann, dessen Rezepte und Sonette gleichermaßen in Mode waren. Auch Goethe wußte er zu unterhalten, der sich mit der Vorlesung eigener Dichtungen und der Einladung zu einer Aufführung des *Wilhelm Tell* im Theater revanchierte. Noch am späten Abend dankte Koreff schriftlich für die »Wohltat, einen großen Mann gesehen zu haben – ein seltner Genuß in diesem Jahrhundert!« Auch künftig sollte vielen

Gästen ein solch »seltner Genuß« im Haus am Frauenplan beschieden sein, Potentaten, Dichtern und anderen Zeitgenossen.

5. Kapitel

Boten aus Zeit und Raum

Der Architekt Coudray – Johann Gottfried Schadow – Tod Christianes – Charlotte Kestner, geb. Buff, in Weimar – Ottilie von Goethe, geb. v. Pogwisch, als First Lady des Hauses am Frauenplan – Die Komtessen Caroline und Julie von Egloffstein – Vorsicht vor Attentätern! – Der Bildhauer Rauch – Der Architekt Schinkel – Carl Gustav Carus – David spielt vor Saul: Felix Mendelssohn – Der Prinzenerzieher Soret – Gesellige Dienstag-Abende – Der Reichsfreiherr vom und zum Stein – Der Verleger Cotta – Monarchen: Großfürstin Alexandra Feodorowna von Rußland und König Maximilian I. Joseph von Bayern – Engländer, Amerikaner und Franzosen – Naturforscher – Goethe in seinen Verwandlungen – Erster Auftritt Johann Peter Eckermanns

Am 2. Januar 1816 wurde Goethe ein Besucher gemeldet, auf den er bereits große Hoffnungen setzte. Er war der Architekt Clemens Wenzeslaus Coudray, ein gebürtiger Rheinländer, der in seiner Heimat die Wirren der Französischen Revolution erlebt, dann in Paris studiert, anschließend Italien gesehen und zuletzt in Fulda gewirkt hatte, wo er allerdings, infolge desolater politischer Verhältnisse, als Baumeister kaum recht zum Zuge gekommen war. Aber er besaß Geschmack, Geschick und einen untrüglichen Blick für die begrenzten Möglichkeiten, die eine Kleinwelt wie Fulda oder Weimar dem Architckten bot. Dazu war Coudray ein Klassizist der strengen Observanz, was allein schon genügte, ihn am Frauenplan zu empfehlen. Noch am Tag von Coudrays erstem Besuch gab Goethe in einem Brief dem Wunsch Ausdruck, »daß dieser vorzügliche Mann nächstens zu den Unsrigen gehören möge«.

So geschah es: als Oberbaudirektor prägte das »stille und bescheidene Männchen«, wie ihn ein polnischer Besucher nannte, alle Aktivitäten auf seinem Gebiet während der kommenden beiden Jahrzehnte, in der Stadt Weimar und im ganzen Großherzogtum. Coudray war nicht nur ein stilbewußter Architekt, sondern auch ein exzellenter Organisator, der die gesamte Bauverwaltung des Landes neu ordnete. Er entwarf ganze Dörfer, die während der Kriegsjahre in Schutt und Asche gesunken waren, überwachte die Anlage von Chausseen und ließ sie mit Obstbäumen versehen, um die Hungersnöte in den Jahren um 1820 lindern zu helfen. Er baute Kirchen und Schulen, in Weimar die Bürgerschule, von der Goethe glaubte, daß hier »die rohesten Kinder, die solche Treppen auf und ab gingen und in solch heiteren Sälen Unterricht erhielten, schon auf der Stelle allen düsteren Dummheiten entrückt seien«. Der Baumeister vollendete den Westtrakt des Schlosses, plante Bürgerhäuser in der Stadt und ersann die Fürstengruft – als Grablege der großherzoglichen Familie, wo dann auch die sterblichen Überreste Goethes und Schillers ihre letzte Ruhestätte fanden.

Im Haus am Frauenplan zählte der Oberbaudirektor bald zu den Stammgästen. Bei größeren Gesellschaften zurückhaltend und eher zuhörend, war er im intimen Gespräch ein geistreicher und höchst beschlagener Partner. Für Goethe entwarf er, noch zwei Jahre vor dessen Tod, die beiden weißen Pforten sowie das Mosaikpflaster am Eingang des Gartenhauses an der Ilm. Über das künstlerische und geistige Einvernehmen hinaus wuchs eine wechselseitige Sympathie, die auch ernste Daseinsfragen berührte. Sie äußerte sich, als Goethe schwer erkrankte, und noch seine letzten Lebensstunden fanden in Coudray einen bewegten und taktvollen Zeugen.

Er, der klassizistische Gestalter von Weimars Stadtlandschaft, und der Dichter der *Iphigenie* waren einander wahl-

»... weil ich einst an seiner Göttlichkeit zweifelte«.
Goethe-Karikatur von J. G. Schadow, 1801.

verwandte Naturen. Aber es gab auch Künstler, die dem Klassizismus nahestanden und trotzdem Goethes Widerwillen erregten. Ein solcher war Johann Gottfried Schadow, der gefeierte Schöpfer der Quadriga auf dem Brandenburger Tor zu Berlin. Goethe warf ihm »Naturalismus« vor, was gleich zu Beginn des Jahrhunderts zu einem in der Öffentlichkeit ausgetragenen Streit zwischen dem Berliner und dem Weimaraner geführt hatte. Als Schadow, September 1802, zum ersten Mal im Haus am Frauenplan erschienen war, hatte er dort eine derbe Abfertigung, ja eine Abfuhr hinnehmen müssen. Seine Bitte, den Kopf des Hausherrn »nach Maßen« zeichnen zu dürfen, war von diesem, »halb lachend und halb höhnisch«, zurückgewiesen worden, »denn die Herren Berliner wären Leute, die daraus etwas deuten würden«.

Anderthalb Jahrzehnte später, Ende Januar 1816, kam Schadow wieder, kurz nach Coudrays Eintreffen in Weimar. Er kam mit seinem Entwurf des Rostocker Blücher-Denkmals, für das man Goethe als Berater gewonnen hatte. Diese Zusammenarbeit muß die beiden Kontrahenten zum Erfolg und insofern zu einem halbwegs funktionierenden Gleichklang verurteilt haben, jedenfalls war jetzt die Atmosphäre viel besser als ehedem. Goethe sei »immer mild und liebreich« gewesen, erklärte der besänftigte Bildhauer, und auch der Geheime Rat war angetan von »diesem vorzüglichen Manne« – immerhin ein Lob, mit dem er erst kurz zuvor Coudray bedacht hatte. Schadow durfte Goethes Profil als Wachsrelief für eine Medaille modellieren und wurde an der Speisetafel vorzüglich bewirtet. Dort lernte er Christiane kennen, die ihm, bei seinem Sinn für Urwüchsigkeit und Humor, sofort behagte. Goethe selbst sah sich durch Schadows Gegenwart »mit Berlin in nähern Rapport gesetzt«. Er könne sich nun vorstellen, schrieb er aufgeräumt an den Berliner Freund Zelter, »wie Du in einem solchen Meere auch persönlich schiffest, schwimmest, badest und watest«.

Solche beim späteren Goethe ohnehin seltenen Stunden der höheren Heiterkeit sollten demnächst erst einmal ganz der

Vergangenheit angehören. Christiane kränkelte seit einiger Zeit, und schon wenige Wochen nach Schadows Abreise verschlechterte sich ihr Zustand rapide. Sie starb nach furchtbarem Todeskampf, der alle Hausbewohner zutiefst entsetzte, am 6. Juni 1816, gerade erst einundfünfzig Jahre alt geworden. Goethe vermerkte lapidar im Tagebuch: »Nahes Ende meiner Frau. Letzter fürchterlicher Kampf ihrer Natur. Sie verschied gegen Mittag. Leere und Totenstille in und außer mir.« Nach außen hin mochte der Witwer, der selbst erkrankt war, einen gefaßten Eindruck erwecken. Am 8. Juni, dem Tag von Christianes Beerdigung auf dem Jakobsfriedhof, schrieb er an Zelter einen Brief, in dem er sich nur über künstlerische Belange ausließ. Die Nachricht vom Tod seiner Frau blieb darin einem angehängten Postskriptum überlassen: »Wenn ich Dir, derber geprüfter Erdensohn, vermelde, daß meine liebe kleine Frau uns in diesen Tagen verlassen, so weißt Du, was es heißen will.« Christianes Zimmer ließ der Hausherr umräumen und völlig verändern, weil er den bisherigen Zustand der Räume seelisch kaum ertragen hätte.

Der Tod seiner Frau bedeutete für Goethe eine schmerzliche Zäsur, die viel tiefer war, als sie Christianes zahlreiche Verächter für möglich gehalten hätten. Auch für das Haus am Frauenplan und seine Gäste konnte dieser Verlust kaum überschätzt werden, denn von Christianes umsichtigem Wirtschaften hatten alle Besucher profitiert, auch diejenigen, denen sie immer verborgen geblieben war. »Leugnen will ich Ihnen nicht, warum sollte man großtun, daß mein Zustand an die Verzweiflung grenzt«, schrieb Goethe, keine drei Wochen nach dem Tod seiner Frau, an Sulpiz Boisserée. Daß sich der Meister »in allen häuslichen und wirtschaftlichen Angelegenheiten« auf Christiane blindlings verlassen hatte, wurde mehrfach von Riemer, dem intimen Kenner, hervorgehoben. Das Haus stellte einen komplizierten Organismus dar, der einer gewissenhaften Sachwalterin, einer soliden Hausfrau dringend bedurfte. August von Goethe, der Sohn, inzwischen siebenundzwanzig Jahre alt, sah sich vor die schwierige

Aufgabe gestellt, dem Vater eine annehmliche Schwiegertochter und dem Haus eine neue Herrin zuzuführen. Ottilie
von Pogwisch, das hübsche, von August seit langem um-
schwärmte Mädchen aus der Nachbarschaft, sah ihre Stunde
gekommen.

In der Zeit, in der dieser Schritt ausgehandelt und entschieden wurde, drängten neue Gäste heran, obwohl sich
gerade dadurch das Fehlen der ordnenden Hausfrau für
Goethe und seine Umgebung immer unangenehmer bemerk-
bar machte. Ende September 1816, ein reichliches Vierteljahr
nach Christianes Tod, erschien sogar eine Frau, die in Goethes Biographie vor seiner Niederlassung in Weimar eine
kurze, aber aufregende Rolle gespielt hatte. Seither war ihr,
wie alle Welt wußte, ein ungebrochenes literarisches Nachleben beschieden, so daß sie von den Wortführern des Weimarer Gesellschaftsklatsches, besonders von den Damen, mit
einer gewissen Neugier empfangen wurde. Es war Charlotte
Kestner, geborene Buff, Werthers Lotte, seit dem Erscheinen
des Romans eine emblematische Figur in der Porträtgalerie
literarischer Frauengestalten.

Sie kam nicht eigentlich zu Goethe, sondern um ihre
Schwester zu besuchen, die als Frau des Kammerrates Ridel
in der Weimarer Esplanade wohnte. »Bedeutende Augen und
schöne Gestalt hat sie sich erhalten und ein schönes Profil,
aber leider wackelt der Kopf ... Sie ist geistreich, gebildet und
nimmt großes Interesse an den Weltbegebenheiten«, attestierte ihr Schillers Witwe. Frau Kestners »angenehme Unterhaltung« bezeugt auch Charlotte von Stein, die freilich hinzu-
fügt, daß »sich kein Werther mehr um sie erschießen« würde.
Ins Haus am Frauenplan war Lotte nur ein einziges Mal
geladen, in Begleitung ihrer Tochter Klara, die über diesen
Besuch einen langen, mißgestimmten Brief geschrieben hat.
Sonst bekam die Hofrätin Kestner den Jugendfreund nur
noch bei Kanzler von Müller und in der Theaterloge zu
Gesicht. Sie habe, bemerkte Charlotte in einem Brief, »eine
neue Bekanntschaft von einem alten Mann gemacht, welcher,

wenn ich nicht wüßte, daß er Goethe wäre, und auch dennoch … keinen angenehmen Eindruck« auf sie gemacht hätte. Und dies, obwohl er »nach seiner steifen Art alles Mögliche« getan habe, »um verbindlich gegen mich zu sein«. So endete das Intermezzo für Madame Kestner mit einer Enttäuschung, während es wohl Goethe selbst eher lästig war. Daß sie sich einst für den hannoverschen Legationssekretär Kestner entschieden und ihm dann in einer langen Ehe zwölf Kinder geboren hatte, wird die alternde Frau jetzt weniger denn je bedauert haben. Auch war es sicher richtig gewesen, diesen Kindern die Lektüre des *Werther* zu untersagen …

Der flüchtigen und noch dazu unzureichend dokumentierten Wiederbegegnung hat Thomas Mann bekanntlich seinen Roman *Lotte in Weimar* abgewonnen, ein erstaunliches Buch, das die Summe von Goethes Existenz bis etwa zu diesem Zeitpunkt zieht. Es ist eines der schönsten Goethe-Bücher überhaupt, auch wenn Thomas Manns eigene Befindlichkeit sowie die Zeit der Entstehung des Romans, die ersten Jahre der Naziherrschaft in Deutschland, mit eingeflossen sind. Im 8. Kapitel wird Lottes Besuch im Haus am Frauenplan detailreich beschrieben, wobei dort die Runde der Gäste auf sechzehn Personen erweitert ist, darunter die Ehepaare Meyer, Coudray, Riemer und Kirms, nicht zu vergessen der Schriftsteller Stephan Schütze und der Bergrat Werner aus dem sächsischen Freiberg.

Hier eröffnet sich nun das Panorama eines Gastmahls bei Goethe: von der minutiösen Schilderung des Interieurs im Gelben Saal und im Junozimmer bis zur genauen Präsentation der einzelnen Gäste; von der Speisenfolge, beginnend mit einer Marklößchen-Suppe und endend mit einer Himbeercrème, bis zu den Getränken, bestehend aus einem roten Lafite, einem weißen »Eilfer«, Champagner sowie dem unvermeidlichen Egerwasser; von der Eröffnung der Mahlzeit durch das feierliche Brechen des Brots durch den Hausherrn bis zu seiner Angewohnheit, bei jedem neuen Gang seinen Teller dermaßen vollzuladen, daß er ihn nur halb geleert

wieder zurückgeben mußte; von dem konventionellen Tisch-
geplauder bis zu Goethes weitläufigen Monologen über
Weine, Steine und das Volk der Deutschen. Nur einmal
scheint sich ein Zwielicht um die Gastgemeinde zu ver-
breiten, als Goethe ein chinesisches Sprichwort zitiert: »Der
große Mann ist ein öffentliches Unglück.« Hierauf bricht, wie
bei einem guten Witz, schallendes Gelächter los, in das nur
Charlotte, »gerade aufgerichtet« sitzend, nicht einzustimmen
vermag. Anschließend werden noch ein vom Geheimen Rat
konstruiertes optisches Gerät und natürlich die Sammlungen
demonstriert: Münzkästen, Kupferstichmappen, ein »kleiner
goldener Napoléon« inmitten einer Barometerröhre, »Götter-
bildchen unter Glas« und weitere »Curiositäten«.

Unter Thomas Manns Zauberhand ist hier die genaueste
Schilderung einer Zusammenkunft von Gästen in Goethes
Haus entstanden, freilich als literarische Fiktion, jedoch geschrieben mit außerordentlicher Detailkenntnis, die mit Sympathie, Ironie und hoher Vergegenwärtigungskunst einher-
geht. Fürwahr: so muß das Flair beschaffen gewesen sein, das
diejenigen umgab, die an Goethes Tafel geladen waren!

In Thomas Manns Roman wird auch von dem schwierigen
Verhältnis erzählt, das August von Goethe und die kapriziöse
Ottilie von Pogwisch verband und zugleich trennte. Dort ist
es Ottilies Freundin Adele Schopenhauer, die in die Ab-
gründe dieses Verhältnisses blickt, von dem sie mit gutem
Grund meint, daß es eigentlich ein Verhängnis ist. Ferdinand
Heinke, der verwundete Lützower, war längst in seine schle-
sische Heimat zurückgekehrt, aber für Ottilie von Pogwisch
blieb er unvergeßlich. Daß sie dann trotzdem dem Werben
Augusts und wohl auch dem Drängen seines Vaters erlag,
kann nur mit Resignation erklärt werden, die sie zu be-
herrschen begann. War die Aussicht auf ein ödes Hofdamen-
Dasein verlockender als das Schalten und Walten der First
Lady des Hauses am Frauenplan? Versprach nicht diese
Perspektive eine achtbare, vielleicht sogar glanzvolle Zukunft? Am längsten scheint sich Ottilies Großmutter, die

adelsstolze Gräfin Henckel von Donnersmarck, gegen die Verbindung gesträubt zu haben, denn August war für sie der Sohn der unmöglichen »Vulpia« geblieben, behaftet mit allen ihren Lastern, bis hin zur Trunksucht. Ansonsten wurde, unter monatelangem Feilschen, der Ehevertrag ausgehandelt.

Das Paar heiratete am 17. Juni 1817 und bezog neun Zimmer in der Mansarde von Goethes Haus. Wenig später fand dort auch noch Ulrike von Pogwisch, Ottilies jüngere Schwester, ein Unterkommen. Die junge Frau inspizierte das gesamte Anwesen vom Keller bis zum Boden, ließ es an ihrer Präsenz in der Küche nicht fehlen, suchte sich mit dem Hauspersonal zu verständigen. Fehlender Eifer war ihr nicht vorzuwerfen, auch stellte sie den Schwiegervater zufrieden, was den weiteren Fortbestand der Dynastie Goethe betraf. Bereits 1818 kam Walther zur Welt, dem 1820 Wolfgang und 1827 Alma folgten. Die Ehe schien sich glücklich anzulassen, selbst bei Hofe reüssierte das Paar. August war rechtzeitig zum Kammerrat ernannt worden, und da er außerdem als rechte Hand seines Vaters in allen Verwaltungsfragen fungierte, hatte er nicht viel Zeit für seine junge Frau.

Das Haus am Frauenplan nahm damals endgültig den Charakter einer Hofhaltung an. Die Schar der Gäste wuchs, ebenso die Familie und der Troß der Bediensteten. Oft saß ein Dutzend Personen am Tisch, häufig sogar noch mehr. Hier zeigte sich allerdings, daß Ottilie mit der Regie eines solchen Hausstands überfordert war, denn sie hatte keine Erfahrung und wohl auch kein Interesse an der Bewältigung der tausend kleinen und großen Dinge, die täglich zur Entscheidung anstanden. Vor allem hatte sie überhaupt kein Verhältnis zum Geld – eine Eigenschaft, die ihr ganzes weiteres Leben verdüstern sollte. Christiane, die sparsame und geräuschlos hantierende Wirtschafterin, vermochte sie auf die Dauer nicht zu ersetzen. Erste Zwistigkeiten mit August, die sich bis zur Entfremdung steigern sollten, kamen später hinzu.

Um so glänzender erfüllte Ottilie alle Pflichten der Repräsentation, die ganz und gar nicht Christianes Sache gewesen waren. Sie verfügte über Esprit, Charme und vollendete Umgangsformen, dazu über Sprach- und Literaturkenntnisse, die auch dem Schwiegervater behagten. Er ließ es ihr gegenüber an galanten Gesten nicht fehlen, ging mit ihr seine Dichtungen durch und vertraute sich, in den Tagen der Krankheit, ihrem schmeichelnden »Pfötchen« an. Für seine Gäste erlangte Ottilie die Bedeutung einer aparten, jedoch unumgänglichen Schwellenhüterin, denn mancher drang jetzt nur noch zu Seiner Exzellenz vor, wenn er den Salon der jungen Frau von Goethe in der Mansarde erfolgreich passiert hatte.

Zwei Damen, beide etwa Mitte Zwanzig, mußten sich einer solchen Begutachtung nicht unterwerfen, da sie schnell zu Dauerbesucherinnen des Hauses aufgerückt waren: die Komtessen Caroline und Julie von Egloffstein, Töchter jener attraktiven Gräfin Henriette von Egloffstein, die Goethe vor mehr als anderthalb Jahrzehnten beim Mittwochskränzchen »*Cour d'amour*« zur Tischpartnerin erkoren hatte. Caroline besaß eine hübsche Stimme, die es ihr gestattete, den Meister mit dem Vortrag seiner Gedichte in den Vertonungen Zelters zu unterhalten. Julie galt als begabte Malerin, deren Talent auch von Goethe und dem Kunscht-Meyer geschätzt wurde.

Den beiden Edelfräulein war das Vermögen durch die napoleonischen Kriege zerronnen, so daß ihnen kein anderer Ausweg als der höfische Dienst blieb. Caroline fand als Hofdame der Erbgroßherzogin Maria Pawlowna ein Unterkommen, Julie erhielt ein gleiches Amt bei der Großherzogin Louise, jedoch nur für kurze Zeit, da sie ihren künstlerischen Ambitionen nachzugehen gedachte. Die Schwestern waren liebenswürdige Erscheinungen, anmutige Botinnen des Biedermeier, von dem sie einen Hauch in Goethes engster Umgebung verbreiteten. Sie kamen oft, vor einem Ball, nach einem Theaterbesuch, immer gutgelaunt, den Hausherrn erheiternd und mit harmlosen Scherzen zerstreuend. Stärkere Akzente haben sie im Haus am Frauenplan nicht gesetzt, denn ihre musischen Neigungen erschöpften sich im Verspielten und Gefälligen. Dabei war vor allem Julie nicht frei von persönlicher Tragik, denn die Malerei suchte sie mit Ernst und Eifer zu ihrer Sache zu machen, bei Studienaufenthalten in Dresden und Rom. Mehr als ein dilettantisch nachempfundener Klassizismus kam nicht heraus, vielleicht weil die standesbewußte Dame »der Künstlerin *und* der Gräfin zugleich Genüge tun wollte«. Das unbefriedigende Resultat dieser Bemühungen zeigte sich erst lange nach Goethes Tod. Er selbst war für die Verehrung und die Heiterkeit, die ihm die Schwestern zuwandten, durchaus empfänglich. Den Dank stattete er ihnen mit manchem artigen Stammbuchvers ab:

> Freundlich werden neue Stunden
> Zu vergangnen sich gesellen;
> Blüten, Blumen, wohl empfunden,
> Bleiben ewig Immortellen.

Besuche, wie die Schwestern Egloffstein und andere biedermeierliche Genrefiguren sie abzustatten pflegten, lassen leicht vergessen, daß im Jahr 1819 der Empfang von Gästen zu einer gefährlichen Angelegenheit werden konnte. Karl Ludwig Sand, der dann zum Ahnherrn des politischen Terrorismus in Deutschland wurde, betrat zwar nicht das Haus am Frauenplan, wohl aber Goethes Domizil in Jena, wo er den Geheimen Rat um Hilfe bei der Beschaffung einer Turn- und Fechthalle für die Studenten bat. Anderthalb Jahre später, im März 1819, zog er nach Mannheim, um dort dem Schriftsteller und russischen Staatsrat August von Kotzebue, den er für einen Spion des Zaren hielt, »das Schwert ins Gekröse zu stoßen«. Er ließ sich bei Kotzebue melden, versetzte ihm mit dem Dolch drei tödliche Stiche, versuchte vergeblich, sich selbst zu entleiben, stürzte ins Freie und fiel mit dem Ruf auf die Knie: »Ich danke dir, Gott, für diesen Sieg.« Sand wurde abgeführt, ohne Widerstand zu leisten, und über ein Jahr darauf öffentlich hingerichtet.

Die Bluttat verbreitete Furcht und Schrecken, nicht nur bei Fürst Metternich und seinem Berater Friedrich von Gentz, die nun ebenfalls einer Mörderhand gewärtig waren, sondern auch bei dem sachsen-weimarischen Staatsminister von Goethe. Der Sohn seines Freundes Knebel erzählt, daß sich ein fremder Pole bei dem Minister melden ließ. Goethe habe daraufhin einen Untergebenen vor die Tür geschickt: »Sehen sie doch nach, mein Lieber, was der Mensch für eine Physiognomie besitzt.« Die Begutachtung muß negativ ausgefallen sein, denn der Fremde wurde nicht vorgelassen, sondern von einem eilig herbeibeorderten Gendarmen arretiert. Erst auf der Wache stellte sich heraus, daß der Pole ein gelehrter Starost war, der sogar illustre Empfehlungsschreiben an Goethe vorlegen konnte.

Frau von Stein teilt Anfang April 1819 mit, daß einem Studenten aus Gießen ebenfalls der Eintritt ins Haus am Frauenplan verwehrt wurde. »Der Student hat sich bei den Nachbarsleuten nach allem erkundigt, wo man ihn könnte zu sehen bekommen, wann er bei Hofe fahre usw.; er habe Goethes Schriften gelesen und möchte nun auch den Verfasser kennenlernen.« Herr von Motz, der Präsident der Landesdirektion in Weimar, wurde schleunigst alarmiert, aber dann scheint sich die Sache in Luft aufgelöst zu haben. Adele Schopenhauer beschrieb Mitte Mai 1819 ihrem Bruder, dem Philosophen, die Stimmung, in die Goethe durch dergleichen Odiosa geraten war: »Die Sandische Geschichte hat ihn ungewöhnlich ergriffen; er spricht fast immer Politik und scheint im Innersten tief verwundet; obgleich er immer äußert, er habe vorausgesehen, daß es so kommen müsse, als unvermeidliche Folge der gewaltig eingreifenden Roheit.«

Ein halbwegs verläßliches Bollwerk vor solcher Roheit schien immer noch die Kunst zu bieten, vor allem wenn ihre Protagonisten aus einer klassizistischen Gesinnung heraus wirkten. Einmal, im August 1820, kamen gleich mehrere Künstler dieser Couleur zusammen, allesamt aus Berlin: neben Friedrich Tieck, den Goethe bereits kannte, der Bildhauer

Christian Daniel Rauch und der Architekt Karl Friedrich Schinkel. Sie brachten den preußischen Staatsrat Schultz mit, der als Anhänger der *Farbenlehre* schon lange einen intensiven Dialog mit Goethe führte. Drei Jahre später wohnte Schultz direkt beim Geheimen Rat und schenkte ihm bei dieser Gelegenheit den Abguß der »Juno Ludovisi«, jener römischen Kolossalbüste, die seither das nach ihr benannte Zimmer im Haus am Frauenplan beherrscht.

In Jena modellierten Tieck und Rauch, bei »lebhafter, ja leidenschaftlicher Kunstunterhaltung«, die sog. Atempo-Büsten Goethes, der seinerseits, während er Modell saß, »herrliche Landschaften« von Schinkel betrachtete. Ebenso hoch schätzte er die Kunst Rauchs, der bei späteren Besuchen in Weimar noch mehrere Goethe-Plastiken schuf, darunter die bekannte Statuette, die den Dichter jovial und unheroisch in seinem Hausrock zeigt. Von der Porträtähnlichkeit dieses Bildwerks war vor allem Riemer begeistert: »... trefflich im Habitus, ganz der alte Herr im Überrock, wie er geht und steht; von hinten, vorn und nach allen Seiten.« Als Rauch zum letzten Mal bei Goethe zu Gast war, begleitete ihn sein Meisterschüler, der Bildhauer Ernst Rietschel aus Dresden. Ihm fiel dann, übrigens auf Empfehlung Rauchs, der Auftrag zu, für Weimar das Goethe- und Schiller-Denkmal zu schaffen, das 1857 enthüllt wurde. Entworfen aus dem Geist einer auf Heldenverehrung und Harmonie gestimmten Epoche, prägt Rietschels Monument seither das Bild vom Dioskurenpaar der deutschen Klassik.

Diese in Erz gegossene Apotheose hätte Goethe vermutlich gefallen, wie ihm auch die Zeichnungen und Entwürfe Karl Friedrich Schinkels gefielen. Schon im Sommer 1816 hatte der Architekt einen »ganzen schönen und lehrreichen Tag« bei Goethe verlebt, wie er seinem Freund Rauch schrieb: »In seiner Nähe wird dem Menschen eine Binde von den Augen genommen, man versteht sich vollkommen mit ihm über die schwierigsten Dinge, welche man allein nicht getraut anzugreifen, und man hat selbst eine Fülle von Gedanken darüber, die sein Wesen unwillkürlich aus der Tiefe herauslockt.« Schinkel, der in vielen Kulturen und Zeitaltern heimisch war, suchte das Heidnische mit dem Christlichen, das Hellenische mit dem Vaterländischen, den griechischen Tempel mit der märkischen Landschaft zu vermählen. Ihm stand das Instrumentarium der Kunstgeschichte zur Verfügung, vom Parthenontempel bis zur modernen englischen Eisengießerei. Aus den Gesprächen darüber haben beide, Goethe und Schinkel, reichen Gewinn gezogen, zum letzten Mal im November 1826, als der Architekt zu seiner Reise nach England aufgebrochen war.

Daß Carl Gustav Carus, der Dresdner Arzt, Psychologe und Maler, nur ein einziges Mal Gast im Haus am Frauenplan war, vermag der Chronist nur schwer einzusehen, denn gerade dieser nach vielen Seiten hin wirkende Sachse hat sein gesamtes Leben und Streben ganz bewußt als Goethe-Nachfolge betrieben. Er war tätig als Mediziner und Naturwissenschaftler, als Philanthrop und Philosoph, als Kunsttheoretiker, Schriftsteller und Maler, nicht zuletzt als Arrangeur einer anspruchsvollen Geselligkeit, der er in seinem Dresdner Haus eine Heimstatt schuf. Im Alter von neunundzwanzig Jahren nahm er brieflichen Kontakt mit dem fast siebzigjährigen Goethe auf, der dem jungen Professor für Geburtshilfe sogleich ein uneingeschränktes Lob spendete: »Fürwahr! Sie vereinigen so viele Eigenschaften, Fähigkeiten und Fertigkeiten, deren innigst lebendige Verbindung teilnehmendes Bewundern erregt.«

Der einzige und darum besonders denkwürdige Besuch von Carus kam am 21. Juli 1821 zustande, zu Beginn seiner ersten Reise nach Italien. »So saß ich denn nun ihm gegenüber! Die Erscheinung eines Menschen, welchem ich selbst einen so großen Einfluß auf meine Entwicklung zugestehen mußte, war mir plötzlich nahe gerückt«, notierte Carus in seinem Tagebuch. »Die gewöhnlichen einleitenden Gespräche waren bald beseitigt; ich erzählte von meinen neuen Arbeiten über die Ur-Teile des Knochengerüstes... Der Diener brachte eine kleine Kollation. Es war mir ein rührendes Verhältnis, Goethe zu sehen, wie er mir den Wein eingoß und ein Brot mit mir teilte, selbst von der einen Hälfte genießend und mir die andere reichend! – Dabei sprach er von meinen Bildern… Äußerungen über die ungünstige Aufnahme so mancher seiner wissenschaftlichen Arbeiten konnte er hierbei doch nicht ganz unterdrücken.«

Carus war kein Anhänger von Goethes *Farbenlehre*, was seiner Verehrung jedoch nicht den geringsten Abbruch tat. Nach seinem Abschied korrespondierte er weiter mit dem Dichter, übersandte ihm Bilder und Publikationen, widmete ihm auch seine *Briefe über Landschaftsmalerei* und veröffentlichte, nach dessen Tod, drei Schriften über Goethe. Die Strahlkraft des Weimarer Meisters reichte bis hinein in die zweibändigen *Lebenserinnerungen und Denkwürdigkeiten*, mit denen Carus, auch hierin Goethe verpflichtet, Rechenschaft ablegen wollte vom Weg eines schöpferischen Individuums, das immer strebend sich bemühte.

Carus war als noch recht junger Mann die Anerkennung des Dichters zuteil geworden, ein anderer Besucher erregte als Kind nicht nur Goethes höchste Bewunderung, sondern bezauberte ihn, wie es kaum je einem zweiten Menschen gelungen ist. Felix Mendelssohn, der Enkel des jüdischen Philosophen Moses Mendelssohn, war im Mai 1817, erst achtjährig und begleitet von seiner Mutter, schon einmal zu Gast am Frauenplan. Im November 1821 kam der inzwischen Zwölfjährige wieder, zusammen mit seinem Lehrer Karl Friedrich Zelter. »Jetzt hört alle, alle zu«, schrieb Felix ganz aufgeregt an Eltern und Schwester in Berlin. »… Jeden Morgen erhalte ich vom Autor des Faust und des Werther einen Kuß, und jeden Nachmittag vom Vater und Freund Goethe zwei Küsse. Bedenkt!!… Nachmittag spielte ich Goethen über 2 Stunden vor, teils Fugen von Bach, teils phantasierte ich…«

Es waren regelrechte Konzerte, die das »Wunderkind« dem staunenden Goethe und dessen Gästen bot. Über einen sol-

chen Abend berichtet ein kompetenter Augen- und Ohren-
zeuge, der Berliner Musikschriftsteller Ludwig Rellstab. Felix
habe eine Bachsche Fuge, sodann das Menuett aus *Don
Giovanni* und schließlich die *Figaro*-Ouvertüre gespielt. Der
Hausherr schien jedoch entschlossen zu sein, den kleinen
Gast einer wahren Prüfung zu unterwerfen, wie Rellstab
weiter erzählt:

»Goethe wurde immer heiterer, immer freundlicher, ja er
trieb Scherz und Neckerei mit dem geist- und lebensvollen
Knaben. – ›Bis jetzt‹, sprach er, ›hast du mir nur Stücke
gespielt, die du kanntest; jetzt wollen wir einmal sehen, ob du
auch etwas spielen kannst, was du noch nicht kennst. Ich
werde dich auf die Probe stellen.‹ – Er ging hinaus und kam
nach einigen Minuten zurück, mit mehreren Blättern ge-
schriebener Noten in der Hand. – ›Da habe ich einiges aus
meiner Manuskriptsammlung geholt. Nun wollen wir dich
prüfen. Wirst du das hier spielen können?‹ Goethe legte ein
Blatt mit klar, aber klein geschriebenen Noten auf das Pult. Es
war Mozarts Handschrift. Felix erglühte freudig bei dem
Namen. Er spielte mit voller Sicherheit, das nicht leicht zu
lesende Manuskript vom Blatt. Der Vortrag war so, als wisse
es der Spieler seit Jahren auswendig, so sicher, so klar, so
abgewogen.

›Das ist noch nichts‹, rief Goethe, ›das können auch andere
lesen. Jetzt will ich dir aber etwas geben, wobei du stecken-
bleiben wirst. Nun nimm dich in acht!‹

Mit diesem scherzenden Tone langte er ein anderes Blatt
hervor und legte es aufs Pult. Das sah in der Tat seltsam aus.
Man wußte kaum, ob es Noten waren oder ein liniertes, mit
Tinte bespritztes, an unzähligen Stellen verwischtes Blatt.
Felix lachte verwundert auf.

›Wie ist das geschrieben! Wie soll man das lesen?‹ rief er
aus. Doch plötzlich wurde er ernsthaft, denn indem Goethe
die Frage aussprach: ›Nun rate einmal, wer das geschrieben?‹
rief Zelter schon, der hinzugetreten war und dem am Instrument sitzenden Knaben über die Achsel schaute: ›Das hat ja

Felix Mendelssohn Bartholdy bei Goethe.
Stich von C. E. Döpler.

Beethoven geschrieben! Das kann man auf eine Meile sehen! Der schreibt immer wie mit einem Besenstiel und mit dem Ärmel über die frischen Noten gewischt!‹

Bei dem Namen ›Beethoven‹ war Felix ernsthaft geworden. Ein heiliges Staunen verriet sich in seinen Zügen. Er blickte unverwandt auf das Manuskript, und leuchtende Überraschung überflog seine Züge. Dies alles währte aber nur Sekunden, denn Goethe wollte die Prüfung scharf stellen und dem Spieler keine Zeit zur Vorbereitung lassen.

›Siehst du‹, rief er, ›sagt‘ ich dir's nicht, du würdest stekkenbleiben? Jetzt versuche und zeige, was du kannst!‹

Felix begann sofort zu spielen. Es war ein einfaches Lied, aber um aus ausgestrichenen, halb verwischten Noten die gültigen herauszufinden, bedurfte es einer seltenen Schnelligkeit und Sicherheit des Überblicks. – Beim ersten Durchspielen hatte denn auch Felix oft lachend mit dem Finger die richtige Note zu zeigen, die an ganz anderer Stelle gesucht werden mußte, und mancher Fehlgriff ward mit einem raschen ›Nein, so!‹ verbessert. – Dann rief er: ›Jetzt will ich es Ihnen vorspielen!‹ – Und das zweite Mal fehlte auch nicht eine Note. – ›Das ist Beethoven!‹ rief er einmal, als er auf einen melodischen Zug stieß, der ihm die Eigenart des Künstlers auszuprägen schien, ›das ist ganz Beethoven, daran hätte ich ihn erkannt!‹

Mit diesem letzten Probestück ließ es Goethe genug sein. Es war auch wahrlich mehr als genug, um des Knaben glänzende Begabung in das hellste Licht zu stellen.«

Goethe war nicht nur gewonnen, sondern geradezu überwältigt, und dies nicht nur in künstlerischer, sondern weit mehr noch in menschlicher Hinsicht. Das zeigte sich, als Felix, zusammen mit seinen Eltern und der musikalisch ebenfalls hochbegabten Schwester Fanny, im Oktober 1822 wiederum Station in Weimar machte. Bei dieser Gelegenheit soll der greise Dichter, wie die Mutter Lea Mendelssohn nicht ohne Rührung notierte, zu Felix die Worte gesprochen haben: »Du bist mein David, sollte ich krank und traurig werden, so banne die bösen Träume durch dein Spiel, ich werde auch nie wie Saul den Speer nach dir werfen.«

David hat dann vor Saul noch mehrere Male gespielt, 1825 gleich bei zwei Aufenthalten, im März und im Mai. Zum letzten Mal kam Felix im Mai 1830 und blieb bis in den Juni hinein, zu Beginn der Reise, die ihn dann durch halb Europa führte. Aus dem Wunderknaben war ein einundzwanzigjähriger, schon sehr berühmter Jüngling geworden, den Goethe denn auch, fast ein wenig kupplerisch, auf die jungen Damen zu lenken suchte. Daß er selber, trotz seines hohen Alters, für weibliche Reize noch immer empfänglich war, beobachtete Mendelssohn mit Ironie, die der Sympathie nicht ermangelte: »Als neulich eine wunderhübsche, nette, zarte etc. Gräfin Pappenheim hereinkam, so sagte er halb zu mir, halb in den Bart: ›Zierliches Wesen! Lebt so munter in die Welt hinein und weiß, daß es hübsch ist und Freude macht, und überhebt sich darum nicht – ist ein zierliches Wesen!‹ Dann verliert sich's in unverständliches Murmeln. Dann geht er ihr nach, macht sich niedlich, teilt ein Stück Kuchen mit ihr – und so lebt der alte Zecher. Ich glaube stark, er ist ein deutscher Dichter!«

Manchmal, an den späten Abenden, muß es im Haus am Frauenplan so turbulent wie selten zugegangen sein. In einem Brief an die Berliner Familie schildert Felix, was geschah, wenn er sein Klavierspiel beendet und Goethe sich zurückgezogen hatte: »Um zehn Uhr war es aus; ich blieb aber natürlich unter dummem Zeug, Tanzen, Singen usw. bis zwölf, lebe überhaupt ein Heidenleben. – Der Alte geht immer um neun Uhr auf sein Zimmer, und wie er fort ist, tanzen wir auf den Bänken und sind noch nie vor Mitternacht auseinandergegangen.«

Unersetzbar für beide, für David und für Saul, blieben die Stunden, in denen Mendelssohn auf dem Flügel musizierte, Bach, Haydn, Mozart, »und dazu sitzt er in einer dunklen Ecke wie ein *Jupiter tonans* und blitzt mit den alten Augen.« Einmal spielte der junge Mann den ersten Satz von Beethovens 5. Sinfonie in c-Moll, ein kühnes Experiment, das Goethe nachhaltig beschäftigt, ja beunruhigt haben muß: »Das berührte ihn ganz seltsam. – Er sagte erst: ›Das bewegt aber gar nichts; das macht nur staunen; das ist grandios‹, und dann brummte er so weiter, und fing nach langer Zeit wieder an: ›Das ist sehr groß, ganz toll, man möchte sich fürchten, das Haus fiele ein; und wenn das nun alle die Menschen zusammenspielen!‹ Und bei Tische, mitten in einem anderen Gespräch, fing er wieder damit an.«

Goethe versuchte, Mendelssohns Abschied um ein paar Tage hinauszuzögern, wahrscheinlich weil er ahnte, daß es der Abschied für immer sein würde. Nur einmal kam es zu einer kurzen Verstimmung, als Felix sein geringes Interesse an den Naturwissenschaften zeigte. Die hübsche Jenny von Pappenheim, mit der Goethe ein Stück Kuchen geteilt hatte, erzählt, wie der Geheime Rat voller Zorn das Zimmer verlassen habe. »Wie versteinert« habe Felix am Klavier gesessen, fast unbewußt, »wie zu eigenem Trost«, seien seine Finger über die Tasten geglitten. Da habe Goethe plötzlich wieder neben ihm gestanden und mit seiner weichsten Stimme gesagt: »Du hast genug, halt's fest!«

Fast war es ein Abschiedsgruß, der vielleicht sagen wollte, daß dieser Jüngling nun seines Künstlertums sicher sein konnte und einer weiteren Bestätigung nicht mehr bedurfte. Felix dachte über den Sinn der Worte lange nach. Am 3. Juni 1830 reiste er ab. Er sah Goethe nicht wieder.

Bei Felix Mendelssohns Besuchen im Haus am Frauenplan waren auch andere Gäste zugegen, die eine nähere Vorstellung verdienen. So saß bereits an dem Abend, an dem der Knabe das schwer lesbare Beethoven-Autograph zum Klingen gebracht hatte, die gefeierte Sängerin Gertrud Elisabeth Mara unter den Zuhörern. Ihre Karriere als umjubelte Händel-Primadonna lag damals allerdings schon hinter ihr. Sie hieß ursprünglich Schmehling und war genauso alt wie Goethe, der ihr einst, als Leipziger Student, leidenschaftlich applaudiert hatte. Außerdem war Bettine von Arnim mit dabei, die an dem Abend nach langer Verbannung wieder im Haus am Frauenplan begrüßt wurde, erstmalig seit dem Tod Christianes. Goethe soll sich aber, dem Musikkritiker Rellstab zufolge, wenig mit ihr unterhalten haben.

Während Felix, das Wunderkind, das Herz des alternden Dichters gewann, fand sich ein neuer Gast ein, der, wie vorher bereits der Kanzler von Müller und der Architekt Coudray, ein ständiger Hausgast bis zu Goethes Tod werden sollte. Frédéric Jacob Soret, ein Schweizer, war der Sohn eines Hofmalers der Zarin Katharina II. und in Sankt Petersburg geboren, woher ihn die Erbgroßherzogin Maria Pawlowna kannte. Sie berief den jungen Naturwissenschaftler als Erzieher ihres Sohnes Carl Alexander nach Weimar, obwohl sich Soret zeit seines Lebens als freier Bürger der Stadt Genf verstand und die höfische Perspektive aus einiger Distanz wahrnahm. Er hatte Geologie, Mineralogie und Kristallographie studiert, was ihn zu einem idealen Gesprächspartner für Goethe machte.

Bei ihm wurde er an einem Septemberabend des Jahres 1822 vom Kunscht-Meyer eingeführt. Wie Sorets Tagebuch verrät, hatte er einige Mühe, seinen Gastgeber mit dem weitverbreiteten Klischee vom Dichterfürsten in Einklang zu bringen: »Er zeigte mir etliche Apparate, die teilweise nach seinen eigenen Ideen hergestellt sind, und äußerte den Wunsch, mit mir derartige Experimente zu machen. Mir war der Anblick sehr befremdlich: der große Dichter vertieft in wissenschaftliche Untersuchungen – er, der einst den lebenglühenden *Werther* schuf, hat Freude an der Betrachtung eines toten Steins.... Seit einigen Jahren hat er sich für zu alt erklärt, um in Gesellschaft zu gehen, er besucht nicht einmal mehr die Hoheiten, er empfängt sie bei sich.«

Schon zwei Tage später, bei Sorets zweitem Besuch, wurden chemische Versuche angestellt. »Jod und Chlor beschäftigen Seine Exzellenz ganz besonders, er spricht von diesen Substanzen mit einem Erstaunen, als ob die neuen Entdeckungen der Chemie ihm völlig überraschend gekommen wären. Er ließ sich ein Röhrchen mit Jod bringen und verflüchtigte es vor unsern Augen an der Flamme einer Wachskerze, dann mußten wir Umstehenden alle den violetten Dampf bewundern.« Mögen solche Finessen den Naturwissenschaftler Soret auch insgeheim belustigt haben, so war er doch beeindruckt von Goethes geologischen Kenntnissen. »Einige selten vorkommende Mineralien, die ich ihm gab, wußte er richtig zu bestimmen.«

Im Lauf der Zeit wuchs zwischen den beiden Herren eine echte Freundschaft, die auch Goethe als Gebenden zeigte. Durch ihn wurde Soret zum Numismatiker und schließlich zu einem international geachteten Experten der orientalischen Münzkunde. Er übersetzte Goethes *Metamorphose der Pflanzen* ins Französische und hielt seine Begegnungen mit dem Meister in exakten Aufzeichnungen fest, die überall den schnörkellosen, genau beobachtenden Gelehrten verraten. Vier Jahre nach Goethes Tod, nach Beendigung seiner Weimarer Mission, kehrte er nach Genf zurück. Von dort aus schickte er seine *Conversations avec Goethe* an Eckermann, der sie dann für das eigene Goethe-Monument nutzte. In deutscher Sprache erschien Sorets Hinterlassenschaft, soweit sie seine Beziehungen zu dem Dichter betraf, erst 1929, herausgegeben von H. Houben.

Da der Geheime Rat, wie er Soret erklärt hatte, kaum noch in Gesellschaft ging, trotzdem jedoch das Bedürfnis verspürte, an ihr teilzunehmen, ließ er sie im eigenen Haus stattfinden. »Jeden Abend«, berichtet er selbst, »fand sich ein engerer Kreis bei mir zusammen, unterrichtete Personen beiderlei Geschlechts; damit aber auch der Anteil sich erweiterte, setzte man den Dienstag fest, wo man sicher war, eine gute Gesellschaft an dem Teetisch zusammen zu sehen.«

Mit dieser Unternehmung, die wieder einmal den Versuch anstellte, Geselligkeit im Haus am Frauenplan auf einen festen Wochentag zu fixieren, wurde am Dienstag, dem 1. Oktober 1822, begonnen. Gleich am ersten Abend waren anwesend: Kanzler von Müller, der Kunscht-Meyer, Soret,

Riemer, der Schriftsteller Stephan Schütze, Goethes Hausarzt Wilhelm Rehbein sowie der Regierungsrat Heinrich Carl Friedrich Peucer, der Direktor des Weimarer Oberkonsistoriums und, als Freimaurer, auch Goethes Logenbruder war. Gäste, die ohnehin gerade zu Besuch waren, nahmen in der Folge ebenfalls an den geselligen Dienstag-Abenden teil, etwa Felix Mendelssohn und der Düsseldorfer Maler Heinrich Christoph Kolbe. Und da, dem Wunsch des Hausherrn gemäß, »Personen beiderlei Geschlechts« zugegen sein sollten, waren auch die Schwestern Egloffstein und die Frauen der Stammgäste willkommen.

Die Zusammenkünfte fanden ein jähes Ende, als Goethe Mitte Februar 1823 an einer Herzbeutelentzündung lebensgefährlich erkrankte. Sein Zustand war so ernst, daß in Jena bereits die Kunde umging, er sei gestorben. Außer den Ärzten, Ottilie und August wurde niemand zu ihm vorgelassen. Erst als sich eine leichte Besserung ankündigte, durfte ihm der eine oder andere nahe Freund seine Aufwartung machen, so Kanzler von Müller, der Kunscht-Meyer, Riemer, Coudray und Soret. Die Genesung zog sich wochenlang hin, erst als sie sicher zu sein schien, wurde, zu ihrer Feier, am 22. März 1823 im Theater eine Festvorstellung des *Tasso* gegeben. Goethe, der noch geschwächt war und außerdem seit seinem Sturz vom Thron des Direktors das Theater nicht mehr betrat, verbrachte den Abend zu Hause. Die Schauspielerin Caroline Jagemann, die seinen Sturz bewerkstelligt hatte und, als Mätresse des Großherzogs, unter dem Namen Frau von Heygendorf geadelt worden war, krönte am Ende jener Festvorstellung Goethes Büste mit einem Lorbeerkranz. Danach eilte sie, noch im Kostüm ihrer Rolle, zum Haus am Frauenplan, um dem genesenen Dichter diesen Kranz zu überbringen...

Es sollte ein Zeichen der Versöhnung sein – und war zugleich der Auftakt für das Gäste-Karussell, das sich nun wieder zu drehen begann. Im April kamen Besucher, die Goethe schon lange kannte, etwa der Reichsfreiherr vom und zum Stein, der legendäre preußische Reform-Minister, der jetzt, nach seiner Entfernung aus allen politischen Ämtern, der Geschichte den Vorzug vor der Gegenwart gab. Die von ihm gegründete »Gesellschaft für ältere deutsche Geschichtskunde« hatte Goethe zum Ehrenmitglied ernannt. Obwohl der Dichter solchen patriotischen Bestrebungen nicht immer günstig gesonnen war, besaß er doch tiefen Respekt vor Steins ritterlich-aufrechter Haltung und unterstützte dessen Bemühen um die Erhaltung der Altertümer an Rhein und Main.

Ein anderer Gast, der ihn bereits seit 1800 fast regelmäßig besuchte, war sein Verleger Johann Friedrich Cotta. Mit diesem »Napoleon unter den Buchhändlern« war Goethe durch Schiller in geschäftliche Verbindung gekommen. Cotta pflegte in Weimar Station zu machen, wenn er, zunächst von Tübingen, seit 1810 von Stuttgart aus, zur Leipziger Messe fuhr. Dabei kamen dann Fragen zur Erörterung, wie sie zwischen Autor und Verleger auftreten, für Irritationen sorgen und manchmal auch offenen Zwist heraufbeschwören. Das leidige Problem der Honorare und Vorschüsse gehörte dazu, die Ausstattung der Bücher, ihr Absatz und Vertrieb. Goethe verlangte Spitzenhonorare, die überhaupt nur Cotta zu zahlen in der Lage war, obwohl der Verkauf der heute von einer Aura umrankten Schriften, etwa der *Propyläen* oder der *Farbenlehre*, selbst des *West-östlichen Divans*, keineswegs immer den Erwartungen entsprach. Zudem sah sich der Meister in den Journalen, die bei Cotta erschienen, beispielsweise im *Morgenblatt für gebildete Stände*, schlecht behandelt oder infam durchgehechelt, wenn auch der Verleger geltend machte, keinen Einfluß auf die Redaktionen dieser Gazetten zu nehmen.

Dennoch überwogen in dieser komplizierten Beziehung die positiven Seiten. Goethe blieb, ungeachtet mancher Drohgebärde, bei Cotta. Beide hatten gemeinsame Interessen, so bei der Bekämpfung der Raub- und Nachdrucker, die Autoren und Verlegern das Leben schwer machten. Als Cotta kurz nach Goethes Genesung von der Herzbeutelentzündung das Haus am Frauenplan besuchte, war von solchen Odiosa ausführlich die Rede. Der Dichter konstatierte: »Wer keinen Geist hat, glaubt nicht an Geister und somit auch nicht an geistiges Eigentum der Schriftsteller.« Er dachte dabei bereits an die Werkausgabe letzter Hand, die Cotta nur riskieren wollte, wenn für sie ein verbindlicher Schutz gegen den Nachdruck zu erreichen war. Die Verhandlungen darüber, auch über Goethes exorbitante Honorarvorstellungen, zogen sich lange hin, nur das Geschick des Freundes Boisserée bewahrte sie vor dem Scheitern. So kam es doch immer wieder zu einer fruchtbaren Zusammenarbeit, die zuletzt noch eine persönliche Dimension erhielt, als Goethe die Patenschaft für Cottas ersten Enkel annahm.

Galt dieser Unternehmer als der ungekrönte König der deutschen Büchermacher, so fehlten im Haus am Frauenplan auch die tatsächlich gekrönten Häupter nicht. Die russische Großfürstin Alexandra Feodorowna wurde erst vier Jahre nach ihrem Besuch bei Goethe Zarin aller Reußen an der Seite ihres Gemahls Nikolaus I., der dem Dichter ebenfalls einen Besuch abstattete. Die Großfürstin war eine geborene preußische Prinzessin, Tochter von König Friedrich Wilhelm III. und der beliebten Königin Luise. Da ihre Mutter einst, noch als Prinzessin, anläßlich einer Kaiserkrönung bei Goethes Mutter in Frankfurt einlogiert gewesen war, gab es schon von dieser Seite her viel Gesprächsstoff. Die imponierende Erscheinung des Dichter-Greises beschrieb die Fürstin in ihrem Tagebuch: »Ich glaubte, die alte, verfallene Größe zu sehen, und fand einen kräftigen Stamm, hoch und gerade, mit vieler Annehmlichkeit in den Zügen, und solche feurigen, geistreichen Augen, wie ich sie niemals vorher sah, besonders in dem Alter.«

Kurz nach seiner Genesung konnte Goethe den König von Bayern begrüßen, Maximilian I. Joseph, den er schon dreißig Jahre zuvor bei der Belagerung von Mainz kennengelernt hatte. Damals war er noch ein Prinz von Pfalz-Zweibrücken, der dann, durch das Aussterben von gleich zwei Linien des

Hauses Wittelsbach, einen kometenhaften Aufstieg genommen hatte: er wurde Kurfürst und schließlich, durch einen Federstrich Napoleons, König von Bayern. An seinen ehemaligen Förderer erinnerte er sich ungern, seit dessen Stern gesunken war, und Goethe gegenüber wird er ihn wohl kaum erwähnt haben, der den Napoleoniden immer noch nicht verleugnete. König Max war ein durchaus bürgerlich, beinahe rustikal wirkender Mann, der jedoch das Talent besaß, sich überall sofort anzupassen. Diese Gabe war ihm früher im Vorzimmer des Kaisers zustatten gekommen, jetzt bewährte sie sich im Haus am Frauenplan. Goethe fühlte sich jedenfalls hoch geehrt, wobei er noch nicht wissen konnte, daß auch der Sohn dieses Monarchen, König Ludwig I., ihn ein paar Jahre später besuchen und auszeichnen sollte.

In den Jahren nach den Befreiungskriegen reisten wieder die Engländer kreuz und quer durch den Kontinent, Bildungs- und Geschäftsreisende, nachdem das napoleonische Regime sie lange zu einem Inseldasein verurteilt hatte. Zu ihnen faßte Goethe eine besondere Neigung, da ihm der Realitätssinn der Briten gefiel. Englische Gäste waren immer willkommen, etwa der Maler George Dawe, der während seines Besuchs ein Porträt des Dichters schuf. Goethe nutzte die Sitzungen und Tischgespräche, um den Künstler in seine Farbenlehre einzuführen, offenbar sogar mit Erfolg. »Dies ist der Vorteil, den man mit Engländern hat, daß sie das Brauchbare vom Unbrauchbaren gleich zu unterscheiden wissen«, erklärte zufrieden der Geheime Rat. Auch Dawes Bild fand seinen Beifall: »Man hält es für das beste, das von mir existiert, nur wollen Freunde behaupten, daß ich nicht immer so gutmütig aussehe.« Das Konterfei, das als Kupferstich weite Verbreitung fand, hielt noch Thomas Mann für »besonders lebenswahrscheinlich«. Während der Arbeit an *Lotte in Weimar* hatte er es ständig vor Augen.

Ein anderer Brite, eigentlich ein Ire, der kurz nach der Abreise des Königs von Bayern Ende Mai 1823 das Haus am Frauenplan betrat, war Charles James Sterling, der neunzehnjährige Sohn des britischen Konsuls in Genua. Dort hatte er Lord Byron kennengelernt, von dem er Goethe ein persönliches Empfehlungsschreiben überbrachte. Ein Abglanz vom sinnlich-betörenden, tragisch-verruchten Flair Byrons muß auch den blonden Sterling umgeben haben, den Goethe einen »dämonischen Jüngling« nannte. Ottilie wurde von einer unbeherrschten Leidenschaft zu ihm ergriffen, die offen zutage treten ließ, daß ihre Ehe mit August inzwischen auf einem Tiefpunkt angelangt war. Oben in der Mansardenwohnung kam es zu schrillen Szenen, die darin gipfelten, daß August seiner Frau jeden weiteren Umgang mit Sterling verbot. Dennoch konnte er es nicht hindern, daß sie sich mit dem Engländer heimlich in Berlin traf. Auch nachdem er und sein Vater gestorben waren, fand diese Romanze kein Ende, bis sich der »dämonische Jüngling« der um acht Jahre älteren Frau selber entzog.

Daß indessen, Anfang der zwanziger Jahre des 19. Jahrhunderts, Goethes Ruhm bis in die Neue Welt gedrungen war, bestätigten mehrere amerikanische Besucher. Edward Everett, später Professor in Harvard und bekannter Politiker, veröffentlichte bereits 1817 den ersten amerikanischen Zeitschriftenartikel über Goethe. Als Göttinger Student kam er mit seinem Landsmann, dem nachmaligen Romanisten George Ticknor, nach Weimar. Der Dichter habe sie, so Ticknor in seinem Tagebuch, »mit Aufmerksamkeit und feinem Anstand« empfangen, »ohne deutsche Komplimente zu machen«.

Joseph Green Cogswell, später Professor für Geologie in Harvard, fand gar einen »ungewöhnlich lustigen« Goethe vor, den bei weitem nicht alle Besucher des Hauses am Frauenplan erlebt haben. »Wir saßen bis Mitternacht zusammen, und natürlich wirst Du schließen, daß wir hochgestimmt waren, da dergleichen in Deutschland nicht oft geschieht.« Einem anderen Briefpartner gegenüber bekräftigte Cogswell: »Amerika in allen seinen Verhältnissen ist jetzt sein Lieblingsstudium.« Der Dichter war von den Erzählungen seiner amerikanischen Gäste dermaßen fasziniert, daß er zu dem Kunscht-Meyer sagte: »Wären wir zwanzig Jahre jünger, so segelten wir noch nach Nordamerika.« Auch Cogswell gestand einem Korrespondenten, daß ihm Goethes Domizil teuer geworden war: »Ich blickte zurück auf das Haus, in dem er wohnte, bis es mir aus den Augen kam, ganz wie ich es bei der Wohnung meines teuersten Freundes getan haben würde.« Durch die Vermittlung dieses Gelehrten stiftete der Geheime Rat eine Ausgabe seiner Werke der Harvard University.

Aus Frankreich kamen häufig Besucher, nach den Marschällen und Diplomaten der napoleonischen Jahre nun auch wieder Literaten und andere Intellektuelle. Mancher Franzose war ganz verblüfft, hier einen Deutschen vorzufinden, der, wenn er sich nicht gerade hinter Hochmut und Pedanterie verschanzte, über Esprit und Grazie verfügte. Der Pariser Philosoph und Politiker Victor Cousin erwähnt es ausdrücklich in seinem Tagebuch: »Es ist mir unmöglich, eine Vorstellung von dem Charme und der Rede Goethes zu geben; alles ist individuell, und doch hat alles die bezaubernde Kraft des Unendlichen. Genauigkeit und Weite, Klarheit und Kraft, Fülle, Einfachheit und eine unbestimmbare Anmut wohnen seiner Sprache inne. Er bezwang mich schließlich, und ich hörte ihm mit Wonne zu.«

Besonders herzlich wurden natürlich die Naturforscher aufgenommen, und wenn sie auch noch mit einer Überraschung aufzuwarten vermochten, standen sie hoch im Kurs. Ein italienischer Gelehrter, Professor Configliacchi aus Pavia, transportierte in einem Glas Wasser, sehr beschwerlich und »höchst sorgfältig im Busen verwahrt«, ein kleines Reptil über die Alpen, nur um es im Haus am Frauenplan vorzustellen – lebendig, wie es sich für den Professor von selbst verstand. Goethe war ganz begeistert von dem »Wundergeschöpf, dem *Proteus anguineus*«.

Der böhmische Naturforscher Johannes Evangelista Purkenje brachte entoptische Gläser mit und warb in Prag für die *Farbenlehre.* Da dieser Wissenschaftler aus dem geistlichen

Piaristen-Orden ausgetreten war, bewunderte ihn Goethe, da
»er sich aus dem Abgrund des Pfafftums durch eigene Kräfte
herausgehoben«. Ein Glanzpunkt war der Besuch des däni-
schen Physikers Hans Christian Oerstedt aus Kopenhagen,
zwei Jahre nachdem er den Elektromagnetismus entdeckt
hatte. In Weimar erschien er kurz vor dem Beginn der schweren Krankheit des Dichters, der dem Dänen gegenüber den
wissenschaftlichen Fachkollegen hervorkehrte. Oerstedt notierte es, stolz und beglückt: »Goethe empfing mich wie ein
Physiker den andern.«

Immer wieder haben Gäste, oft binnen weniger Stunden,
den Hausherrn mit so unterschiedlichen, ja gegensätzlichen
Allüren erlebt, daß es schwerfiel, sich darauf einen Reim zu
machen. Der verdienstvolle Dresdner Mäzen und Kunstsammler Johann Gottlob von Quandt, der zusammen mit
seiner Frau Bianca eingeladen war, erlebte es, ohne sich
allerdings sehr zu wundern: »Es war uns zu Ehren eine große
Gesellschaft gebeten worden, und in einer solchen erscheint
Goethe immer nicht sehr liebenswürdig. Mir war diesen
Abend noch ein besseres Los als den andern beschieden, weil
abwechselnd Goethe und Meyer mir Kunstsachen zeigten,
indes die übrigen Herren und Damen in bangem Kreis um-
hersaßen und -standen und sich von Goethe, der diesen
Abend seine Orden angelegt hatte, beengt fühlten. Ich bat
Goethe, mir seine ohnlängst von Rauch aus Berlin gefertigte
Büste zu zeigen; er lehnte es aber für diesen Abend ab und
bat mich, den folgenden Morgen wieder zu ihm zu kommen.
Bei dieser Zusammenkunft war nun Goethe wieder ein ganz
anderer... Er war heiter, fast lustig, belehrend, teilnehmend,
mit einem Wort: höchst liebenswürdig.«

Man wird es der Exzellenz zugestehen müssen, daß der
nahezu tägliche Ansturm von Besuchern lästig war, vor allem
von Leuten, die unangemeldet Einlaß erheischten und dann
auch noch einen Vers ins Album geschrieben haben wollten.
Goethe wußte daraus, mit einiger Gelassenheit, noch das
Beste zu machen, wie er einmal Graf Reinhard bekannte: »An

fremden Durchreisenden mangelt's nie. Bald sind es die Ferien, wo sich Lehrende und Lernende in der deutschen Welt herumtreiben, dann die Zeit der Badereisen, hin und her, und sonst Anlässe in Unzahl. Da vergeht kein Tag, daß ich nicht von Fremden mehrfach angegangen würde, und ich verwende darauf gern ein paar Stunden, die mir niemals ohne Vorteil vorübergehen. Mannigfaltige Gestalten, an meine entschiedene Einsamkeit sich heran- und vorbeibewegend, geben mir Begriffe von der Außenwelt, wohlfeiler, als ich sie auf irgendeinem Wege hätte gewinnen können.«

Was die Badereisen anbelangte, so gedachte Goethe, auch wieder eine zu unternehmen, nachdem er im Frühjahr 1823 von der gefährlichen Krankheit genesen war. Während er dazu bereits rüstete, betrat ein einunddreißigjähriger Mann sein Haus, mit dem er seit einiger Zeit brieflich in Verbindung stand. Es war ein Enthusiast und ein Träumer dazu, der später vorgab, schon zwei Jahre zuvor, 1821, zum ersten Mal das Haus am Frauenplan besucht zu haben, allerdings nur im Traum. Dann, noch im gleichen Jahr, hatte er tatsächlich Anstalten gemacht, die Schwelle mit dem eingelassenen SALVE zu überschreiten, aber nur Riemer und den Bibliothekssekretär Kräuter angetroffen, da Goethe nach Böhmen verreist war. Erst am 10. Juni 1823 hatte er Glück. Daß diesem Besuch, in den nächsten neun Jahren, 950 bis 1000 weitere Besuche folgen würden, konnte der Gast kaum ahnen, nicht einmal im Traum. Denn ungefähr so viele Male war Johann Peter Eckermann bei Goethe. wie moderner Philologenfleiß ausgerechnet hat.

Er stammte aus Winsen an der Luhe und war in armseligsten Verhältnissen als Sohn eines Kätners und Hausierers aufgewachsen. Der Hütejunge durfte am Unterricht der Honoratiorenkinder teilnehmen, durfte Dienst tun in den Kanzleien der Umgebung, zog 1813 als Freiwilliger gegen die Franzosen zu Felde, gedachte, Maler zu werden, gab diesen Berufswunsch infolge anhaltender Kränklichkeit wieder auf, rackerte als Registrator in der Kriegskanzlei zu Hannover, besuchte nebenher das Gymnasium, entdeckte die Literatur, las Schillers Dramen und Körners jauchzende Haßgesänge – bis ihm im Frühjahr 1817 Gedichte Goethes in die Hände fielen. Was einem anderen Menschen dieses Alters ein wichtiges Lektüreerlebnis hätte sein können, das kam für Eckermann dem Auffinden einer Lebensaufgabe gleich. »Bewunderung und Liebe nahm täglich zu«, gestand er später in der Einleitung zu seinem großen Gesprächswerk. Ein Bändchen *Gedichte* fand 1821 lokale Resonanz, im Jahr darauf gingen *Beiträge zur Poesie, mit besonderer Hinweisung auf Goethe* nach Weimar ab. »So etwas liest man gern. Große Klarheit, Fluß der Gedanken, alles tüchtig durchdacht, schöner Styl«, urteilte der Meister und vermittelte das Manuskript weiter an Cotta.

An dem bewußten 10. Juni 1823 notierte Goethe ganz lapidar: »Um 12 Uhr Eckermann von Hannover.« Schon am nächsten Tag übergab er dem jungen Mann die Jahrgänge 1772 und 1773 der *Frankfurter gelehrten Anzeigen* mit der Aufforderung, seine dort einst anonym erschienenen Beiträge herauszusuchen und zu überlegen, ob sie in eine künftige Werkausgabe aufgenommen werden könnten. Es war die Zeit, in der er die mit Cotta geplante Ausgabe letzter Hand vorzubereiten begann, und da kam dieser Neuankömmling gerade recht, um daran mitzuwirken. Goethe muß sehr schnell erkannt haben, daß er hier einen begeisterten, bildungsfähigen, ihm bis zur Selbstverleugnung ergebenen Menschen vor sich hatte, aus dem sich ein anstelliger Mitarbeiter, vielleicht gar ein Jünger modeln ließ. Ansonsten war der Dichter in Eile, da er im Begriff war, seine Badereise anzutreten. Er brachte Eckermann noch schnell in Jena unter, damit er dort das ihm auferlegte Pensum erledigen konnte. Dann bestieg Goethe den Reisewagen, der ihn ins böhmische Marienbad bringen sollte.

Eckermann war hingerissen und wie geblendet vom Strahl einer Sonne, die ihm bisher nur von ferne geleuchtet hatte. »Es dünkt mich oft, als ob ich nun fürs ganze Leben genug hätte«, schrieb er an einen Bekannten. »Nur um einen Finger habe ich ihn gebeten, und er hat mir die ganze Hand gegeben. Ich möchte fast sagen, man muß ihn um nichts bitten, sondern ihn selbst gewähren lassen. Mir ist er in allen Dingen zuvorgekommen.« Eigentlich verhielt es sich umgekehrt: er, Eckermann, hatte einen Finger gereicht und Goethe die ganze Hand ergriffen. Aber da der angehende Adept ohnehin entschlossen war, das Idol gewähren zu lassen, kam es auf einen solchen Unterschied nicht an. Was tat es, daß er in Hannover Johanne Bertram, die Tochter eines Kaufmanns, zurückgelassen hatte, mit der er seit 1819 verlobt war? Sie wurde jetzt die Adressatin seiner von Goethe-Frömmigkeit erfüllten Episteln, darüber langsam verwelkend und verbitternd. Erst 1831 holte er sie nach Weimar, heiratete sie endlich und gründete mit ihr ein kärgliches Hauswesen, ohne daß der Olympier, der damals noch lebte, davon Notiz genommen hätte.

Eckermanns Goethe-Passion war eine Passion im doppelten Sinne: als Leidenschaft und Leiden. »Mein Verhältnis zu Goethe«, bekannte er selbst, »war eigentümlicher Art und sehr zarter Natur. Es war das des Schülers zum Meister, das des Sohnes zum Vater, das des Bildungs-Bedürftigen zum Bildungs-Reichen.« Er wurde zum literarischen Schleppenträger des Dichterfürsten, ordnete dessen Manuskripte, redigierte die Ausgabe letzter Hand, gab Anregungen für den Abschluß der *Wanderjahre* und des 2. Teils des *Faust*, arbeitete mit am 4. Teil von *Dichtung und Wahrheit* und nahm in einer kaum noch meßbaren Weise Anteil an Entstehung und Drucklegung des gesamten Spätwerkes. Zuletzt setzte Goethe ihn in seinem Testament, gemeinsam mit Riemer, zum literarischen Nachlaßverwalter ein.

Eine nennenswerte finanzielle Entlohnung für diese Dienste fand nicht statt. Der getreue Eckermann war auf die paar Groschen angewiesen, die der Deutschunterricht für junge Engländer abwarf, auf den Freitisch in einem Pensionat und nicht zuletzt auf die Tafel im Haus am Frauenplan, an der er, beinahe als Stammgast, oft saß. Einen Freiplatz im Theater wußte er sehr zu schätzen, da ihm sonst die abendlichen Ausflüge ins Reich des Erhabenen und Schönen kaum möglich gewesen wären. Hingegen brachte der Doktortitel der Universität Jena, von Goethe vermittelt, gar nichts ein.

Eckermanns Nachruhm ist durch die *Gespräche mit Goethe in den letzten Jahren seines Lebens* bewirkt worden. Sie sind eine unentbehrliche Quelle gerade für denjenigen, der nach Gästen im Haus am Frauenplan fahndet, auch wenn man weiß, daß Wahrheitsgehalt und Glaubwürdigkeit des Werkes seit langem umstritten sind. Eine höhere Zuverlässigkeit wird man ihm nicht absprechen können, denn der Verfasser schöpfte bei der Niederschrift aus seinen Notizen und verließ sich außerdem auf sein hervorragendes Gedächtnis. Von seinem Recht auf Subjektivität hat Eckermann weitgehend Gebrauch gemacht, verstand er sich doch nicht als dokumentarischer Protokollant, sondern als Schriftsteller, gelegentlich wohl auch als Evangelist. »Dies ist *mein* Goethe«, schrieb er in der Vorrede so kurz und energisch, wie man es seinem johanneischen Jünger-Naturell nicht zugetraut hätte. Kaum hatte Eckermann 1854 seine Augen für immer geschlossen, stieg das zunächst wenig beachtete Werk zum Volksbuch auf, zum meistgelesenen Goethe-Buch überhaupt, und alle Entmythologisierungsversuche der Experten haben es, wie andere Evangelien, nicht außer Kraft setzen können...

Das alles war nicht absehbar, als Eckermann im Sommer 1823 in Jena fleißig Textabschriften anfertigte. Am 13. September machte Goethe auf seiner Rückreise aus Böhmen in Jena Station, am 17. September war er wieder in Weimar. Zwei Tage später wurde die Reinschrift der Marienbader *Elegie* vollendet, mit der Goethe der letzten großen Leidenschaft seines Lebens ein ergreifendes Denkmal setzte. Er fühlte sich verjüngt und gealtert zugleich: verjüngt, weil er, ein halbes Jahrhundert nach dem *Werther*, seine stürmische Neigung zu der blutjungen Ulrike von Levetzow wie einen Jungbrunnen erlebt hatte, jedoch zugleich gealtert, weil er begreifen und akzeptieren mußte, daß diese Leidenschaft nicht mehr in ein dauerhaftes bürgerliches Verhältnis überführt werden konnte, aus welchen Gründen auch immer. Goethe hat weder das Fräulein von Levetzow noch Böhmen wiedergesehen. Von diesem Zeitpunkt an hat er keine Reise mehr angetreten, von kleineren Ausflügen in die Umgebung abgesehen. Wenn die Zeitgenossen ihn sehen und sprechen wollten, mußten sie nun nach Weimar kommen, ins Haus am Frauenplan.

6. Kapitel

Pilgerzüge

Staatsrat Schultz überbringt die »Juno Ludovisi« – Maria Szyma-nowska – Johann Joseph Schmeller porträtiert Goethes Gäste – Hein-rich Heine – Der Ritter von Lang – Karl August und Rahel Varnhagen – Gäste zu Goethes fünfzigjährigem Weimar-Jubiläum – Der »Grie-chen-Müller« – Die Sängerin Henriette Sontag – Der Hofkapellmeister Hummel – Fürst Pückler – Franz Grillparzer – Karl von Holtei – Kronprinz Friedrich Wilhelm von Preußen – König Ludwig I. von Bayern – »Was von Berlin nach Paris und von Paris nach Berlin geht, kommt hier durch.« – »Schmeichler und Speichellecker« – Ludwig Börne in Weimar, aber nicht bei Goethe – Engländer, Franzosen und Russen – Graf von Sternberg – Joseph Stieler malt Goethe – Tod des Großherzogs Carl August – Goethe in Dornburg

Der Zulauf der Gäste setzte sogleich wieder ein, obwohl der Hausherr noch mit dem seelischen Verarbeiten seines Ma-rienbad-Erlebnisses beschäftigt war. Ende September kehrte Eckermann von Jena nach Weimar zurück, von Goethe zum Willkommen mit einem Theater-Abonnement begrüßt. Bei dieser Gelegenheit stellte er wohl seinem neuen Adlatus einen Gast vor, der seit einigen Tagen bei ihm wohnte, den Staatsrat Schultz aus Berlin. Der preußische Jurist war bereits zum vierten Mal in Weimar, einen früheren Besuch hatte er zusammen mit dem Bildhauer Rauch und dem Architekten Schinkel unternommen. Jetzt aber wurde er im Haus am Frauenplan mit solcher Spannung erwartet, daß Goethe ihm bis vors Kegeltor entgegenfuhr. Schultz brachte ein Geschenk mit, das schon von seiner äußeren Dimension her kaum mit einem anderen Präsent verglichen werden konnte.

Eine aus Gips gefertigte Gesichtsmaske dieses Bildwerks
hatte Goethe bereits in seinem Zimmer am römischen Corso
besessen, sie jedoch vor der Rückkehr nach Weimar der
Malerin Angelika Kauffmann geschenkt. Eine Federzeichnung des Malers Tischbein aus jener Zeit hält das Werk in
karikaturistischer Überspitzung fest. Nunmehr, nach dreieinhalb Jahrzehnten, erhielt Goethe dank der Großzügigkeit des
Staatsrats Schultz nicht nur einen Abguß des Gesichts, sondern des ganzen kolossalen Kopfes der »Juno Ludovisi«!
Ihren Namen hatte die Büste Junos, der höchsten römischen
Göttin, nach dem Fundort der Skulptur, am Eingang der Villa
des Kardinals Ludovisi in Rom, bekommen. Daß die Plastik,
neueren Forschungsergebnissen zufolge, nicht diese Göttin,
sondern die Mutter des römischen Kaisers Claudius darstellt,
sei nur beiläufig vermerkt. Nach damaligem Verständnis galt
der Marmorkopf als »Juno Ludovisi«, und Junozimmer heißt
denn auch der Raum im Haus am Frauenplan, in dem die
mächtige Figur seit dem 7. Oktober 1823 thront.

Goethe nutzte das größte seiner Empfangszimmer für die
Postierung der Skulptur und hing ihretwegen sogar eine
Kopie der »Sixtinischen Madonna« von Raffael um. Aber
auch da drohte der riesige Kopf das Raumempfinden zu
sprengen. Am Abend der feierlichen Aufstellung waren zahlreiche Gäste zum Tee versammelt: der aus Frankfurt herbeigereiste Graf Reinhard, Staatsrat Schultz, Kanzler von
Müller sowie viele junge Leute. Goethe zeigte eine »köstliche
Mappe« aus seiner römischen Zeit und erzählte Anekdoten,
war doch das Juno-Haupt seine »erste Liebschaft in Rom«
gewesen. Kanzler von Müller allerdings schien noch Mühe
zu haben, sich mit der ungewohnten Größenordnung ab-
zufinden, wie er einer Bekannten vertraulich mitteilte: »Jupiter und Minerva sind ganz vernichtet dadurch und sehen
wie Kinderköpfe aus.«

Im Junozimmer stand damals schon seit mehreren Jahren
ein Hammerflügel, der aus der berühmten Wiener Werkstatt
von Nannette und Andreas Streicher stammte. Da dieser

Blick ins Junozimmer im Haus am Frauenplan.

Streicher einst der Genosse Schillers bei der Flucht aus der Tyrannei des württembergischen Herzogs Karl Eugen gewesen war, dürfte Goethe das Instrument wohl für besonders kostbar gehalten haben. Schon Felix Mendelssohn hatte darauf gespielt und damit den Dichter zutiefst gerührt. Ende Oktober 1823, kurz nach dem Eintreffen der Juno-Büste im gleichen Zimmer, wurde eine Pianistin gemeldet, der es beschieden war, durch ihr Spiel auf dem Flügel Goethe in ähnlicher Weise zu bewegen. Es war die Polin Maria Szymanowska, die er wenige Monate zuvor in Marienbad, auf dem Höhepunkt seines Werbens um Ulrike von Levetzow, kennengelernt und zum ersten Mal gehört hatte. Das Spiel der außergewöhnlichen Virtuosin hatte die Krise, in der er sich befand, gleichzeitig gesteigert und beschwichtigt. Nur in der Kunst, nicht in einer bürgerlichen Bindung des Greises an das Mädchen, war »das Doppelglück der Töne wie der Liebe« angemessen zu bewahren. Mit dieser schönen Formel schloß das Gedicht *Aussöhnung*, das er der Szymanowska ins Album geschrieben hatte.

Nun also erschien sie bei ihm im Haus am Frauenplan, während die Marienbader Wunde noch immer schmerzte. Goethe lud die Pianistin zusammen mit ihrer Schwester fast täglich zum Essen ein und arrangierte für sie am Abend des 27. Oktober ein Konzert im Junozimmer, in dem sich eine illustre Gesellschaft einfand. Die attraktive Polin kam in einem braungelben Kleid mit schwarzem Besatz und schwarzem Spitzentuch, weiß aufgeschlitzten Ärmeln und ganz einfachem Haarputz, wie der keineswegs nur musikalisch beeindruckte Kanzler von Müller sorgfältig notierte.

Ein paar Abende später gab Maria Szymanowska ein öffentliches Konzert im Stadthaus, anschließend hatte Goethe einen kleineren Kreis zum Souper in sein Haus gebeten. Als an der Tafel jemand einen Toast auf die Erinnerung ausbrachte, sprach der Hausherr »mit Heftigkeit« die folgenden Worte: »Ich statuiere keine *Erinnerung* in eurem Sinne, das ist nur eine unbeholfene Art sich auszudrücken. Was uns irgend

Großes, Schönes, Bedeutendes begegnet, muß nicht erst von außen her wieder *er-innert*, gleichsam er-jagt werden, es muß sich vielmehr gleich vom Anfang her in unser Inneres verweben, mit ihm eins werden, ein neueres beßres Ich in uns erzeugen und so ewig bildend *in uns* fortleben und schaffen. Es gibt kein Vergangenes, das man zurücksehnen dürfte, es gibt nur ein ewig Neues, das sich aus den erweiterten Elementen des Vergangenen gestaltet, und die echte Sehnsucht muß stets produktiv sein, ein neues Beßres erschaffen.«

Es war beinahe eine Rede, die Goethe, ganz gegen seine Gewohnheit, hier hielt, die er, zur Szymanowska gewendet, »mit großer Rührung« beschloß: »Und haben wir dies nicht alle in diesen Tagen an uns selbst erfahren? Fühlen wir uns nicht alle insgesamt, durch diese liebenswürdige edle Erscheinung, die uns jetzt wieder verlassen will, im Innersten erfrischt, verbessert, erweitert? Nein, sie *kann* uns nicht entschwinden, sie ist in unser innerstes Selbst übergegangen, sie lebt in uns mit uns fort und, fange sie es auch an, wie sie wolle, mir zu entfliehen, ich halte sie immerdar fest in mir.«

Am nächsten Tag reiste die Polin ab, und es schien fast, als ob sie sich ganz unbefangen und ohne den Abschied allzu schwer zu nehmen hätte zurückziehen wollen. Schon hatte sie das Haus verlassen, als Goethe den Kanzler von Müller bat, sie noch einmal zu ihm zu bringen. Erst jetzt, in einer für alle Anwesenden unvergeßlichen Viertelstunde, folgte das Finale von Maria Szymanowskas Besuch, als sie zu dem Dichter sagte: »Ich scheide reich und getröstet von Ihnen, Sie haben mir den Glauben an mich selbst bestätigt, und ich fühle mich besser und würdiger, da *Sie* mich lieben. Nichts von Abschied, nichts von Dank; lassen Sie uns vom Wiedersehen träumen…« Was half es, daß Goethe in eine humoristische Wendung ausweichen wollte? Es mißlang ihm – er brach in Tränen aus, schloß Maria und deren Schwester sprachlos in seine Arme und sah ihnen nach, während sie durch die offenen Türen der Zimmerflucht langsam davonschritten.

Ob die Schönheit der Szymanowska es war, die Goethe auf den Gedanken brachte, bedeutende Besucher künftig porträtieren zu lassen, ist kaum anzunehmen, aber kurz nach ihrer Abreise erteilte er erstmalig einen solchen Auftrag dem Maler Johann Joseph Schmeller, der an der Freien Zeichenschule in Weimar als Lehrer wirkte. Das Bildnis des Kunscht-Meyer war das erste dieser Blätter, die sich zu einer Porträtgalerie von Goethes Gästen sowie von Gestalten seines engeren Lebenskreises runden sollten. Schmeller war kein genialer Künstler, jedoch ein gewandter Zeichner und guter Beobachter, der charakteristische Züge eines Menschen zu erfassen und mit Kohle oder Kreide aufs Papier zu bannen vermochte. Zu den Wünschen, die Goethe künftig an manche seiner Gäste richtete, gehörte es, sich von Schmeller zeichnen zu lassen, mochten sie nun Wilhelm von Humboldt oder Franz Grillparzer heißen. Zu ihnen gesellten sich die Weimarer Freunde und Mitarbeiter – Riemer, Eckermann und Coudray –, die allesamt von Schmeller konterfeit wurden. Auch den Geheimen Rat stellte er mehrfach dar, so auf dem Ölgemälde »Goethe, seinem Schreiber John diktierend«.

Nicht würdig einer Verewigung durch Schmellers Kunst war jedenfalls der junge Mann, der am 2. Oktober 1824 hereinschritt – von einer soeben absolvierten Fußwanderung durch den Harz braungebrannt und daher vermutlich in etwas lädiertem Zustand. Der Studiosus Heinrich Heine hatte schon drei Jahre zuvor seine *Gedichte* und später seine *Tragödien nebst einem lyrischen Intermezzo* an Goethe geschickt, ohne darauf ein Echo zu vernehmen. Jetzt, nach der Ankunft in Weimar, bat der Wanderer die Exzellenz, »mir das Glück zu gewähren, einige Minuten vor Ihnen zu stehen«. »Ich will gar nicht beschwerlich fallen«, versicherte er, »ich will nur Ihre Hand küssen und wieder fortgehen.« Im wahrsten Sinne des Wortes sei er »hergepilgert«, womit sich Heine ausdrücklich in die Pilgerzüge einreihte, die fortwährend unterwegs zu Goethe waren. Am nächsten Tag fand der Besuch statt, den der Patriarch nur flüchtig in seinem Tagebuch erwähnt: »Heine von Göttingen.«

Der Besuch muß für den Pilger enttäuschend verlaufen sein, der erst einige Monate später einem Freund davon erzählte: »Über Goethes Aussehen erschrak ich bis in tiefster Seele, das Gesicht gelb und mumienhaft, der zahnlose Mund in ängstlicher Bewegung, die ganze Gestalt ein Bild menschlicher Hinfälligkeit. Vielleicht Folge seiner letzten Krankheit. Nur sein Auge war klar und glänzend. Dieses Auge ist die einzige Merkwürdigkeit, die Weimar jetzt besitzt.« Er selbst, Heine, sei ein Schwärmer, Goethe jedoch eine auf das Praktische gerichtete Natur, wodurch ein schwer zu überbrückender Kontrast entstehe. Trotz dieses Gegensatzes werde er aber »immer zum Goethischen Freicorps gehören.«

Im Brief an einen anderen Freund beschrieb Heine noch krasser die »Heterogenität«, die ihn und Goethe voneinander abstoßen müßten. »Er ist nur noch das Gebäude, worin einst Herrliches geblüht, und nur das wars, was mich an ihm interessierte.« Wiederum nennt sich Heine einen Schwärmer, der »sein Leben für die Idee hingibt«, aber damit sei er glücklicher »als Herr v. Goethe während seines ganzen sechsundsiebzigjährigen behaglichen Lebens«.

Ob nur der Anblick einer ihm völlig fremden, ja konträren Existenz Heine zu einem so harschen Urteil bewogen hat oder ob die von seinem Bruder mitgeteilte Anekdote tatsächlich vorgefallen ist, wird unerforschlich bleiben. Trifft die Geschichte zu, so mag sie eine Erklärung für die unglücklich verlaufene Begegnung liefern, trifft sie nicht zu, so ist sie doch viel zu hübsch erfunden, als daß man sie hier unterschlagen dürfte. Jedenfalls habe Goethe von seinem Gast wissen wollen: »Womit beschäftigen Sie sich jetzt?« Hierauf Heine, selbstbewußt: »Mit einem Faust.« Danach Goethe, indigniert: »Haben Sie weiter keine Geschäfte in Weimar, Herr Heine?« Darauf der Pilger Heine: »Mit meinem Fuße über die Schwelle Ew. Exzellenz sind alle meine Geschäfte in Weimar beendet«, und habe sich schnell empfohlen.

Später, als Heine einen Eideshelfer für seine Auseinander-
setzung mit der Romantik benötigte, sollte er sich in dem
Pamphlet *Die romantische Schule* ausdrücklich auf Goethe
berufen. Da war kein Wort mehr davon, daß er den nunmehr
zum Idol verklärten »Heiden« doch einst als »ein Bild
menschlicher Hinfälligkeit« erlebt hatte: »Dieser würdevolle
Leib war nie gekrümmt von christlicher Wurmdemut; die
Züge dieses Antlitzes waren nicht verzerrt von christlicher
Zerknirschung; diese Augen waren nicht christlich sünder-
haft scheu, nicht andächtelnd und himmelnd, nicht flim-
mernd bewegt: – diese Augen waren ruhig wie die eines
Gottes.« Nun, wenigstens diese Augen hatte Heine ja schon
1824 gelten lassen.

Zu den enttäuschten Besuchern gehörte auch Karl Heinrich
Ritter von Lang, der als Kreisdirektor im bayerischen Ans-
bach amtierte. Er war von Hause aus Historiker, überdies
erfolgreicher satirischer Schriftsteller, der selbst in seinen
Memoiren das Spotten nicht lassen konnte. Dort gab er
eine Schilderung des Besuchs, den er Goethe im Sommer
1825 abstattete. Die Erzählung ist so amüsant, daß sie hier
ungekürzt wiedergegeben werden soll. Immerhin war Lang
bereits ein Mann im Alter von einundsechzig Jahren, als er
sich folgendermaßen im Haus am Frauenplan abgefertigt
sah:

»Auf der Rückreise ging's über Heiligenstadt und Erfurt,
eine bedeutende Stadt mit einem romantischen Dom, nach
Weimar, wo ich mich vom Teufel verblenden ließ, mich bei
seinem alten Faust, dem Herrn von Goethe, in einem mit
untertänigen Kratzfüßen nicht sparsamen Brieflein anzumelden. Ich war angenommen um halb eins. Ein langer, alter,
eiskalter steifer Reichsstadtsyndikus trat mir entgegen, in
einem Schlafrock, winkte mir, wie der Steinerne Gast, mich
niederzusetzen, blieb tonlos an allen Seiten, die ich bei ihm
anschlagen wollte, stimmte bei allem, was ich ihm vom
Streben des Kronprinzen von Bayern sagte, zu und brach
dann in die Worte aus: ›Sagen Sie mir, ohne Zweifel werden

Empfang bei Goethe. Stich von F. Fleischmann.

Sie auch in Ihrem Ansbacher Bezirk eine Brandversicherungsanstalt haben.‹ Antwort: ›Jawohl.‹ – Nun erging die Einladung, alles im kleinsten Detail zu erzählen, wie es bei eintretenden wirklichen Bränden gehalten werde. Ich erwiderte ihm, es komme darauf ab, ob der Brand wieder gelöscht werde oder Ort oder Haus wirklich abbrenne. ›Wollen wir, wenn ich bitten darf, den Ort ganz und gar abbrennen lassen.‹ Ich blies also mein Feuer an und ließ alles verzehren, die Spritzen vergeblich sausen, die Herren Landrichter vergeblich brausen; rücke andern Tags mit meinem Augenscheine aus, lasse den Schaden einschatzen, von der Schatzung so viel als möglich herunterknickern; dann neue Schönheitsbaurisse machen, die in München Jahr und Tag liegen bleiben, während die armen Abgebrannten in Baracken und Kellern schmachten, und zahle dann in zwei, drei Jahren das abgehandelte Entschädigungssümmlein heraus. Das hörte der alte Faust mit an und sagte: ›Ich danke Ihnen.‹ Dann fing er weiter an: ›Wie stark ist denn die Menschenzahl von so einem Rezatkreis bei Ihnen?‹ Ich sagte: ›Etwas über 500000 Seelen.‹ – ›So! so!‹ sprach er, ›hm! hm! das ist schon etwas.‹ (Freilich mehr als das Doppelte vom ganzen Großherzogtum Weimar.) Ich sagte: ›Jetzt, da ich die Ehre habe, bei Ihnen zu sein, ist dort eine Seele weniger. Ich will mich aber auch wieder dahin aufmachen und mich empfehlen.‹ Darauf gab er mir die Hand zum Abschied, dankte mir für die Ehre meines Besuches und geleitete mich zur Tür. Es war mir, als wenn ich mich beim Feuerlöschen erkältet hätte.«

Eine Frau, die Goethe etwa zum gleichen Zeitpunkt zusammen mit ihrem Mann besuchte, wäre sehr verstimmt, ja geradezu beleidigt gewesen, wenn sie diesen despektierlichen Bericht gekannt hätte. In der Tat schickte sie mehrfach Briefe, die kritische Äußerungen über Goethe enthielten, an die Schreiber zurück. Rahel Varnhagen verstand sich seit ihrer Jugend, als sie noch Levin hieß, als »Priesterin« des Dichters, und schon ihr erster Salon in der Berliner Jägerstraße war nicht nur ein, sondern *das* Zentrum des Goethe-

Kults der preußischen Hauptstadt gewesen. Im Dichter des *Faust* fand die Jüdin all das verkörpert, was sie selbst von Anfang an erstrebte: die harmonische Einheit von Geist und Natur, von Individuum und Gemeinschaft, von Nähe und Ferne, von Mensch und Welt.

Sie steigerte die Kunst des Briefschreibens zur eindringlichen Prosa, die es vermochte, den Empfänger aus seinen innersten Nischen zu locken, zum Bekenntnis seiner Geheimnisse und zur Beichte zu verführen. Aus diesen Briefen stellte ihr Mann, der um vierzehn Jahre jüngere ehemalige preußische Diplomat Karl August Varnhagen von Ense, die Bruchstücke zusammen, die sich mit Goethe beschäftigten. Als der Geheime Rat sich dazu beifällig äußerte, war das Lob für Rahel »der schwarze Adlerorden, der ihr belohntes Herz bedeckte«. Der Dichter blieb für sie, über alle Wechselfälle des Daseins hinweg, der leitende Stern – bereits in ihren frühen Jahren, in denen sie sich selber noch wie ein jüdischer »Schlemihl« vorgekommen war, und später, nachdem sie, der Ehe mit Varnhagen wegen, den schweren, jedoch innerlich nie ganz mitvollzogenen Schritt zum evangelischen Glauben getan hatte. »Bei jedem Schritt im Leben, bei jeder neuen Ecke, wo man in seiner eigenen Seele herumkommt, wird einem etwas anderes von Goethe merkwürdig und klar.«

Sie hatte ihn 1795 während eines Kuraufenthalts in Karlsbad kennengelernt und dann, 1815, noch einmal in einem Dorf bei Frankfurt gesehen. Da es Goethe gewesen war, der sie dort besuchte, nahm Rahel diese Aufmerksamkeit, die über eine freundliche Geste kaum hinausging, als ihr »Adelsdiplom«. Erst am 8. Juni 1825 betrat sie zum ersten Mal, an der Seite Varnhagens, das Haus am Frauenplan.

Es war die Erfüllung eines Traums, und man wird Rahel glauben dürfen, daß ihr beklommen zumute war. Man sprach über historische Biographien und »Geschichtsschreiberei«, wie Varnhagen notierte, kaum über Dinge, die für Rahel hätten essentiell sein können. Aber das war ihr in dieser Sternstunde nicht wichtig: was einzig und allein zählte, war die Gegenwart des für sie bedeutendsten Menschen der Epoche, noch dazu in seinem Haus und in seiner Sphäre! Die Vierundfünfzigjährige geriet ins Schwärmen, von dem der Brief ganz erfüllt ist, in dem sie einem Bekannten über den Besuch berichtete: »Mir hat Goethe eine Feder schenken müssen, und gerne geschenkt, womit er den Morgen des 8. Juli geschrieben hatte. ›Ich kann darauf schwören, daß ich noch diesen Morgen damit schrieb‹, waren seine Worte. Nun muß ich noch ein Halstuch von ihm haben!« Dem ließ sie, ohne Übergang, das Geständnis folgen: »Übrigens fließt er wahr und wahrhaftig in mein Blut.«

Man stellte sich vor: die gleiche Rahel, die einem Hohenzollernprinzen »Dachstubenwahrheiten« an den Kopf geworfen hatte und zur »Beichtmutter« honoriger Zeitgenossen geworden war, ließ sich nun von Goethe eine Schreibfeder schenken und wollte gar noch ein Halstuch von ihm haben! Nichts vermag die Verehrung der alternden, kränkelnden, dabei doch stets hoch inspirierten Frau deutlicher auszudrücken als dieser Brief. Nur der unvermittelt folgende Nachsatz verrät, daß es Rahel auch hier wieder um ein Bekenntnis ging, über das diejenigen, die sie näher kannten, kaum gelächelt hätten.

Ihren letzten Besuch statteten die Varnhagens dem Dichter im September 1829 ab, kurz nach seinem achtzigsten Geburtstag. Am Mittagessen nahm auch Zelter teil, der ebenfalls aus Berlin gekommen war. Danach rühmte Goethe gegenüber Eckermann, daß Frau Varnhagen »in Deutschland eine der ersten gewesen, die ihn verstanden und erkannt habe, und die mit treuer Neigung fortgefahren, an ihm zu halten«. Sie hielt an ihm fest, bis ans Ende. Als er gestorben war, schrieb sie ihm in ihrem Tagebuch den kürzesten und schönsten aller Nachrufe: »Milder als Mairegen sind Kinderküsse. Rosenduft, Nachtigallton, Lerchenwirbel. – Goethe hört's nicht mehr. Ein großer Zeuge fehlt.«

Kurz nach dem ersten Besuch des Ehepaars Varnhagen wurden die Vorbereitungen für ein Ereignis getroffen, das als

Goethes Haus am Frauenplan im Festschmuck
am 3. September 1825 zum 50jährigen Regierungsjubiläum
des Großherzogs Carl August.

Goethes »Feierlichster Tag« begangen werden sollte: Am 7. November 1825 war es genau fünfzig Jahre her, daß er seinen Einzug in Weimar gehalten hatte. Der fünfzigste Jahrestag seines Dienstjubiläums wäre zwar erst im Juni 1826 fällig gewesen, denn am 11. Juni 1776 war der Neuankömmling Mitglied des Geheimen Consiliums geworden, aber der Großherzog befand, daß schon der 7. November 1775 als der »Tag des wirklichen Eintritts in Meinen Dienst« anzusehen sei, »da Sie«, wie der Monarch in einem hoch offiziellen Handschreiben an Goethe verlauten ließ, »von jenem Zeitpunkt an nicht aufgehört haben, Mir die erfreulichsten Beweise der treuesten Anhänglichkeit und Freundschaft durch Widmung Ihrer seltenen Talente zu geben«. Vorher, am 3. September, wurde noch das fünfzigjährige Regierungsjubiläum von Carl August begangen, dann fieberte Weimar und die ganze deutsche Poeten- und Gelehrtenrepublik dem 7. November entgegen.

Ein emsiges Zurüsten und Präparieren begann, offenbar in aller Heimlichkeit, denn Goethe selbst will von dem Spektakel erst drei Tage zuvor etwas gehört haben. Besonders der Kanzler von Müller tat sich als Festordner glänzend hervor, jedoch waren auch zahlreiche Freunde und Mitbürger bestrebt, ihr Scherflein beizutragen. »Alle Welt sitzt und stickt und flickt für Goethe, und da mußte ich natürlich auch einige Stiche machen«, schrieb Caroline von Egloffstein an ihre Mutter. Diese von Damenhänden gefertigten Stücke wurden dann im Haus am Frauenplan präsentiert. Schließlich kam der 7. November heran, der dem Gedicht *Offene Tafel* einige neue Facetten abgewann: »Viele Gäste wünsch' ich heut' / Mir zu meinem Tische!«

»Wie der hochverehrte Jubelgreis«, erzählt Kanzler von Müller, »den Fensterladen seines Schlafzimmers in frühester Dämmerstunde öffnete, tönte ein festlich heiteres Morgenlied ihm aus einem Versteck seines Gartens entgegen.... Als um neun Uhr der Gefeierte durch einen Freund des Hauses und den eigenen Sohn aus seinem Gartenzimmer abgeholt wurde,

war das Gedränge im Vorsaal, Saal und Zimmern schon so
groß, daß jene ihn durch eine Seitentreppe unbemerkt herein-
zubringen bedacht sein mußten.« Hierauf erscholl ein vier-
stimmiger Festgesang, komponiert von Kapellmeister Eberwein, wobei Frau Eberwein, Solistin am Weimarer Theater,
als singende Ilm den Chor anführte. Dann habe Goethe mit
Wort und Händedruck alle begrüßt sowie »mit kindlicher
Freude« die ihm bescherten Geschenke betrachtet. Der Staatsminister Freiherr von Fritsch trat vor und verlas das großherzogliche Handschreiben. Sodann defilierten die offiziellen
Gäste an dem Jubilar vorbei: die Deputationen der Akademie
Jena, der Landeskollegien von Weimar und Eisenach, des
Stadtrates und der Freimaurerloge. Zwei Ehrendiplome der
Universität Jena reichte Goethe an zwei seiner Mitarbeiter, an
Riemer und Eckermann, weiter. »Die Juristenfakultät«, berichtet Kanzler von Müller, nicht ohne Heiterkeit, »fügte
ihrem Glückwunsche den Ausdruck ihres Bedauerns bei, daß
ihr die Universität Straßburg schon vor vierundfünfzig Jahren in Erteilung des Doktorhuts zuvorgekommen sei.«
  Gleich nach zehn Uhr erschienen Großherzog Carl August
und Großherzogin Louise, mit denen sich der Geheime Rat
zu einem vertraulichen Gespräch zurückzog. Es ist anzunehmen, daß Carl August dabei das freundschaftlich-bur-
schikose »Du« benutzte. Dazu gesellten sich später noch
Erbgroßherzog Carl Friedrich, dessen Gemahlin Maria Pawlowna und ihre Kinder. So ging es den ganzen Tag weiter: mit
einem Festakt in der Bibliothek, an dem Goethe allerdings
nicht teilnahm, mit einem Diner von zweihundert Kuverts im
Stadthaus, bei dem August von Goethe den Vater vertrat,
schließlich mit einer Festaufführung der *Iphigenie* im Theater,
bei deren ersten drei Akten der Dichter anwesend war, umrauscht von Ovationen.
  Zu später Stunde kam noch einmal das Haus am Frauenplan zu seinem Recht, denn dort erwartete der Hausherr den
Kreis der nächsten Freunde zum Souper. Gingen wohl, während er wartete, seine Gedanken um fünfzig Jahre zurück, als

er, damals selber nur ein Gast, vor dem Deutschherrenhaus des Kammerpräsidenten von Kalb aus der Kutsche gestiegen war? Wie sich der Gast zum Gastgeber, der Reichsstädter zum Weimaraner, der nonchalante Kavalier zur gebieterischen Zelebrität gewandelt hatte? Und wie bei alledem, nicht zuletzt durch sein Kommen und Bleiben, die einst so verschlafene Residenz zu einem europäischen Anziehungspunkt geworden war?

Das mitternächtliche Souper soll in gelöster Stimmung stattgefunden haben. Unter den Fenstern brachte die großherzogliche Hofkapelle, geleitet vom Kapellmeister Hummel, eine Serenade dar. Die Häuser um den Frauenplan und bis weit in die Stadt hinein waren erleuchtet. Am nächsten Tag sandte Goethe seine Enkel Walther und Wolfgang aus, um all denen zu danken, die Kerzen in ihre Fenster gestellt hatten.

Es war, was den Andrang der Gäste in diesem Haus betraf, ein Höhepunkt, aber Besucher kamen auch weiterhin, fast jeden Tag. Unter ihnen waren immer mehr junge Leute, die in dem Dichterfürsten bereits ein wandelndes Stück Erbe sahen, zu dem man sich damals schon wie zu jedem anderen Erbe verhielt: man konnte es annehmen oder ausschlagen. Einer, der es anzutreten gedachte, jedoch aus dem Bewußtsein einer Distanz, wie sie oft zwischen zwei Generationen besteht, war der Bibliothekar und Poet Wilhelm Müller aus Dessau, der Goethe in den Jahren 1826 und 1827 mehrfach besuchte. Er hatte die Gedichtzyklen *Die Winterreise* und *Die schöne Müllerin* geschrieben, die Franz Schubert vertonte, ohne daß er selbst diese Kompositionen je hören konnte. Und da er sich, in seinen *Liedern der Griechen*, auch als ein pathetischer Anwalt des hellenischen Freiheitskampfes zu erkennen gab, nannte man ihn den »Griechen-Müller«.

»Der alte Herr«, so Müller in einem Brief an Ludwig Tieck, habe sich ihm gegenüber höflich und freundlich gezeigt, aber das sei »auch alles« gewesen. »Und was ich aus seinem Munde gehört, das kann mir jeder gebildete Minister sagen.« Hier sprach jedenfalls ein selbstbewußter junger Mann, der

*Andrang der Gäste zu Goethes »Jubeltag«
am 7. November 1825.*

keinerlei Anstalten machte, sich eine Schreibfeder oder gar ein Halstuch von Seiner Exzellenz zu erbitten. Goethe seinerseits war offenbar noch mehr enttäuscht, obwohl er, wie meistens, auch diesem Gast gegenüber sich einigermaßen konziliant verhielt. Müller sei »ihm eine unangenehme Personnage, suffisant, überdies Brillen tragend«, womit er wieder einmal seiner Antipathie gegen Brillenträger die Zügel schießen ließ.

Noch negativer fiel Goethes Urteil aus, nachdem er im Stammbuch dieses Besuchers geblättert hatte. Kopfschüttelnd sagte er zu Eckermann, nach Müllers letztem Besuch im September 1827: »Die Poeten schreiben alle, als wären sie krank und die ganze Welt ein Lazarett. Alle sprechen sie von dem Leiden und dem Jammer der Erde und von den Freuden des Jenseits, und unzufrieden, wie schon alle sind, hetzt einer den andern in noch größere Unzufriedenheit hinein.« Künftig wolle er die Hervorbringungen Müllers und seiner Gefährten »Lazarett-Poesie« nennen. Goethes Diagnose schien vom Schicksal schneller bestätigt zu werden, als er selber ahnen konnte: Neun Tage nach seinem letzten Besuch im Haus am Frauenplan wurde der Dichter der *Winterreise*, erst dreiunddreißigjährig, vom Herzschlag ereilt.

Frei von den Verdrießlichkeiten der »Lazarett-Poesie« war, gottlob, das Erscheinen einer Sängerin, auf deren Koloraturen-Pracht schon vorher der Berliner Freund Zelter emphatisch hingewiesen hatte. Henriette Sontag, die umjubelte Primadonna, war erst zwanzig Jahre alt, als sie in Weimar gastierte – wenn nicht zutraf, was Neider insgeheim kolportierten, daß nämlich Henriettes Mutter, um die Tochter besser als Wunderkind verkaufen zu können, das Geburtsjahr ein wenig manipuliert hatte. Wie dem auch sei: in Wien und Berlin hatte die »jöttliche Jette« ein wahres »Sontag-Fieber« entfesselt, das nun in Weimar ebenso zu grassieren begann. Goethe lud sie sogleich zum Mittagessen ein und besuchte am Abend, eskortiert von den beiden Enkeln, das Theater, was nur noch ganz selten geschah. Die Rosine im

Barbier von Sevilla habe sie »unvergleichlich« gesungen, heißt es in Goethes Tagebuch. Nach der Vorstellung war sie wieder bei ihm zu Gast, nunmehr in Begleitung von Kapellmeister Hummel, der »ganz fürtrefflich« spielte.

Im Jahr darauf, im November 1827, gab die »flatternde Nachtigall«, wie man die reisende Diva nannte, noch einmal im Junozimmer »einige sehr anmutige Gesänge« zum besten. Goethe war entzückt, aber mehr von ihrem »charakteristischen Profil«, weniger von ihren gestochen abgespulten Stimm-Rouladen. Dem Kanzler von Müller gestand er: »Und deshalb achte und liebe ich sie, nicht der sentimentalen oder graziösen Mienen wegen, die sie sich antrillert.«

Zu einem musikalischen Stammgast des Hauses am Frauenplan avancierte sehr schnell der Hofkapellmeister Johann Nepomuk Hummel, seit er 1819, auf Betreiben der Erbgroßherzogin Maria Pawlowna, nach Weimar berufen worden war. Den geborenen Preßburger umgab der Nimbus, in Wien der letzte Schüler Mozarts gewesen zu sein, und auch seine freundschaftliche Verbindung mit Beethoven wies ihn als eine musikalische Kapazität ersten Ranges aus. Wenn sich Sänger oder Instrumentalisten in Goethes Gemächern vernehmen ließen, war immer auch Hummel mit dabei. Vor allem seine Improvisationen auf dem Klavier waren international geschätzte Virtuosennummern, die man dem korpulenten, behäbig wirkenden Herrn zunächst einmal gar nicht zugetraut hätte. Durch sein Spiel verstand er, den Wert des Streicher-Flügels im Junozimmer »ins Unschätzbare zu erheben«, wie Goethe glücklich feststellte. Es war ein hohes Lob, das der Dichter dem Kapellmeister angedeihen ließ, als er ihn mit Napoleon verglich, denn »dieser behandle die Welt wie Hummel seinen Flügel«.

Von einem anderen Gast ist Goethe selbst einmal mit Napoleon verglichen worden. Fürst Pückler soll zu ihm gesagt haben, »daß es wohltuend für die Deutschen sei, zu sehen, wie jetzt unsere Literatur die fremden Nationen gleichsam erobere, und hierbei, fuhr ich fort, wird *unser*

Napoleon kein Waterloo erleben.« Aber das sei wohl ein
»etwas fades Kompliment« gewesen, das Goethe denn auch
geflissentlich überhört habe, gesteht Pückler in seinen *Briefen
eines Verstorbenen*, wo er den Besuch, sicher etwas literarisch
aufbereitet, erzählt hat.

Es war an einem Septemberabend des Jahres 1826, als der
Fürst dem verehrten Dichter seine Aufwartung machte. »Er
empfing mich in einer dämmernd erleuchteten Stube, deren
clair obscur nicht ohne einige künstlerische Koketterie arran-
giert war. Auch nahm sich der schöne Greis mit seinem
Jupiters-Antlitz gar stattlich darin aus.« Pückler nannte den
Hausherrn »unsern Geister-König«, worauf Goethe, ironisch
lächelnd, antwortete: »Sie sind zu *gnädig*, mir einen solchen
Namen zu geben.« Man sprach über die Engländer im allgemeinen sowie über Walter Scott und Lord Byron im besonderen, auch über die deutsche Sprache und Literatur als
Umschlagplatz für die Literaturen anderer Nationen. Goethes besonderes Interesse galt Pücklers Landsitz Muskau, wo
der Fürst gerade dabei war, immer am Rand des Bankrotts
balancierend, einen gewaltigen Landschaftspark zu erschaffen. Es war der Versuch, durch das Bewegen riesiger Erd-
massen und das Verpflanzen ausgewachsener Bäume, die
Schöpfung gleichsam zum zweiten Mal am Ufer der Neiße
aus dem Boden zu stampfen. Goethe nahm die lebhafte
Schilderung mit der Anteilnahme auf, die er schon früher, in
den Gesprächen mit dem Fürsten von Anhalt-Dessau, der
Parkgestaltung zugewandt hatte.

»Mit hoher Ehrfurcht und Liebe«, schließt Pückler seinen
Bericht, »verließ ich den großen Mann, den dritten im Bunde
mit Homer und Shakespeare, dessen Name unsterblich glän-
zen wird, solange deutsche Zunge sich erhält, und wäre
irgend etwas von Mephistopheles in mir gewesen, so hätte
ich auf der Treppe gewiß auch ausgerufen:

> Es ist doch schön von einem großen Herrn,
> mit einem armen Teufel so human zu sprechen.«

Pückler war unterwegs nach England, um Geldquellen für den Park von Muskau, möglichst durch eine geeignete Heirat, zu erschließen. Bei alledem muß ihm das *Faust*-Zitat ein wenig durcheinandergeraten sein, denn dort beschließt Mephisto den »Prolog im Himmel« mit den Worten: »Es ist gar hübsch von einem großen Herrn / So menschlich mit dem Teufel selbst zu sprechen.« Goethe scheint an der Verballhornung jedoch keinen Anstoß genommen zu haben. Er besprach das Buch lobend in den Berliner »Jahrbüchern für wissenschaftliche Kritik«, nur irritierte es ihn doch etwas, daß er sich bei der Lektüre selbst begegnet war.

Bereits zehn Tage nach Pücklers Abreise stieg am 29. September 1826 ein Besucher in Weimar ab, der die umständliche Fahrt hauptsächlich Goethes wegen angetreten hatte: der k. k. Hofkonzipist Franz Grillparzer aus Wien. Mit seinen Dramen *Die Ahnfrau, Sappho, Das Goldene Vlies* sowie *König Ottokars Glück und Ende* hatte sich der Fünfunddreißigjährige längst als der bedeutendste lebende Dichter Österreichs legitimiert, aber er besaß eine zum Selbstzweifel, ja zur Selbstantipathie neigende Natur.

Grillparzer logierte sich im Gasthof zum »Elephanten« ein, von ihm als das »Vorzimmer zu Weimars lebender Walhalla« apostrophiert. Schon am Abend war er ins Haus am Frauenplan geladen, wo sich der schwarz gekleidete Geheime Rat, den Ordensstern auf der Brust, »wie ein Audienz gebender Monarch« präsentierte. Kühl fragte er den österreichischen Gast nach der Pflege der italienischen Literatur in Wien und nahm dessen despektierliche Äußerungen über englische Dichter mit frostiger Distanz auf. Grillparzer war unsagbar enttäuscht: »... nicht als wäre meine Eitelkeit beleidigt gewesen, Goethe hatte mich im Gegenteile freundlicher und aufmerksamer behandelt als ich voraussetzte. Aber das Ideal meiner Jugend, den Dichter des Faust, Clavigo und Egmont, als steifen Minister zu sehen, der seinen Gästen den Tee gesegnete, ließ mich aus allen Himmeln fallen. Wenn er mir Grobheiten gesagt und mich zur Tür hinausgeworfen hätte, wäre es mir fast lieber gewesen.« Schon bestellte er die Pferde für die Weiterreise.

Aber nun war dem Dichter aus Wien die gleiche Erfahrung beschieden, die bereits Herr von Quandt aus Dresden und andere Besucher gemacht hatten. Am nächsten Tag trat ihm ein völlig verwandelter Goethe entgegen, der ihn liebenswürdig an der Hand nahm und wie einen Bruder zu Tisch führte. Grillparzer war von dem, wie er selbst bekennt, »wichtigsten Moment seines Lebens« so überwältigt, daß er in Tränen ausbrach: es war die lautlose Unterordnung einer scheuen und empfindsamen Seele unter eine allgewaltige Autorität, durchaus vergleichbar mit einer Kapitulation. Goethe ließ ihn von seinem Hausmaler Schmeller porträtieren, lobte die *Sappho* und zeigte Reliquien, die an die verstorbene Kaiserin von Österreich erinnerten. Vertraulich ging er mit seinem andächtigen Bewunderer im Hausgarten auf und ab, nun gar nicht mehr zeremoniell, sondern »mit einem langen Hausrock bekleidet, ein kleines Schirmkäppchen auf den weißen Haaren« – halb an einen König, halb an einen Vater gemahnend. Für den Abend lud er Grillparzer zu einem Gespräch unter vier Augen ein: das war die höchste Ehre, die der Patriarch einem Gast zu gewähren pflegte.

Nun aber überkamen den ständig Gehemmten die alten Ängste und Minderwertigkeitsgefühle. Er fürchtete sich davor, »mit Goethe einen ganzen Abend allein zu sein«. Grillparzer ging nicht hin, blieb in seinem Zimmer im »Elephanten« sitzen und durchlitt ein inneres Fegefeuer, das er später einem Gedicht anvertraute:

> Einer nur ist mir erschienen,
> Aber ich ertrug ihn nicht,
> Und der Abglanz seiner Mienen
> Ward statt Flügel mir Gewicht.

Das weimarisch-wienerische Gipfeltreffen auf höchster literarischer Ebene, noch dazu eines unter vier Augen, fand nicht statt, scheiterte an den Bedenken und an der Selbstquälerei des größten österreichischen Dichters. Kurz darauf gab Weimar, darunter Goethes Sohn August und Kapellmeister Hummel, ihm zu Ehren im Schützenhaus ein Abschiedsdiner. Trotzdem reiste er in tiefer Zwietracht mit sich selbst ab: als gefeierter poetischer Sendbote Wiens und als ein verschreckter Sonderling, der es hinnehmen mußte, daß sich, einem bösen Bonmot zufolge, bereits in seinem Namen Grillen und Parzen miteinander verbanden. War es nicht geradezu symbolisch, daß er auf seiner weiteren Reise, unweit von dem thüringischen Städtchen Kahla, beinahe in die Saale gefallen wäre? Nur der Zugriff eines beherzten Mannes an die Zügel der Postpferde rettete ihn vor dem Sturz in den Fluß.

Nicht angekränkelt von dergleichen Komplexen war Karl von Holtei, ein Dichter und Schauspieler, eigentlich ein Allround-Komödiant, der, wie sein Leitstern Ludwig Tieck, ein ganzes Shakespeare-Stück oder auch den *Faust* so brillant zu deklamieren vermochte, daß er damit die meisten zeitgenössischen Theaterinszenierungen in den Schatten stellte. Er stammte aus dem schlesischen Breslau und war auf den Bühnen von Berlin bis Wien zu Hause. Er hatte Goethe schon einmal eines seiner Stücke geschickt; im Mai 1827 gelang es ihm dann, durch seine Freundschaft mit dem Sohn August, erstmals bis ins Haus am Frauenplan vorzudringen.

Holtei hat später in seiner Autobiographie *Vierzig Jahre* den Gastgeber Goethe sehr genau und nicht ohne Humor konterfeit: »Er war ein sehr angenehmer, aufmerksamer Wirt, behielt sogar gern im Gedächtnis, was dieser und jener vorzüglich zu essen liebte, und trieb dann durch bedeutsame Augenwinke die Diener an, jene beliebte Schüssel noch einmal an den passenden Platz zu tragen. Zum Trinken nötigte der hohe Greis selten mit Worten – wohl aber durch Tat und Beispiel, denn er trank wie ein Alter, und mich hat es immer in meinem Herzen mit gelabt, wenn ich ihn seinen Würzburger voll Andacht schlürfen sah. Ein Fläschchen Champagner beim Dessert verschmäht' er auch nicht. Der Genuß des

Weines belebte sichtlich seine Sprechlust und steigerte die Fülle seines Ausdrucks, bisweilen sogar zu heftigen Gebärden des Zornes, wenn irgendein ihm widerwärtiger Gegenstand an die Reihe kam. In Ernst wie Scherz, in Glimpf wie Unglimpf hörte sich's ihm prächtig zu. Dagegen redete sich's nicht besonders, denn was man sagte, schien wenig Eindruck zu machen, schien vielmehr an der Glätte seines Stahlpanzers abzugleiten und häufig ganz verloren zu gehen. Von vielen aber, die um den Tisch saßen, war anzunehmen, daß sie der Äußerung eines Fremden nicht eher Anteil oder Beifall zu gönnen wagten, als bis Goethes zustimmendes Kopfnicken sie dazu ermutigt haben würde. Dieser Zustand erkältete mich allerdings, wenn er mich auch nicht abschreckte; ganz vollkommen frei hab' ich mich an Goethes Tafel… nur dann gefühlt, wenn er selbst sprach…«

Oft endete das Diner mit dem Auftritt von Goethes Enkeln Walther und Wolfgang, die dann Kostproben aus den *Liederspielen* Holteis anstimmen mußten, etwa das vielgesungene »Schier dreißig Jahre bist du alt«. »Der Alte« habe ihnen anschließend Näschereien mit den Worten gereicht: »Nun seht euch einmal diesen Mann an, das ist der, welcher das dumme Zeug gemacht hat!« Von Holteis literarischen Produktionen schien »der Alte« nicht allzuviel zu halten, besonders nicht von dessen Bearbeitung des *Faust*. Auch lehnte er es ab, Auskunft über seine eigenen Dichtungen zu geben, und wies Holteis Fragen nach deren Sinngehalt mit gelassener Ironie zurück. »›Ew. Exzellenz‹, sagte ich fest, denn jetzt wollte ich doch etwas Positives mitnehmen, ›ich soll morgen die zu Faust gehörige *Helena* vorlesen. Ich habe mir zwar alle Mühe damit gegeben, aber alles verstehe ich doch nicht. Möchten Sie mir nicht z. B. erklären, was eigentlich damit gemeint sei, wenn Faust an Helenas Seite die Landgebiete an einzelne Heerführer verteilt? Ob eine bestimmte Andeutung…‹ Er ließ mich nicht ausreden, sondern unterbrach mich sehr freundlich: ›Ja, ja, ihr guten Kinder, wenn ihr nur nicht so dumm wäret!‹ Hierauf ließ er mich stehen.«

Immerhin war Holtei einer der ganz wenigen Menschen, vor denen Goethe auf seinen eigenen Tod zu sprechen kam, wenn auch nur in orakelhaften Andeutungen. Das geschah im Gartenhäuschen an der Ilm, wo der Geheime Rat seinem Gast zugänglicher und milder erschien als im Haus am Frauenplan. »Wir haben hier in diesem Gartenhäuschen tüchtige Jahre verlebt«, sagte er, »und weil es denn mit uns sich auch dem Abschlusse nähert, so mag sich die Schlange in den Schwanz beißen, damit es ende, wo es begonnen.«

Es war eine erstaunliche Äußerung, die doppelt zählt, da später in Goethes Gegenwart nicht über den Tod seines Sohnes August gesprochen werden durfte, nachdem dieser mit einundvierzig Jahren überraschend in Rom gestorben war. Holtei, ein enger Freund des Verstorbenen, hielt es für unangebracht, sich an das Tabu zu halten, als er, wenige Monate nach Augusts Tod, wieder nach Weimar kam. Er wurde zwar mehrfach gewarnt, denn »das sei streng verpönt«, aber er glaubte, sich darüber hinwegsetzen zu können: »Eine so feige Nachgiebigkeit wäre mir unmöglich gewesen, und um es kurz zu machen, fing ich, gleich nach meinem Eintritt, gerade mit dem verbotenen Gespräche an. Er aber ging *nicht* darauf ein. Er versuchte von andern Dingen zu reden, und auch das gelang uns nicht. Ich empfand, daß ich (als Freund des Sohnes) jetzt, neben dem Vater sitzend, nur des Sohnes gedenken könne, und er zeigte deutlich genug, daß meine Gedanken ihm klar wären. Es kam keine Konversation zustande. Nach zehn Minuten empfahl ich mich, und er entließ mich: ›Auf Wiedersehen!‹ Aber ich sah ihn nicht wieder. Wir wurden zur Tafel geladen, stellten uns ein, und – Goethe speiste auf *seinem Zimmer*. Er wollte den Menschen vermeiden, der es nicht über sich gewinnen konnte, ihn zu schonen.« Mit dem Rückzug des Greises fanden Holteis Besuche im Haus am Frauenplan ein dissonantes Ende.

Unberührt von solchen Emotionen blieben die Besuche von Angehörigen der alten Herrscher-Dynastien, obwohl sich manche von ihnen Goethe gegenüber in einem keineswegs

nur konventionellen Verhältnis befanden. Anfang Februar
1827 besuchte ihn zweimal der Kronprinz von Preußen, der
später als König Friedrich Wilhelm IV. und als »Romantiker
auf dem Thron« in die Geschichte eingehen sollte. Im Hause
Hohenzollern, dessen Repräsentanten die Tugenden der
Nüchternheit und Pflichterfüllung zu ihrer Sache gemacht
hatten, war Friedrich Wilhelm der Schöngeist und Schön-
redner, auch wohl der Charmeur und kokette Selbstinszena-
tor, der Freunde und Gegner mit Witz, Eloquenz und Bildung
zu bestricken wußte. Auch Goethe war sehr beeindruckt, wie
er Eckermann sogleich erzählte, denn es sei in den drei
Stunden viel zur Sprache gekommen, »welches mir von dem
Geist, Geschmack, den Kenntnissen und der Denkweise dieses jungen Fürsten eine hohe Meinung gab«. Als ihm der
Kronprinz dann noch den Bronzeabguß einer im Oderbruch
ausgegrabenen Jupiterstatue schickte, hatte er den Geheimen
Rat ganz für sich gewonnen. Goethe erlebte nicht mehr die
Verwirklichung der Bemühungen seines Freundes Boisserée
um die Vollendung des Kölner Doms durch den »Romantiker
auf dem Thron«, und so blieb ihm auch die Enttäuschung
erspart, die viele ergriff, als der König an den Konflikten
einer neuen Zeit vollkommen scheiterte.

Ein Schwager Friedrich Wilhelms, König Ludwig I. von
Bayern, war ebenfalls eine romantische Natur mit den Zügen
eines Renaissance-Fürsten, »teutsch« gesinnt vom Scheitel bis
zur Sohle und doch ein passionierter Italien-Reisender, ein
Schirmherr der Künste und selbst als Verfasser von Gedichten dilettierend, wenn auch letzteres nicht eben mit son-
derlichem Glück. Er war der Sohn jenes Maximilian I. Joseph,
der Goethe einige Jahre zuvor besucht hatte. Ludwig hatte
schon zu Weihnachten 1825 einen Abguß der »Medusa Ron-
danini«, der von ihm für München erworbenen Medusen-
maske, Goethe geschenkt. Nun, am 28. August 1827, unterbrach er einen Kuraufenthalt in Bad Brückenau, um dem
Meister in Weimar zum 78. Geburtstag zu gratulieren und
ihm den höchsten bayerischen Orden zu überreichen.

Als der Berliner Verleger Parthey und der Jenaer Buchhändler Frommann an diesem 28. August vormittags gegen 10 Uhr Goethes Haus betraten, waren dort schon zahlreiche Gäste versammelt. »Der alte Herr«, erzählte Parthey, »bewegte sich wie ein Heros in grandioser Ruhe auf und ab, und es bedurfte des großen Ordenssternes nicht, um ihn als Minister erscheinen zu lassen.« Stolz wies er die Gratulanten auf ein Porträt Zelters hin, geschaffen vom Berliner Maler Carl Begas, zum Geburtstag geschickt von dem porträtierten Freund. Dann, gegen 11 Uhr, fuhren König Ludwig und Großherzog Carl August vor.

Ludwig Theodor Henke, Privatdozent der Theologie an der Universität Jena und der zu Goethes Geburtstag entsandten Universitäts-Delegation angehörend, berichtet, daß der König von Bayern wie ein Student gekleidet war: mit altem Oberrock und Hut, ein schwarzes Halstuch »umgeknüllt«, das Haar schlicht zurückgestrichen, jedoch »hinten wie mit der Gartenschere beschnitten«, nicht zu vergessen der Schnurrbart. Neben dem feierlichen Goethe muß der Monarch wie ein Bohemien gewirkt haben.

Henke hat die Geburtstagsfeier wenige Tage später in einem Brief an seine Mutter ausführlich geschildert und die Szene der Ordensverleihung sogar auf einer Zeichnung festgehalten, mit der er seinen Brief ergänzte. Man erkennt deutlich den begeistert mit den Händen fuchtelnden Bayernkönig, der wahrscheinlich ziemlich laut gesprochen hat, da er schwerhörig war. Vor ihm steht mit andächtig gefalteten Händen der Jubilar, den Ordensstern am Frack. Der Großherzog betrachtet, offenbar recht erheitert, das Geschehen. Eine karikaturistisch wiedergegebene Büste im Hintergrund läßt vermuten, daß die Feier im Junozimmer stattgefunden hat. Eigentlich wirkt das ganze Blatt wie eine Karikatur, aber es ist wohl eher eine beschwingt hingewischte Momentaufnahme. Dazu paßt die Beobachtung des Verlegers Parthey, Goethe habe recht aufgeregt »im echtesten Frankfurter Dialekt« zu seinem Sohn gesagt: »August, der König von Bayern will ä Glas Wasser habbe!« Woraufhin »dieser nicht säumte, das Gewünschte herbeizuschaffen«.

Wie sich währenddessen die anderen Gäste verhielten, erzählt wiederum der Jenaer Privatdozent Henke in seinem Brief: »Uns standen inzwischen nach allen Seiten Reihen von Zimmern offen, in dem einen eine Sammlung von Gipsbüsten, in dem andern waren die Geschenke aufgestellt, unter andern die beiden großen Ordenssterne; auch wurden in kleinen Gläsern seltene Schnäpse, wie auch feuchter Obstkuchen auf Tellern mit Gabeln präsentiert, und ich war ein rechter Narr, daß ich nicht meine Anlage losließ: die Engländer fraßen in den Ecken wie die Schmiede. Jetzt nahm der vornehme Besuch ein Ende: ›Nochmals meinen herzlichsten Glückwunsch‹, sagte Ludwig der Bayer, und ›Na, leb wohl‹ der Großherzog, des Poeten Duzbruder.«

Zu dem Fest-Tableau sei noch ein charakteristisches Detail nachgetragen. Da zum Tragen eines fremden Ordens die Genehmigung des Landesherrn erforderlich war, wandte sich Goethe in Gegenwart des Königs von Bayern und der anderen Gäste sogleich an seinen Großherzog: »Wenn mein gnädiger Fürst erlaubt!« Hierauf Carl August, lachend: »Du alter Kerl! mach doch kein dummes Zeug!« Das gutgelaunte Einverständnis genügte dem formbewußten Goethe immer noch nicht, denn zwei Tage später bat er den Großherzog schriftlich um die »Vergünstigung«, »sich mit dem Ehrenzeichen auch öffentlich schmücken zu dürfen«.

Festivitäten wie Goethes Weimar-Jubiläum oder seine Geburtstage waren zwar gesellige Höhepunkte im Haus am Frauenplan, aber der unentwegte Zustrom der Gäste sorgte dafür, daß sich auch der Alltag oft bunt, kurzweilig und geradezu festlich gestaltete. Daß Goethe ihm doch noch regelmäßig Stunden konzentrierter Arbeit abzugewinnen vermochte, grenzt fast an ein Wunder und stellt seiner Selbstdisziplin ein glänzendes Zeugnis aus.

Um eine Andeutung von diesem Gewimmel zu geben, wählen wir einfach zwei beliebige Tage aus, den 1. und

Geburtstags-Cour bei Goethe. Verleihung eines Ordens durch Ludwig I. von Bayern. Skizze von Ludwig Theodor Henke, 1827.

2. Oktober 1825, und nennen die Besucher, denen Einlaß gewährt wurde. Am 1. Oktober, einem Samstag, legte erst der Maler Schwerdgeburth ein Ölgemälde vor, dann kamen zwei Brasilianer, ein Italiener, ein griechischer Historiker namens Schinas sowie der junge Fürst Meschtschersky. Der Abend ging nicht vorüber ohne den Auftritt des unvermeidlichen Eckermann. Am Sonntag, dem 2. Oktober, erschienen der Schriftsteller Alessandro Proërio aus Neapel, der die *Iphigenie* ins Italienische übersetzt hatte, sodann der Bankier Mylius aus Mailand, ein Schwede namens Eckeström sowie, noch vor Tisch, der Kanzler von Müller. An der Mittagstafel nahm dann der Kunscht-Meyer Platz. Dennoch legte Goethe noch Wert darauf, eine Ausfahrt mit der Schwiegertochter Ottilie zu unternehmen und dann im Flavius Josephus zu lesen, selbstverständlich im lateinischen Urtext. Außerdem arbeitete er am Konzept der Werkausgabe letzter Hand und diktierte wichtige Briefe. Soviel zum Alltag des sechsundsiebzigjährigen Goethe.

»Was von Berlin nach Paris und von Paris nach Berlin geht, kommt hier durch. Bei Goethes gewachsenem Ruhm und der erleichterten Kommunikation durch die Schnellposten ist nun der Andrang nach Goethe größer denn je, und das meiste, was ihn berührt, berührt mich mit«, schrieb Eckermann im Oktober 1827 an seine in Hannover wartende Verlobte, die wohl solche Nachrichten mit gemischten Gefühlen las. Sie wußte jedenfalls nicht, daß sich ihr ewiger Bräutigam mit seiner Goethe-Beflissenheit auch Kritiker und Widersacher auf den Hals lud, die freilich ihren Grimm nur im Verborgenen zu artikulieren wagten. Goethe sei jetzt von »Schmeichlern und Speichelleckern« umstellt, behauptete Therese Huber, die selbst einmal, als sie noch die Frau Georg Forsters war, zu den Gästen des Hauses am Frauenplan gehört hatte. Von »Speichelleckern« schrieb auch der Übersetzer Gries, der letzte noch in Jena lebende Repräsentant des frühromantischen Kreises: solche Kriecher seien »Riemer, Eckermann und Konsorten«.

Zuweilen kam es sogar vor, daß ein Vertreter der schreibenden Zunft nach Weimar kam und dennoch um das Haus am Frauenplan einen weiten Bogen machte. Hierzu zählte der Schriftsteller Ludwig Börne aus Frankfurt, der am 10. Februar 1828 seinem Tagebuch anvertraute: »Holtei drang sehr in mich, morgen zu Goethe zu gehen, es werde ihn sehr freuen. Doch habe ich es abgelehnt. Als ich heute gegen Weimar fuhr und es vor mir lag in seinen roten Dächern im Wintersonnenschein, kalt und freundlich, und ich dachte, daß Goethe darin schon länger als fünfzig Jahre wohne, daß er es nie verlassen... – da überfiel mich der alte Groll gegen diesen zahmen, geduldigen, zahnlosen Genius. Wie ein Adler schien er mir, der sich unter der Dachtraufe eines Schneiders angenistet.« Es gehörte schon ein hohes Maß an Goethe-Verdrossenheit dazu, so konsequent zu bleiben. Von »Männerstolz vor Königsthronen« kann man nicht einmal sprechen, da es sich ja der stolze Börne schlechterdings versagte, vor dem Thron am Frauenplan überhaupt zu erscheinen!

Dafür zogen an ihm immer mehr Ausländer vorbei, besonders junge Engländer. Ihre Zahl nahm derartig zu, daß Soret, immerhin ein naher Freund des Hauses, unwillig feststellte: »... die Gesellschaft dort gefällt mir nicht mehr so wie früher, denn man trifft dort stets eine Menge halbwüchsiger Engländer von 15 oder 16 Jahren, die für einen ausgewachsenen Menschen wie mich denn doch zu grün sind; die Unterhaltung ist infolgedessen unbedeutend und eintönig. Nichts als Tanzvergnügen und Lord Byron.« Goethe selbst hielt sie für tüchtige Leute, und daß »sie in den Herzen unserer jungen Damen so viele Verwüstungen anrichten«, nahm er eher von der humoristischen Seite. »Als deutscher Hausvater, dem die Ruhe der Seinigen lieb ist, empfinde ich oft ein kleines Grauen, wenn meine Schwiegertochter mir die erwartete baldige Ankunft irgendeines neuen jungen Insulaners ankündigt. Ich sehe im Geiste immer schon die Tränen, die ihm dereinst bei seinem Abgange fließen werden«, sagte der Dichter im März 1828 zu Eckermann. Er mag dabei wohl an Charles Sterling gedacht haben.

Unter den Franzosen befand sich der junge Literaturhistoriker Jean-Jacques-Antoine Ampère, der Sohn des berühmten Mathematikers und Physikers. Über seine Besuche bei Goethe berichtete er der legendären Madame Récamier in Paris:»Ich war auf einige Steifheit gefaßt, auf Götzenmanieren, die verzeihlich wären: nicht die Spur davon. Er sprach mit mir französisch, obwohl ich ihm anbot, deutsch zu sprechen. Ich hoffe, er wird diese Höflichkeit lassen, und ich werde ihn in seiner Sprache vernehmen.«

Zusammen mit August von Goethe, Karl von Holtei und Eckermann wanderte der Franzose durch den mitternächtlichen Ilm-Park. Als Ampère den Mond in den Fenstern des Gartenhäuschens gespiegelt sah, soll er »an dieser Stelle, um diese Stunde« vollkommen die »deutsche Sentimentalität« verstanden haben.

Stark nahm der Zustrom der Russen zu, die in der Erb-Großherzogin Maria Pawlowna eine Schutzherrin besaßen. Allen voran sei Fürst Wassili Andrejewitsch Shukowski genannt, der Pionier deutscher Literatur in Rußland und Wegbereiter der russischen Romantik. Er kannte Goethe bereits von Jena her; Anfang September 1827 war er dann drei Tage lang Gast im Haus am Frauenplan. Dem Geheimen Rat überreichte er beim Abschied eine Ode, die mit den Worten beginnt: »Du Schöpfer großer Offenbarungen!« Shukowski wurde von der gleichen Leidenschaft wie Rahel Varnhagen gepackt und wußte sich eine Schreibfeder Goethes zu verschaffen, wohl durch Vermittlung des Kanzlers von Müller. Diese Feder gelangte später in den Besitz Alexander Puschkins, der sie wie eine Reliquie in einem Kästchen verwahrt haben soll.

Ein Gast brachte es in diesen späten Jahren fast noch zur Freundschaft mit Goethe. Den Grafen Caspar Maria von Sternberg lernte der Dichter erst 1822 in Marienbad kennen, wo sich sogleich eine intensive Bindung zwischen den beiden

Großherzog Carl August und Goethe im Junozimmer.
Kupferstich von C. A. Schwerdgeburth, um 1825.

Männern zu entwickeln begann. Sternberg lebte auf seinen böhmischen Gütern, war ein hervorragender Kenner der Mineralogie, Paläontologie und Botanik, gründete das Vaterländische Museum in Prag, zu dessen erstem Präsidenten man ihn wählte. Seine Besuche in Weimar, die 1824, 1827 und 1830 jeweils eine Woche lang stattfanden, bereitete Goethe fast wie wissenschaftliche Kolloquien mit einer sorgsamen Auflistung aller Themen vor, für die ihm der Graf zu einem der wichtigsten Partner geworden war. Daß er ihn von Schmeller für seine Porträtsammlung zeichnen ließ, verstand sich von selbst. Noch über die gelehrten Interessen hinaus reichte die menschliche Sympathie, die beide einander entgegenbrachten.

Ende Mai 1828 kam, zusammen mit seiner Frau, ein Künstler an, der »in Allerhöchstem Auftrag« ein Porträt Goethes malen sollte. Joseph Stieler, der Hofmaler König Ludwigs I. von Bayern, war ein exzellenter Porträtist, der die von seinem Herrn besonders umworbenen Damen, von der Prinzessin bis zur Schauspielerin, in einer Galerie weiblicher Schönheiten verewigte. Nun hatte sich seine Kunst an Goethe zu bewähren, der ihm im Lauf von mehr als einem Monat insgesamt zwölf Sitzungen zugestand. Sie gingen vorüber unter lebhaften Gesprächen, in deren Verlauf der Hausherr seinen malenden Gast von der Farbenlehre zu überzeugen suchte. »Er ist so kunstreich als einsichtig, klug und angenehm im Umgange; auch hat er von Deutschtum und Frommtum nicht gelitten«, hieß es befriedigt in einem Brief an Zelter. Stieler blieb nach den Sitzungen zum Essen, und der Dichter führte ihm die Kunstsammlungen vor.

Während so allmählich, zu Goethes großem Vergnügen, der schöne Greis auf der Leinwand erschien, traf am 15. Juni eine Nachricht ein, die im Haus am Frauenplan tiefe Trauer verbreitete. Am Tag zuvor war überraschend, auf der Rückreise aus Berlin, Großherzog Carl August in Schloß Gradiz bei Torgau gestorben. Kein Schicksalsschlag konnte Goethe so schwer treffen wie der Tod des Mannes, der doch, länger als ein halbes Jahrhundert, sein Schirmherr, Gönner und Freund gewesen war. Ohne ihn wäre er nie nach Weimar gelangt, ohne ihn hätte sein Leben einen völlig anderen Verlauf genommen. Zwar ist auch diese Freundschaft nie ganz von Schwankungen und Ambivalenzen verschont geblieben, wie alle menschlichen Verhältnisse über eine derartig lange Zeit hinweg, gleichwohl blieb und bleibt sie ein einzigartiger Glücksfall nicht nur im Dasein des Dichters, sondern in der deutschen Geistesgeschichte. Als Goethe Ende Oktober 1828 einen Brief las, in dem ihm Alexander von Humboldt über die letzten Tage Carl Augusts in Berlin berichtete, sagte er zu Eckermann: »Der Großherzog war freilich ein geborener großer Mensch, womit alles gesagt und alles getan ist.«

Obwohl Goethe, wie stets in solchen Fällen, nicht geneigt schien, mit anderen Menschen über den plötzlichen Verlust zu sprechen, verriet er doch deutlich genug, daß ihn dunkle Gedanken umtrieben. Zu Stieler, der die Arbeit an dem Porträt noch nicht ganz abgeschlossen hatte, sagte er: »Wir müssen eilen, das Gesicht zu bekommen. Der Großherzog ist weggegangen... und nicht mehr wiedergekommen. Wer verbürgt einem, ob man morgen erwacht.« Die Begleitumstände seiner Entstehung sind dem Konterfei nicht anzusehen, das Anfang Juli 1828 fertig war. Der apollinische Greis, wie er aus den Pinselstrichen Stielers hervorgegangen ist, scheint der Vergänglichkeit enthoben zu sein, auch allen Schatten und Widersprüchen. Der Münchner Meister hat das Bild des deutschen Klassikers gemalt, das dann im Zeitalter technischer Reproduzierbarkeit schließlich zu einer Ikone des Bildungsbürgertums geworden ist.

Am 6. Juli reiste das Ehepaar Stieler ab, am 7. Juli wurde der Leichnam des Großherzogs Carl August in der Weimarer Schloßkirche aufgebahrt. Goethe mied diese Feierlichkeit und fuhr am gleichen Tag nach Dornburg, um dort gleichermaßen Abstand und innere Beruhigung zu finden. In dem Renaissance-Schloß, das wie seine beiden Nachbarschlösser über

Goethe im Jahre 1828. Gemälde von Joseph Stieler
gemalt für König Ludwig I. von Bayern.

Zeichnung von Joseph Stieler
für Goethes Schwiegertochter Ottilie, 1828.

der Saale aufragt, beschäftigte er sich mit naturwissenschaft-
lichen Studien, mit Wolken- und Wetterbeobachtungen und
mit der französischen Ausgabe seiner *Metamorphose der Pflanzen*. Auch die Dornburger Gedichte sind hier entstanden:
Dem aufgehenden Vollmonde sowie *Früh, wenn Tal, Gebirg und
Garten...* Nur wenige Besucher fanden sich ein, etwa August
und Ottilie mit den Enkeln, Coudray, Riemer, Soret, Eckermann und Kanzler von Müller, die Buchhändler-Familie
Frommann aus Jena, einmal sechs Engländer.

Am 11. September 1828 kehrte der Dichter ins Haus am
Frauenplan zurück. Eine der ersten Besucherinnen, die er
dort wieder empfing, war die nunmehr verwitwete Groß-
herzogin-Mutter Louise, die später zu Julie von Egloffstein
sagte: »Goethe und ich verstehen uns nun vollkommen, nur
daß er noch den Mut hat zu leben und ich nicht.« Goethe aber
war, wie er in einem Brief an Soret schrieb, von der Dornburger Landschaft das Gefühl vermittelt worden, »daß eigentlich keine Trauer in der Welt sein sollte«.

7. Kapitel

Abends Gäste

Europabummler – Abschied der Prinzessin Augusta – Willibald Alexis – Adam Mickiewicz – Der Brüsseler Sternwarten-Direktor Quetelet – David d'Angers modelliert Goethes Monumentalbüste – Gäste bei der Feier von Goethes 80. Geburtstag – Der Geiger Paganini – Wilhelmine Schröder-Devrient singt den »Erlkönig« – William Makepeace Thackeray – Nachricht vom Tod des Sohnes August – Der Schauspieler Ludwig Devrient – Der Zauberkünstler Döbler – Die »kunstreiche Clara Wieck« – Gäste überbringen technische Modelle – Der letzte auswärtige Gast: Siegmund von Arnim – Die letzte Besucherin: Großherzogin Maria Pawlowna.

> Warum stehen Sie davon?
> Ist nicht Thüre da und Thor?
> Kämen sie getrost herein,
> Würden wohl empfangen seyn.

Noch immer gab es viele Menschen, die diesen Vierzeiler des Dichters, vor dem Haus am Frauenplan stehend, wörtlich nahmen und befolgten. Zwar reagierte Goethe, nun an der Schwelle der Achtzig angelangt, gelegentlich auch unwillig, wenn er etwa im Januar 1829 einer französischen Gräfin schrieb: »Es gehört wirklich viel Gutmütigkeit dazu, nach so vielen Jahren noch Fremde zu sehen, nachdem man sich immer gewärtigen muß, beobachtet, bespioniert, ausgeforscht und zuletzt doch mißverstanden zu werden.« Aber dann fuhr er, sich gleichsam selber beschwichtigend, noch im gleichen Brief fort: »Dieses Unheil alles abgezogen, bleibt denn doch noch mancher Gewinn übrig, und ich kann nicht über mich gewinnen, wenn ich mich irgend in einem präsentablen Zustande befinde, Angemeldete von nah und fern abzuweisen.« Schließlich sei es, besonders in der Herbstreisezeit, »höchst unterhaltend, Physiognomien, Darstellungen, Rede, Betragen der allerverschiedensten Art in wenigen Stunden vorübergehen zu sehen«.

Er könnte wohl das Doppelte vom täglichen Arbeitspensum erledigen, »ohne das unaufhörliche Hin- und Herzerren von guten lieben Fremden, die nichts bringend, nichts holen«, seufzte er einmal gegenüber dem Berliner Freund Zelter, der jedoch sogleich wieder ermuntert wurde: »Laß Dich aber durch diese Jeremiade nicht abhalten, manchmal jemandem ein Brieflein mitzugeben ...« Derartige »Brieflein«, die unbekannten Besuchern den Weg zu Goethe ebnen sollten, schrieb manchmal auch der Berliner Gewährsmann Varnhagen, offenbar nicht immer mit gutem Gewissen. Nachdem er einmal auf diese Weise einen Kubaner aus dem fernen Havanna am Frauenplan empfohlen hatte, antwortete Goethe: »Wenn schon Fremdenbesuche, wie ich aufrichtig gestehe, mitunter sehr auf mir lasten, so soll doch ein jeder von Ihnen eingeführte, gewiß zu begrüßen werter Mann freundlich empfangen sein.« Diese Bekräftigung entsprach beinahe wörtlich dem Vers, der dem Eintretenden einen guten Empfang versprach. Mancher Reisende ließ sich das nicht zweimal sagen.

Daß sich darunter auch Europabummler befanden, die schon froh waren, wenn sie den Hausherrn eine Weile anstarren konnten wie die Bilder in der Dresdner Gemäldegalerie oder den Wiener Stephansdom, nahm Goethe gelassen hin. Es war der Preis, den er für den Grad seiner Berühmtheit zu zahlen hatte. So erzählte er am 19. April 1830 Eckermann von zwei Russen, die es sich nicht hatten nehmen lassen, ihm am gleichen Tag ihre Aufwartung zu machen: »Es waren im ganzen recht hübsche Leute, aber der eine zeigte sich mir nicht eben liebenswürdig, indem er während der ganzen

Visite kein einziges Wort hervorbrachte. Er kam mit einer stummen Verbeugung herein, öffnete während seiner Anwesenheit nicht die Lippen und nahm nach einem halben Stündchen mit einer stummen Verbeugung wieder Abschied. Er schien bloß gekommen zu sein, mich anzusehen und zu beobachten. Er ließ, während ich ihnen gegenüber saß, seine Blicke nicht von mir. Das ennuyierte mich; weshalb ich denn anfing, das tollste Zeug hin und her zu schwatzen, so wie es mir grade in den Kopf fuhr. Ich glaube, ich hatte die Vereinigten Staaten von Nordamerika mir zum Thema genommen, das ich auf die leichtsinnigste Weise behandelte und davon sagte, was ich wußte und was ich nicht wußte, immer grade in den Tag hinein. Das schien aber meinen beiden Fremden eben recht zu sein, und sie verließen mich dem Anscheine nach durchaus nicht unzufrieden.«

Zuweilen geschah es freilich auch in diesen späten Jahren, daß der Greis den Strapazen der pausenlosen Empfänge nicht mehr ganz gewachsen war. Manchmal schlief er für ein paar Minuten ein, wie es Besucher mehrfach erleben mußten, oder er konnte sich an eine Einladung nicht mehr erinnern. Der Sohn von Friedrich Siegmund Voigt, dem Jenaer Professor für Arzneikunde und Vorsteher des Botanischen Gartens, berichtet, wie ein Husar eines Abends nach Jena galoppierte und die Aufforderung überbrachte, der Herr Professor möge sich doch bitte unverzüglich bei dem Herrn Staatsminister in Weimar einfinden. »Mein Vater steckte sich sofort in die guten Sachen und fuhr nach Weimar. Als er in die Teestube trat, saß Riemer, Eckermann usw. um den Tisch, und der alte Herr hatte seinen grünen Schirm vor den Augen, niemand sprach ein Wort, jeder hatte eine Flasche Rotwein vor sich. Als sich mein Vater vorstellen und anfragen wollte, was Seiner Exzellenz zu Diensten stehe, zischelte ihm Riemer leise zu: ›Die Exzellenz denkt.‹ Endlich um 10 Uhr wurde aufgebrochen mit der bekannten Äußerung: ›Ich wünsche den Freunden eine gute Nacht.‹ Am andern Morgen wußte die Exzellenz nichts mehr von der Einladung. Es war ihm wohl nur ein Gedanke durch den Kopf gegangen, wozu er meinen Vater brauchte und den er mit ihm besprechen wollte.« Keiner der Paladine hatte es gewagt, den Olympier beim Denken zu stören, aber auch für Professor Voigt war es selbstverständlich, daß er der Einladung sofort Folge leistete, zumal Goethe sich gern mit ihm über seine *Metamorphose der Pflanzen* unterhielt.

Immer öfter mußte der Greis nun Abschied nehmen, und dies nicht nur von Menschen, die mit ihm alt geworden waren. Im Juni 1829 kam die erst achtzehnjährige Prinzessin Augusta, um ihm Lebewohl zu sagen, eine Tochter des Großherzogs Carl Friedrich und der Großherzogin Maria Pawlowna. Sie hatte Goethe oft im Haus am Frauenplan besucht und stand jetzt vor der Abreise nach Berlin, wo sie Prinz Wilhelm von Preußen heiraten sollte. »Heute nahm Prinzeß Auguste freundlichst von mir Abschied«, schrieb der Dichter an Zelter, »sie ist wirklich so bedeutend als liebenswürdig. Mag es ihr wohlergehen in dem ungeheuer weiten und bewegten Elemente.« An der Seite Wilhelms wurde sie später Königin von Preußen und zuletzt noch Deutsche Kaiserin, aber die Versöhnung des Geistes von Weimar mit dem Geist von Potsdam gelang ihr nicht so recht. Die liberale Augusta, erste Beschützerin des Roten Kreuzes auf deutschem Boden und Bittgängerin französischer Franktireurs, scheitere an ihrem Erzfeind Bismarck, dessen Ernennung sie umsonst zu verhindern gesucht hatte.

Indessen begannen, unübersehbar und unüberhörbar, die Zeichen einer bevorstehenden Goethe-Dämmerung aufzuziehen, bei der sich die Deutschen in ihrer bekannten Manier, das eigene geistige Erbe gering zu achten, viel stärker hervortaten als die Ausländer.

Der Schriftsteller Willibald Alexis, der später mit historischen Romanen aus der brandenburgisch-preußischen Geschichte viele Leser fand, hatte Goethe bereits 1824 aufgesucht und war damals recht frostig abgefertigt worden. Im August 1829, kurz vor dem achtzigsten Geburtstag des Dichters, kam er noch einmal. Den Umschwung, den Goethes öffentliche Geltung in dem halben Jahrzehnt zwischen den beiden Besuchen erfahren hatte, vor allem bei zornigen jungen Leuten, beschrieb Alexis ziemlich genau: »Die Zwerge rüttelten am Throne des Giganten; und der Gigant, alt geworden, horchte auf ihr Treiben. Er horchte mehr, als wir annahmen. Seine Tafelrunde zündete Kerzen an ... und ließ Trompeten ... klingen, um das Nagen und Murmeln, das bald zu einem Sturm werden sollte, zu übertönen. Gewiß ein unrichtiges Verfahren; Goethe nickte auch wohl nur zu dieser Liturgie. Aber er sandte denen, die fest an ihm hielten, freundliche Sprüche zu.«

Das Gespräch fand im Gartenhäuschen an der Ilm, nicht im Haus am Frauenplan statt, was zu der gelösten, fast beschwingten Atmosphäre beigetragen haben mag. Alexis saß neben dem »Giganten« auf einem kleinen Kanapee und nahm verwundert wahr, »daß Goethe wärmerer Gefühle fähig sei, als man ihm zugestand«. Allerdings mischte der Geheime Rat »Hindeutungen auf eine allgemeine europäische oder Weltliteratur« ins Gespräch, die der Schriftsteller aus Preußen für »undiplomatisch« hielt, was soviel heißen mochte, daß sie in seinem eigenen patriotisch gestimmten Bild von der Welt nicht so richtig unterzubringen waren. Trotzdem bewies die Begegnung, daß Goethe in guten Stunden noch immer mit Charme und Überlegenheit zu gewinnen vermochte, auch einen Vertreter der jungen Literaten-Generation. Willibald Alexis schied jedenfalls »angenehm gesättigt« aus dem Gartenhaus. »Das Bild des edlen Greises, in dessen Zügen noch volle Erinnerung an die Götterkraft seiner Jugend blitzte, begleitete mich.«

Für die meisten Ausländer blieb Goethe eine unangefochtene Autorität, wohl überhaupt *die* literarische Autorität im damaligen Europa. Seine Vision einer Weltliteratur, die aus vielen nationalen Quellen gespeist sein sollte, mußte gerade die Repräsentanten von Völkern ansprechen, für die das Ringen um die eigene Sprache und Literatur identisch war mit dem Kampf um ihre nationale Würde und politische Souveränität. Das polnische Volk besaß seit den berüchtigten Teilungen kein eigenes Staatswesen mehr und war erst neuerdings wieder, auf dem Wiener Kongreß, in seiner Hoffnung darauf betrogen worden. Adam Mickiewicz, ein junger polnischer Poet, machte sich zum Anwalt seines Volkes und hatte dafür bereits Haft und Verbannung durch die russische Regierung erdulden müssen. Als er im Mai 1829 von Sankt Petersburg aus zu einer Auslandsreise aufbrach, kam er einem erneuten Haftbefehl der zaristischen Obrigkeit nur um wenige Tage zuvor.

Die Fahrt führte ihn zusammen mit seinem Freund, dem Schriftsteller Odyniec, von Hamburg über Berlin, Dresden, Prag und Karlsbad nach Weimar, wo sie am 19. August 1829 eintrafen und im »Elephanten« abstiegen. Die beiden polnischen Enthusiasten waren am Ziel ihrer Pilgerreise angelangt, deren verheißungsvoller Auftakt darin bestand, daß sie aus dem Kamin des Gartenhäuschens ein angekohltes Papierblättchen bargen, weil sie die Handschrift Goethes darauf erkannt hatten. Dann hörten sie Schritte näherkommen, so daß Mickiewicz gerade noch aus einer polnischen Dichtung zitieren konnte: »Man hört ein Gehen und ein hohes Schreiten.« Dann, schwärmte Odyniec, sei Jupiter hereingetreten, dessen Stirn auch ohne Diadem majestätisch erstrahlte. Mickiewicz will gar in der Iris von Goethes Auge den Ring des Saturn bemerkt haben! Im Lauf des Gesprächs wurde der »ganze Gang der polnischen Literatur« erörtert, »und zwar von der ältesten bis zu der neuesten Zeit«, wobei Mickiewicz immer wieder Wert darauf legte, die literarische Entwicklung aus den Epochen der polnischen Geschichte abzuleiten. Goethe unterbrach oft und würdigte zum Schluß eine Nationalliteratur, die bisher in Westeuropa kaum zur Kenntnis genommen worden war. Die beiden polnischen Gäste gewannen daraus eine Ermutigung, die sie bis ans Ende ihrer Tage beflügeln sollte und die auch in ihrer Heimat Resonanz fand. »Wie zum Teufel gescheut ist der!« Es war das erste Wort, das sich Mickiewicz von der Seele zu ringen vermochte, als die beiden ins Freie kamen und dort wieder Tritt zu fassen suchten.

Das Gespräch wurde noch am gleichen Tag im Haus am Frauenplan fortgesetzt, wo die beiden Polen nun regelmäßig eingeladen waren. Sie nahmen an der Feier zu Goethes achtzigstem Geburtstag teil und genossen auch die Abende in Ottilies Salon als Ehrengäste. Man sprach abwechselnd Deutsch und Französisch, über den *Faust*, Polen und die Weltliteratur. Gelegentlich gerieten die erhabenen Themen ein wenig aus dem Blickfeld, und es gab sogar Anlaß zum Gelächter. So entdeckte August von Goethe bei den Polen die *Römischen Elegien*, die er noch gar nicht kannte, weil sie ihm sein Vater infolge der darin enthaltenen erotischen Freizügigkeiten bisher vorenthalten hatte. Lachend versprach er, den Meister darüber zur Rede zu stellen, was ihm Mickiewicz ausreden wollte, »da es den Vater möglicherweise in Verlegenheit setzen könnte«. Woraufhin August »eine Menge noch gar nicht alter romanhafter Geschichtchen« zu erzählen begann, aus denen hervorging, *»qu'il est capable de s'amouracher encore aujourd'hui«*, daß er nämlich »noch heute fähig ist, sich in jemand zu vernarren«.

Nachdem Mickiewicz von Goethes Hofmaler Schmeller auch noch porträtiert worden war, veranstaltete Ottilie am Abend des 31. August 1829 für die beiden Polen einen Abschieds-Tee. Odyniec erbat vom Geheimen Rat zwei Schreibfedern, für Mickiewicz und sich selber. Dann nahte der Abschied, der wie ein Opern-Finale zelebriert wurde – übrigens keine Seltenheit in einer Zeit, für deren Menschen es selbstverständlich war, ihre Empfindungen in eine ästhetisch angemessene Form zu kleiden. Noch um Mitternacht berichtete Odyniec einem Freund: »Als er [Goethe] mir dann zum letzten Abschiede die Hand reichte, ergriff ich sie mit lauterer Rührung, und indem ich sie unterhalb des Ellbogens küßte, bat ich ihn um seinen Segen. Es mußte ihn nicht beleidigt haben, denn er faßte mich darauf an den Achseln und küßte mich auf die Stirne und nahm auf dieselbe Art von Adam Abschied, der ihn auf die Achsel geküßt hatte … Im Fortgehen nahm er die Kerze vom Tische, und an der Türe stehenbleibend, wandte er sich nochmals um und neigte die Hand wie vom Munde zu uns. Die Türe schloß sich, und wir werden ihn gewiß nie wiedersehen.«

Auch seine polnische Heimat sollte Mickiewicz nie wiedersehen. Er wurde der Schwiegersohn Maria Szymanowskas, die Goethe mit ihrem Klavierspiel zu Tränen gerührt hatte, lebte in Deutschland und Frankreich, wo die *Totenfeier* und *Pan Tadeusz* entstanden, zwei emblematische Werke der polnischen Literatur. Für sie erlangte er eine ähnliche Bedeutung wie Goethe für die deutsche, aber er starb 1855 in der Fremde, in Konstantinopel, bis zuletzt beschäftigt mit der Gründung einer polnischen Legion, die gegen die Russen kämpfen sollte. Erst 1890 wurde sein Sarg, unter düsterem Gepränge, in die Gruft der polnischen Könige auf dem Wawel in Krakau überführt.

Im Weimarer »Elephanten«, wo Mickiewicz und Odyniec Quartier bezogen hatten, trafen sie noch andere Gäste, die zu Goethes achtzigstem Geburtstag an die Ilm gereist waren. Einer von ihnen war Professor Lambert-Adolphe-Jacques Quetelet, Direktor der Sternwarte in Brüssel, dem der Geheime Rat seinen Garten für magnetische Messungen überließ, nicht ohne ihn mit der *Farbenlehre* zu konfrontieren. Ein anderer Besucher kam mit einem ganz besonderen Anliegen: der französische Bildhauer Pierre-Jean David d'Angers, der eine Monumentalbüste Goethes zu schaffen gedachte. In seiner Begleitung befand sich ein junger französischer Poet, Victor Pavie, offenbar ein ziemlich exzentrischer Mensch, der mit seinen lang herabfallenden Haaren an einen deutschen Burschenschafter erinnerte und für Goethe ein »krankes Bild« abgab. David hingegen war eine imponierende Erscheinung, ausgestattet mit einem Sinn fürs Heroisch-Überdimensionale. Victor Hugo hat ihn einmal mit Phidias verglichen.

Gewaltig sollte auch die Büste Goethes werden, an deren Erschaffung David nun ging. Nicht der Geheime Rat interessierte diesen Caesar der Bildhauerkunst, sondern der erhabene Jupiter, dem kein menschliches Maß frommt. Ein Zimmer im Haus am Frauenplan wurde zum Atelier umgewandelt, wo der Dichter länger als eine Woche dem Künstler Modell saß, obwohl der achtzigste Geburtstag mitten in diese Zeit fiel. Goethe, irritiert und fasziniert zugleich, schrieb darüber an Adele Schopenhauer: »Ich sehe eine ungeheure Masse Ton zusammengebracht und aufgetürmt und, zu meiner nicht geringen Verwunderung, mein Bildnis in kolossalen Verhältnissen heraussteigen. Glücklicherweise gelingt es ihm, nach und nach dem Werke natürliches Ansehen zu geben, so daß jedermann damit zufrieden ist.« Im Brief an eine andere Adressatin meinte Goethe, daß aus den Tonmassen, die in sein Haus gebracht wurden, »Gott, der Herr, mit aller Bequemlichkeit einen ganzen Adam herausgeknetet hätte«.

Während der Sitzungen und auch an der Mittagstafel, an der David zusammen mit Mickiewicz und Odyniec saß, wurden Gespräche geführt, »welche von Büsten, Bildsäulen, Denkmälern zu Türmen, Domen, Obelisken, Pyramiden und endlich bis zum Turme Babel gerieten«. Goethe verbreitete sich über den Gedanken des Freihandels, der viele Gemüter bewegte. Man erleichtere die Schiffahrt und bahne den Verkehr über die Berge, so sei es auch die Pflicht der Gebildeten, geistige Beziehungen zwischen den Völkern zu stiften. »Der Freihandel der Begriffe und Gefühle steigere ebenso wie der Verkehr in Produkten und Bodenerzeugnissen den Reichtum und das allgemeine Wohlsein der Menschen.«

Als sich am 9. September 1829 David und sein Begleiter verabschiedeten, war das Tonmodell zustande gekommen, daneben auch noch eine Porträtmedaille Goethes. Die Marmorbüste nach dem Modell meißelte David im heimischen Angers. Die fertige Büste traf erst im Juli 1831 in Weimar ein und wurde zu Goethes Geburtstag in der Bibliothek ausgestellt, jedoch unter Abwesenheit des Dichters. Sie erregte eine gewisse Ratlosigkeit, während Goethe, dem sie gefiel, sich an der öffentlichen Diskussion nicht beteiligte. Später gelangte sie in die Sächsische Landesbibliothek zu Dresden und ist dann, ganz im Sinne der von Goethe mit David geführten Gespräche, als ein Monument deutsch-französischer Verständigung denkwürdig geworden.

Mickiewicz, Odyniec, David und Pavie, zu denen sich auch der herbeigereiste Karl von Holtei gesellte, nahmen an den Feierlichkeiten zu Goethes achtzigstem Geburtstag teil, die wieder einmal, zum letztenmal, illustre Gäste in großer Zahl am Frauenplan versammelten. Sie wurden bereits am Vorabend, dem 27. August, in Ottilies Salon zu einem Ball geladen, den Odyniec den »Polterabend des morgigen Festes« nennt. Dieser fleißige polnische Protokollant schildert in einem Brief den Verlauf des »Polterabends«:

»Die ganze Gesellschaft Weimars und die von allen Seiten hergekommenen Gäste füllten die reichbeleuchteten Salons. Man sprach die Gratulation noch nicht formell aus, man spürte sie aber in allem. Alle Damen in glänzender Toilette, die Herrn mit weißen Halsbinden, auf den Tischen große Bouquets, überall festliche Kleidung und Drapierung. Goethe war als Sonne und Idol des Festes der Zentralpunkt, gegen den alles gravitierte. Die Menge folgte ihm; bei seiner Annäherung verstummte das Gespräch und lauschte man nur auf seine Worte. Er beteilte damit, langsam den Salon umschreitend, wohlwollend alle ... Trotz des wohlwollenden Sprechens und Lächelns konnte man aber unschwer erkennen, daß es nur eine angenommene Rolle sei, die er nur aus Zwang und des Anstandes wegen spielte. Auf seinem Statuengesichte war weder Bewegung noch Lebhaftigkeit zu gewahren. Auch seine Gegenwart wirkte durchaus nicht belebend. Solange er im Salon verweilte, bewegte sich das Gespräch wie in Fesseln; erst als er sich inkognito auf seine Zimmer zurückzog (das war etwa um 10 Uhr), wurde das Gemurmel allmählich lauter, bis zuletzt der ganze Salon davon erfüllt wurde.«

Am Morgen des 28. August gingen zunächst Gerüchte um, Goethe wolle dem Getümmel durch eine kleine Reise entrinnen. Erst als das Geschenk des Königs von Bayern eintraf, ein Gipsabguß des Torsos »Der Niobe Sohn«, entschloß sich der Jubilar zum Bleiben. Als Riemer nebst Gattin gegen zehn Uhr erschien und ein selbstverfaßtes Gedicht auf den Kredenzteller legte, fand er das Haus schon weidlich gefüllt mit Gratulanten, darunter den Schauspielern und Sängern des Theaters. Immer wieder führte Goethe seine Gäste vor die Plastik, die König Ludwig geschickt hatte, auch David d'Angers und die beiden Polen. Odyniec bewährte sich aufs neue als genauer Beobachter: »Später sah ich von weitem, wie er allein wieder hinzutrat, sie mit Aufmerksamkeit betrachtete und dabei die Hände und Finger bewegte, als wenn er mit jemandem spräche. Im allgemeinen war heute bei ihm unvergleichlich mehr Leben und Gefühl zu gewahren als gestern; und wer weiß, ob ihn diese tote Bildsäule, sei es als ein Werk der Kunst, sei es als ein Geschenk aus königlicher Hand, nicht mehr als die lebendigen Gäste bewegte.«

Gegen drei Uhr begann für die Herren das Mittagsmahl im Hotel »Zum Erbprinzen«, an dem die Ausländer – Polen, Belgier, Franzosen und Engländer – »gratis auf Kosten der freundlichen Bewohner Weimars« teilnahmen, wie wiederum Odyniec dankbar anerkannte. Die Damen hatten dafür das Vergnügen, zusammen mit Goethe bei Ottilie im Haus am Frauenplan speisen zu dürfen. Dann entwich der Jubelgreis doch noch mit Wölfchen, dem Enkel, ins Gartenhaus an der Ilm. Weitere Strapazen wollte er offenbar nicht mehr auf sich nehmen, denn im Tagebuch heißt es dann nur noch lapidar: »Abends allein. Frühzeitig zu Bette.«

Daß er solchen Anstrengungen künftig aus dem Weg ging, war durch sein hohes Alter zu erklären. Die gewinnenden Seiten seines Wesens hatten sich immer schon am überzeugendsten im kleinen Kreis, beim Umgang mit wenigen Menschen entfaltet, nie in großer Gesellschaft, in der Goethe oft ein gravitätisches, ja kuriales Gebaren herauskehrte. Er war ein Mann des Kammerspiels, nicht der rauschenden Hof- und Staatsaktion, in seinen späteren Jahren mehr als je zuvor. Auch reagierte er jetzt noch unwilliger, oft auch ratloser auf Individualitäten, die ihn störten oder gar verwirrten.

Kurz nach seinem achtzigsten Geburtstag kreuzte ein solcher Gast seine Bahn, vom Berliner Freund Zelter verheißungsvoll angekündigt. Der Geiger Niccoló Paganini, ließ Zelter verlauten, sei »ein vollkommener Meister seines Instruments«.

Am späten Abend des 29. September 1829 betrat Paganini das Haus am Frauenplan, zusammen mit einem kleinen Knaben, der sein Sohn war, und einem weiteren Begleiter. Er war auf der Durchreise von Frankfurt nach Leipzig und wohnte im »Erbprinzen«. Schon der Zeitpunkt seines Erscheinens paßte zu ihm, kam er doch manchem Zeitgenossen wie ein Nachtmahr vor, über den viele Schauergeschichten im Umlauf waren. Das äußere Bild, das er abgab, schien solche obskuren Anekdoten mit einem Hauch von Glaubwürdigkeit auszustatten. Das lange schwarze Haar hing strähnig über die Schultern herab. Die in tiefen Höhlen liegenden Augen blickten stechend und unstet. Die Gesichtsfarbe changierte ins Gelbliche. Die eingefallenen Wangen ließen die Backenknochen markant, fast fratzenhaft hervortreten. Die schmalen Hände, geübt im Hervorzaubern von Staccati, Pizzicati und den berühmten Teufelstrillern, vollzogen jede Wendung des Gesprächs ausdrucksvoll und nervös mit. So haben hypnotisierte Augen- und Ohrenzeugen den Hexenmeister geschildert, und ungefähr so hat er auch vor Goethe. Nur den schäbigen Geigenkasten, in dem er seine Cremoneser Violine und manchmal auch das opulente Honorar durch den Kontinent beförderte, hatte er wohl im Hotel gelassen.

Kein Zweifel: dieser Italiener hätte Winckelmann nicht gefallen, eher schien er einer Spukgeschichte E.T.A. Hoffmanns entstiegen zu sein! Das allein schon empfahl ihn nicht als einen Gast, der Goethe hätte angenehm sein können, auch nicht die vorgerückte Abendstunde seines Besuchs. Das

*Paganini in Weimar. Kupferstich von A. Böhme, 1829; oben links
Paganini mit dem Kapellmeister Johann Nepomuk Hummel.*

»Meteorische«, das Goethe später in Paganinis Konzert erlebte, fiel ihm wohl bereits an diesem Abend auf. Die kurze
Eintragung im Tagebuch verschweigt die innere Spannung
nicht, in die der Fremdling den Hausherrn versetzte, aber sie
klingt auch ein wenig reserviert: »Eine wundersame Erscheinung für den Augenblick. In Absicht wiederzukehren.«

Paganinis Wiederkehr erfolgte bereits einen Monat später,
als er ein sensationelles Konzert im Weimarer Theater gab.
Der Andrang des Publikums war, wie überall, so ungeheuer,
daß ihn die verstärkten Stadtwachen nur mühsam zu kanali-
sieren vermochten. Paganini brillierte mit einigen seiner
Glanzstücke, darunter der »Sonata militaria auf der G-Saite«.
Goethe saß in einer Parterre-Loge und ließ das akustische
Feuerwerk mit gemischten Gefühlen über sich ergehen, wie
er später Zelter gestand: »Mir fehlte zu dem, was man Genuß
nennt und was bei mir immer zwischen Sinnlichkeit und
Verstand schwebt, eine Basis zu dieser Flammen- und Wol-
kensäule.«

Paganini hatte doch nur einen musikalischen Exzeß, allenfalls einen Rausch für die Ohren entfesselt, natürlich zur
Begeisterung des Publikums, das ihn mit Ovationen über-
schüttete. Immerhin muß der Teufelsgeiger den Greis auch
weiterhin beschäftigt haben, denn Anfang März 1831 zählte
er ihn im Gespräch mit Eckermann zu den »dämonischen
Naturen«. Das Dämonische äußere sich, wie etwa bei Napoleon oder dem verstorbenen Großherzog Carl August, »in
einer durchaus positiven Tatkraft«. »Bei Paganini zeigte es
sich im hohen Grade, wodurch er denn auch so große Wir-
kungen hervorbringt.« Am Ende erhielt der geigende Magier
aus Genua, als »dämonische Natur«, doch noch ein Plätzchen
in Goethes Privat-Mythologie zugewiesen.

In seinen letzten Lebensjahren besuchten immer wieder
bedeutende Musiker den Dichter, vor allem namhafte Inter-
preten aus Oper und Konzert. Ein halbes Jahr nach Paganini,
im April 1830, kam Wilhelmine Schröder-Devrient nach Weimar, die gefeierte Primadonna der Dresdner Oper. Auch sie

war eigentlich, wie der italienische Violinvirtuose, eine Persönlichkeit, die nicht unbedingt dazu geeignet schien, Goethe zu gefallen. Die Selbstentäußerung, mit der sie sich in Beethovens *Fidelio*-Leonore oder in die Donna Anna des *Don Giovanni* zu verwandeln vermochte, ging über alles weit hinaus, was man bisher Sängern zugetraut hatte und war viel zu furios für Goethes konziliantes Kunstverständnis. »Unglücklich muß ein Künstler werden, will er die Weihe des Genius empfangen«, war ihr Grundsatz, den der Geheime Rat gewiß nicht gebilligt hätte.

Zu den Bedingungen, die sie beim Abschluß ihres Weimarer Gastspiels gestellt hatte, gehörte das Zustandekommen einer persönlichen Begegnung mit Goethe. Bei der Gage ließ sich die Schröder-Devrient um fast zwei Drittel herunterhandeln, auf den Besuch im Haus am Frauenplan bestand sie fest und unerbittlich. Zweimal, am 10. und am 24. April 1830, hat sie den Greis dort besucht und auch vor ihm gesungen. Sie sang Franz Schuberts Vertonung des *Erlkönigs* und konnte nicht wissen, daß der Komponist dieses Lied einst »in unbegränzter Verehrung« an Goethe geschickt hatte, aber der Dichter war stumm geblieben, da nach Auskunft seines Musik-Sachverständigen Zelter dergleichen Neutönerei nicht die Mühe lohnte. Jetzt, durch die hinreißende Interpretation der Schröder-Devrient, wurde er doch noch für das bisher gering geachtete Lied gewonnen. Der Weimarer Schauspieler Eduard Genast, dessen Frau die Sängerin am Streicher-Flügel begleitete, berichtet: »... obgleich er kein Freund von durchkomponierten Strophenliedern war, so ergriff ihn der hochdramatische Vortrag der unvergleichlichen Wilhelmine so gewaltig, daß er ihr Haupt in beide Hände nahm und sie mit den Worten: ›Haben Sie tausend Dank für diese großartige künstlerische Leistung!‹ auf die Stirn küßte; dann fuhr er fort: ›Ich habe diese Komposition früher einmal gehört, wo sie mir gar nicht zusagen wollte, aber so vorgetragen, gestaltet sich das Ganze zu einem sichtbaren Bild.‹« Leider konnte der Dichter diesen Sinneswandel dem genialsten Komponisten seiner Verse nicht mehr mitteilen, denn der ruhte schon seit zwei Jahren auf dem Währinger Friedhof in Wien.

Auf der Heimfahrt sagte die Schröder-Devrient zu Genast: »Das ist der schönste alte Mann, den ich je gesehen, in den könnte ich mich sterblich verlieben.« Auch dieses Urteil hat Gewicht, denn die temperamentvolle Blondine galt als leidenschaftlichen Erotomanin auf der Bühne und mehr noch im Leben!

Nicht als schönen alten Mann, sondern als bürgerlichen Spaziergänger in leicht devoter Haltung hat ein junger Engländer wenig später den Dichter gezeichnet. Es war der neunzehnjährige William Makepeace Thackeray, der damals selbst noch nicht ahnen konnte, daß er später der neben Charles Dickens bedeutendste Romancier der viktorianischen Zeit in England werden sollte. Er lebte einige Monate in Weimar, das dann, satirisch überhöht, als Großherzogtum Pumpernickel in seinem Roman *Jahrmarkt der Eitelkeiten* wiederkehren sollte. Daß Thackeray zu den beliebtesten Engländern in Weimar zählte, bezeugt Jenny von Pappenheim, eine Freundin Ottilies. Am 20. Oktober 1830 wurde der junge Mann von Goethe empfangen, worüber er noch am gleichen Tag seiner Mutter berichtete: »Heute sah ich zum ersten Male den alten Goethe. Er war sehr freundlich und empfing mich in einer mehr auszeichnenden Weise, als er es bei den andern Engländern hier gewöhnlich getan hat. Der alte Mann gibt zuweilen eine Teegesellschaft, zu der die Engländer und andere Begünstigte aus der Stadt eingeladen werden. Er schickte mir heute morgen eine Aufforderung, um 12 Uhr zu ihm zu kommen. Ich saß eine halbe Stunde bei ihm und verabschiedete mich beim Eintritt des Großherzogs.«

Frucht der Audienz war jenes Blatt, das Goethes Beifall wohl kaum gefunden hätte. Es ist zwar keine Karikatur, aber doch eine ironische Skizze, die ganz und gar nicht Jupiter, sondern den Geheimen Rat zeigt, dem man allerdings die Erfindung Mephistos durchaus zutraut. Die Zeichnung wurde in einer englischen Zeitschrift mit dem Untertitel

Goethe im Alter von 81 Jahren. Lithographie von Daniel Maclise nach einer Zeichnung William Thackerays.

The Baron of Goethe und einem Text von Thomas Carlyle veröffentlicht. Der schottische Historiker und Essayist Carlyle war damals bereits Goethes bedeutendster Herold in Großbritannien und überhaupt der wichtigste Mittler der deutschen Literatur im Inselreich. Er stand mit dem Dichter seit 1824 in enger Verbindung, lernte ihn aber persönlich nicht kennen, da er seine beiden Deutschland-Reisen erst nach Goethes Tod unternahm. So fehlt er unter den Gästen des Hauses am Frauenplan, unter denen ihm eigentlich ein Ehrenplatz gebührt hätte.

Alle Betriebsamkeit sowie der ungebrochene Zulauf der Gäste konnten nicht verhindern, daß auch der alte Goethe lernen mußte, sich in einer wachsenden Einsamkeit zu behaupten. Das hatte schon mit dem Tod Schillers begonnen, den ihm niemand zu ersetzen vermochte. Dann war durch das Hinscheiden Christianes ein Vakuum entstanden, das sich keiner ihrer zahlreichen Verächter vorstellen konnte. Mit dem Tod des Großherzogs Carl August hatte eine Gefährtenschaft ihr Ende gefunden, die weit mehr gewesen war als die lebenslange Beziehung eines Dichters zu seinem fürstlichen Mäzen. Den schwersten Verlust, der Goethe im hohen Alter noch treffen konnte, mußten ihm gegen Abend des 10. November 1830 der Kanzler von Müller und der Arzt Vogel eröffnen. In der Nacht vom 26. auf den 27. Oktober war in Rom der Sohn August nach kurzer Krankheit gestorben und anschließend auf dem kleinen protestantischen Friedhof bei der Pyramide des Cestius beerdigt worden.

Der Einundachtzigjährige soll die Nachricht mit Fassung und Ergebung aufgenommen haben. *Non ignoravi me mortalem genuisse! –* »Ich war mir wohl bewußt, einen Sterblichen gezeugt zu haben!« rief er aus, während sich seine Augen mit Tränen füllten. Zu Ottilie sagte er, sie bei der Hand fassend: »Wir müssen nun wohl um so fester zusammenhalten.« Das galt ganz besonders für die Enkel, die im Arbeitszimmer spielen durften, auch wenn der Geheime Rat diktierte. Den Kanzler von Müller ließ er wissen: »Ich muß erst suchen, eine neue Lebensbasis zu gewinnen, mich wieder zu sammeln, ehe ich den Anblick dritter Personen ertragen kann.« Damit waren nicht zuletzt die Gäste gemeint. Sonst durfte niemand August und seinen Tod erwähnen, was auch dessen Freund Karl von Holtei erfahren mußte.

Zwei Tage nach dem Empfang der Nachricht versuchte Goethe, an *Dichtung und Wahrheit* fortzuarbeiten. Dann, Ende November, streckte ihn ein Lungenblutsturz nieder, als Folge der ganz im Stillen betriebenen Trauerarbeit. Am 30. November heißt es im Tagebuch: »Die Nacht ruhig zugebracht. Früh wieder aufgestanden.« Am gleichen Tag schrieb er an Zelter: »Noch ist das Individuum beisammen und bei Sinnen. Glück auf!« Am 2. Dezember notierte Goethe: »Nachts an Faust gedacht und einiges gefördert.« Am 4. Dezember hielt er fest: »Einiges am Faust.« Zwei Tage später, am 6. Dezember, gestand er Zelter »Die mir auferlegten Lasten vermindern sich nicht, doch verteil ich sie auf Wohlgesinnte, die sich an diesem Falle doppelt erproben... Schon seit einiger Zeit trau ich dem Landfrieden nicht und befleißige mich, das Haus zu bestellen.«

Zelter, der ihn so oft auf Künstler neugierig gemacht hatte, die vom Berliner Publikum gefeiert wurden, wies Goethe auch jetzt noch einmal auf einen Schauspieler hin, der Ende 1830 in Weimar gastierte. Ludwig Devrient war im Schauspielhaus am Berliner Gendarmenmarkt zu legendärem Ruf gelangt. Mit einer beispiellosen Imaginationskraft vermochte er sich in die Gestalten des Welttheaters, von Franz Moor bis zu König Lear, zu verwandeln, und selbst die Schablonen-Figuren in den Machwerken von Iffland und Kotzebue wurden durch Devrients Kunst zu menschlich überzeugenden Charakteren. Allerdings war er schon nicht mehr frei von gelegentlicher Erschöpfung, denn seine Trunksucht und seine rücksichtslose Hingabe an die von ihm verkörperten Rollen hatten den einstigen Zechgenossen E.T.A. Hoffmanns vor der Zeit altern lassen.

Da Goethe das Theater nicht mehr betrat, erschien Devrient zweimal, am 20. und 23. Dezember 1830, im Haus am Frauenplan. Er gab Kostproben von zwei seiner exemplarischen Rollen zum besten: den Falstaff aus *König Heinrich IV.* und den Shylock aus dem *Kaufmann von Venedig.* Die beiden gegensätzlichen Shakespeare-Gestalten machten den Schwingungsreichtum sichtbar, den dieser Mime beherrschte. Er gab den Shylock als den geschundenen Angehörigen eines gleichermaßen auserwählten und verstoßenen Volkes, bei dem sich, wie Zelter schon geschrieben hatte, ein »unwillkürliches Mitleiden« aufdrängte. Während Devrient bei dieser Rolle schrille Töne bevorzugte, die erst zum Schluß hin in fast nur noch tonlos geraunte Worte übergingen, gedieh der Falstaff zu einem grinsenden Anti-Helden, der seiner barocken Leibesfülle eine schwerelos dahertänzelnde Eleganz abzugewinnen vermochte.

Die beiden Privatvorstellungen stimmten Goethe offenbar nachdenklich und nötigten ihm eine Art von widerwilliger Bewunderung ab, obwohl er hier eine Kunst der Menschendarstellung verwirklicht sah, die dem distinguierten Weimarer Stil, den er selber einmal als Theaterdirektor hatte durchsetzen wollen, diametral entgegengesetzt war. Auch konnte Devrient in seiner Gegenwart natürlich nicht, wie während eines Theaterabends, seine Zuflucht zum Alkohol nehmen, von dem er sich längst auf selbstzerstörerische Weise abhängig gemacht hatte. Jedenfalls schrieb der Dichter später an Zelter: »Devrient hat den Vorteil, daß er ein merkwürdiges Individuum ist, freilich jetzt in Trümmern, doch immer noch respektabel; und so läßt er die Ahnung, was er war, entstehen, anzüglich für einen jeden, der etwas dergleichen noch fühlen kann. Was haben wir nicht um alte Burgen herumgesessen, um ihnen künstlerische Ansichten abzugewinnen.« Der Anblick von Ruinen konnte dem alten Romfahrer immer noch ästhetische Einsichten verschaffen, auch wenn es sich um die Ruine eines großen Schauspielers handelte!

Den beiden Enkelsöhnen ließ Goethe in seinen letzten

Lebensjahren viele Freiheiten, besonders seit Augusts Tod. Wie August früher den Vater bei Hof und in der Gesellschaft vertreten hatte, so wurden jetzt die kleinen Enkel entsandt, nicht um den Großvater zu vertreten, aber doch um ihm wenigstens später zu berichten. Auch dem Gastspiel Devrients im Theater wohnten sie bei, und Wölfchen, erst zehnjährig, rief den »trefflichen« Mimen begeistert aus der Kulisse. Die Freude der Enkel konnte sogar maßgebend für die Einladung von Gästen sein. Ludwig Döbler, Taschenspieler und Zauberkünstler aus Wien, wäre wohl nie im Haus am Frauenplan vorgelassen worden, wenn da nicht die beiden Knaben gewesen wären. Am 23. Juni 1831 wurde er dorthin zitiert, um »Walthern einige Kunststücke zu lehren«. Zum Dank dafür schrieb Goethe dem Gaukler einen wohlwollenden Vers ins Album. Fügte es sich, daß dreizehn Personen an der Mittagstafel Platz nahmen, wurden schnell Walther und Wolfgang oder wenigstens einer von beiden herbeigeholt, um die Unglückszahl zu korrigieren.

Ein Jahr jünger als Walther, der erste Enkel, und ein Jahr älter als Wölfchen, der Zweitgeborene, war Clara Wieck aus Leipzig, die ihr Vater, der Klavierpädagoge Friedrich Wieck, zu einem pianistischen Wunderkind abgerichtet hatte. Der seit Mozart arg strapazierte Begriff erfaßte die Kunst des Mädchens eigentlich gar nicht, wie er auch zehn Jahre vorher nicht das Ingenium des kleinen Felix Mendelssohn zu charakterisieren vermocht hatte. Der strenge Wiener Musikkritiker Eduard Hanslick bemerkte wenig später, Clara sei »kein Wunderkind – und doch noch ein Kind und schon ein Wunder«. Etwas von diesem Flair, das sich jedem Klischee von vornherein entzog, muß auch Goethe gespürt haben, als das Mädchen, kaum ein halbes Jahr vor seinem Tod, zweimal im Junozimmer spielte.

Der alte Wieck hatte es direkt darauf angelegt, Clara vor Goethe konzertieren zu lassen. Reklamebewußt, wie er war, gedachte er diesen Auftritt als Werbung auf der ersten großen Tournee zu nutzen, an deren Beginn Vater und Tochter standen. Goethe, des Lobes voll, notierte gleich nach Claras erstem Besuch am 1. Oktober 1831: »Ein sehr geschicktes Frauenzimmerchen, Pianoforte spielend, von ihrem Vater angeführt, hatte sich bei mir hören lassen.«

Etwas genauer schildert Friedrich Wieck die Begebenheit in seinem Tagebuch: »Den 1. Oktober mittags 12 Uhr hatten wir Audienz bei dem dreiundachtzigjährigen Minister Exzellenz von Goethe. Wir fanden ihn lesend, und der Bediente führte uns ein ohne weitere Anmeldung, nachdem er uns den Tag vorher zu dieser Zeit hatte bestellen lassen. Er empfing uns sehr freundlich; Clara mußte sich zu ihm auf das Sofa setzen. Bald darauf kam seine Schwiegertochter mit ihren beiden sehr geistreich aussehenden Kindern von zehn bis zwölf Jahren. Clara wurde aufgefordert, zu spielen, und da der Stuhl vor dem Klavier zu niedrig war, holte Goethe selbst aus dem Vorzimmer ein Kissen und legte es ihr zurecht... Während des Spiels kam noch mehr Besuch, und sie spielte dann noch Bravour-Variationen von [Henri] Herz, op. 20. – Goethe fällte über die Kompositionen und das Spiel der Clara ein sehr richtiges Urteil, nannte die Kompositionen heiter und französisch pikant und rühmte Claras Eindringen in diesen Charakter.« Einer nachgetragenen Tagebuchnotiz Wiecks zufolge soll Goethe noch hinzugefügt haben: »Über Claras Darstellung vergißt man die Komposition.« Das Spiel der kleinen Virtuosin beeindruckte ihn also mehr als die Stücke eines beliebten, später jedoch vergessenen Modekomponisten.

Bei Claras zweitem Konzert im Haus am Frauenplan, das am 9. Oktober 1831 stattfand, soll Goethe gesagt haben: »Das Mädchen hat mehr Kraft als sechs Knaben zusammen.« Später überreichte er ihr eine Medaille mit seinem Porträt und der eingravierten Inschrift »Der kunstreichen Clara Wieck«. Es war geradezu ein Ritterschlag, mit dem nicht einmal der ehrgeizige Vater Wieck gerechnet hatte, der denn auch diese Neuigkeit sofort in die Zeitungen lancierte.

Clara Wiecks Tournee, die mit dem Spiel vor Goethe begonnen hatte und bis nach Paris führte, wurde ein Triumph. Es war der Auftakt einer einzigartigen Künstlerlaufbahn. Später wurde aus der gefeierten Pianistin die Frau Robert Schumanns, die Freundin von Johannes Brahms und schließlich die musikalische Kultfigur ihres Jahrhunderts. Sie starb erst 1896 in Goethes Geburtsstadt Frankfurt, als einer der letzten Menschen, die noch eine lebendige Erinnerung an den Dichter des *Faust* bewahrten.

Wenn Goethe, gegen Ende seines Lebens, die vielen Gäste Revue passieren ließ, die ihn in Weimar besucht hatten, so konnte er Rückschau halten auf zahllose Gestalten, die aus der Sphäre der Künste und der Literatur zu ihm gekommen waren: von Jakob Michael Reinhold Lenz, dem ersten Nachtgast im Gartenhäuschen, bis hin zur »kunstreichen Clara Wieck«. Naturforscher waren in reichem Maße darunter gewesen, auch die Träger alter Kronen, und selbst aus dem Erscheinen ungebetener Gäste, der Marschälle und Generäle, hatte der konziliante Hausherr noch das Beste zu machen gewußt. Jetzt aber, in seinen letzten Lebensjahren, kamen mehrfach Gäste aus einem ganz anderen Bereich menschlicher Kreativität. Am 2. Mai 1830 überbrachte ein Besucher aus dem Elsaß das Modell einer Dampfmaschine, »ein sehr kompliziertes und schwer zu begreifendes Maschinenwerk«, wie Goethe das Geschenk kopfschüttelnd im Tagebuch nennt. Noch am 27. Februar 1832, keine vier Wochen vor seinem Tod, erhielt er von einem Engländer eine Schrift über die Eisenbahn, die neuerdings von Liverpool nach Manchester fuhr, »ein interessantes Heft«, wie Goethe ausdrücklich anmerkt. Diese Gabe wurde durch das Modell der Eisenbahn vervollständigt: einer Lok mit Tender, hergestellt nach George Stephensons berühmter Lokomotive »Rocket«, sowie einem Wagen in Form einer Kutsche mit der Aufschrift »Rail Road Company«. Der Patriarch schenkte das Modell als Spielzeug seinen Enkeln.

Goethe war nie ein Feind der Technik, seit er einst in Ilmenau den Bergbau wieder zu aktivieren versucht hatte.

Auch war er viel zu lebhaft an allem Neuen interessiert, als daß er vor dem Fortschritt einfach hätte die Augen verschließen können. Aber die Geschenke, die ihm jetzt manche Gäste mitbrachten, stürzten ihn doch ins Grübeln, besonders solche, die durch die Produktion und Nutzbarmachung des Dampfes bisher unerhörte Energien freisetzten. Daß die Dampfmaschinen nicht zu »dämpfen« waren, wußte er, jedoch mußte die neugewonnene Dynamik bedenkliche Folgen haben, wenn sie aufs Geistige und Sittliche übergriff. In den *Maximen und Reflexionen* steht der Satz: »Die Lebhaftigkeit des Handels, das Durchrauschen des Papiergelds, das Anschwellen der Schulden, um neue Schulden zu bezahlen, das alles sind die ungeheuern Elemente, auf die gegenwärtig ein junger Mann gesetzt ist.« Goethes Faszination begann einer gewissen Skepsis zu weichen, auch wohl der Frage, welchen Preis der Fortschritt hat. Die Gaben einiger Gäste schienen die Befürchtungen zu bestätigen, die das Mädchen Nachodine in den *Wanderjahren* ausspricht: »Das überhandnehmende Maschinenwesen quält und ängstigt mich, es wälzt sich heran wie ein Gewitter, langsam, langsam; aber es hat seine Richtung genommen, es wird kommen und treffen.«

Der letzte auswärtige Gast, den Goethe willkommen heißen konnte, gehörte einem anderen, vertrauteren Lebenskreis an, der dem Dichter freilich nicht immer nur Freude bereitet hatte. Der Gast war Siegmund von Arnim, der neunzehnjährige Sohn Bettines und des kurz zuvor verstorbenen Achim von Arnim. Er hielt sich vom 10. bis zum 15. März 1832 in Weimar auf, wurde im Haus am Frauenplan zuvorkommend bewirtet und fast täglich zum Essen eingeladen. Zum Abschied schrieb Goethe ihm einen merkwürdigen Vierzeiler ins Stammbuch, der fast wie eine Bannformel klingt. Vielleicht wollte er damit einen Schlußstrich unter sein Verhältnis zu Bettine ziehen, das immer starken Schwankungen ausgesetzt war. Es sind die letzten Verse, die der greise Dichter zu Papier gebracht hat:

Ein jeder kehre vor seiner Tür,
Und rein ist jedes Stadtquartier:
Ein jeder übe seine Lektion,
So wird es gut im Rate stohn!

Der Jüngling war offensichtlich mit seinem Besuch zufrieden, über den er sogleich seiner Mutter berichtete: »Sobald ich kam, fragte er, was ich gesehn, empfahl mir dieses und jenes, belehrte mich und behandelte mich überhaupt mit solcher Auszeichnung, daß man allgemein glaubte, ich sei bei der französischen Gesandtschaft in Paris angestellt.« Nicht ganz zufrieden schien Bettine zu sein, die unbedingt wissen wollte, was denn der Meister über sie selber gesprochen habe.

Hierauf mußte sie sich von dem Sohn beinahe eine Zurechtweisung gefallen lassen. »Ich glaubte, ich hätte Dir schon aus Weimar geschrieben, daß er Dich wegen Deines Talents gelobt und mir eine Empfehlung an Dich aufgetragen. Das scheint Dir wenig, mir aber nicht, und wenn Du den Mann gesehen hättest, wie er nicht mehr in der Welt lebte, sondern nur noch wie in einem Buche darin herumblätterte, Du würdest ihm großen Dank wissen, daß er sich mit großer Freundlichkeit nach allen Deinen Verhältnissen und nach unserer ganzen Familie erkundigte.« Der Neunzehnjährige hat diesen Brief wohl schon mit dem Wissen um Goethes mittlerweile erfolgten Tod geschrieben.

Die letzte Besucherin, die am 15. März 1832, eine Woche vor Goethes Tod, über den Gruß SALVE hinweg die Empfangsräume des Dichters betrat, war die Großherzogin Maria Pawlowna. Seit geraumer Zeit besuchte sie Goethe allwöchentlich, jeden Donnerstagvormittag. Sie war eine Enkelin Katharinas der Großen, eine Tochter des ermordeten Zaren Paul, eine Schwester der Zaren Alexander und Nikolaus. Sie brachte die Erinnerung an das riesige Reich im Osten mit und mußte sich, als deutsche Fürstin, in eine Kleinwelt fügen, was sie nicht daran hinderte, eine Mäzenin und Sozialfürsorgerin großen Stils zu werden. Zwischen ihr und Goethe hatte sich seit langem ein von tiefem gegenseitigen Respekt getragenes Verhältnis entwickelt. Vielleicht hat es die Großherzogin ahnen lassen, daß von Weimar aus nicht nur ein bescheidenes deutsches Ländchen, sondern ein weites Reich regiert wurde, freilich nicht von ihr, Maria Pawlowna, sondern von demjenigen, den sie am 15. März 1832 zum letzten Mal besuchte.

In der einen Woche, die Goethe noch verblieb, sah er keinen Gast mehr, nur die wenigen Getreuen, die den Kranken besuchten, von dem sie sich nicht vorstellen konnten und wollten, daß er ein Sterbender war. Der Gastgeber wurde wieder zum Gast, der nun zum Abschied rüstete.

Der Tod trat am Donnerstag, dem 22. März 1832, um halb zwölf Uhr mittags ein. Goethe ist zwar nicht öffentlich gestorben, wie ein großer Herr des Ancien régime, aber doch umgeben von seinen Paladinen: dem Kanzler von Müller, Eckermann, Riemer, Soret, Coudray, nicht zu vergessen Ottilie, den Arzt Vogel und den Diener Friedrich Krause. Die beiden Enkelsöhne Walther und Wolfgang wurden erst später hereingerufen und zum Niederknien angehalten. Ein junger Weimaraner namens Gille, der später Geheimer Hof- und Justizrat in Jena wurde, will auf das Gerücht von Goethes Tod zum Haus des Dichters geeilt und ungehindert bis zur Tür des Sterbezimmers gelangt sein. Dort habe er, erzählte er immer wieder, die schweigende Gruppe gesehen, geschart um den Toten im Lehnstuhl.

Es war erst wenige Wochen her, als sich Goethe, in Gegenwart des Freundes Soret, einmal gefragt hatte: »Was bin ich denn selbst?« Er fragte weiter: »Was habe ich denn gemacht?« Dann zog er die Bilanz, die Soret sorgsam aufschrieb: »Ich sammelte und benutzte alles, was mir vor Augen, vor die Sinne kam. Zu meinen Werken haben Tausende das ihrige beigetragen, Toren und Weise, geistreiche Leute und Dummköpfe, Kinder und Greise. Sie alle kamen und brachten mir ihre Gedanken, ihr Können, ihre Erfahrungen, ihr Leben und

ihr Sein. So erntete ich oft, was andere gesät; mein Lebenswerk ist das eines Kollektivwesens und dieses Werk trägt den
Namen Goethe.«

Dabei hat er sicher auch an die zahllosen Gäste gedacht,
die an ihm im Haus am Frauenplan vorübergezogen sind.

Auswahlbibliographie

Werkausgaben Goethes wurden in dieses Verzeichnis nicht
aufgenommen, ebenso verhält es sich mit den zahlreichen
Titeln, die sich mit einzelnen Gestalten sowie Gästen Goethes
beschäftigen. Gerade da, wo es um die silhouettenartige
Darstellung dieser Persönlichkeiten ging, wurde aus einer
Vielzahl von Monographien, Biographien und Briefsamm-
lungen geschöpft.

Goethes Briefe. Textkritisch durchges. und mit Anmerkungen
vers. von Karl Robert Mandelkow. 4 Bde. Hamburg 1962–
1967. Ergänzungsbände: Briefe an Goethe. 2 Bde. Hg. von
Karl Robert Mandelkow. München 1965–1969. Zusammen
als: *Goethe Briefe und Briefe an Goethe.* Hg. von Karl Robert
Mandelkow. München 1988
Briefe an Goethe. Gesamtausgabe in Regestform. Hg. von Karl-
Heinz Hahn, ab den Ergänzungsbänden zu den Bd. 1–5 hg.
von der Stiftung Weimarer Klassik. 5 Bde. und 1 Ergän-
zungsband. Weimar 1980–1995
Johann Wolfgang Goethe. Tagebücher. Band I, 1 und 2. Stuttgart/
Weimar 1998
*Goethes Gespräche. Eine Sammlung zeitgenössischer Berichte aus
seinem Umgang.* Auf Grund der Ausgabe und des Nachlasses von Flodoard Frhr. von Biedermann erg. und hg.
von Wolfgang Herwig. 5 Bde. Zürich/Stuttgart 1965–1987

BIEDRZYNSKI, EFFI: *Goethes Weimar. Das Lexikon der Personen
und Schauplätze.* Zürich 1992
BODE, WILHELM: *Goethe in vertraulichen Briefen seiner Zeitgenossen.* Quellennachweis, Textrevision und Register: Re-

gine Otto. Anmerkungen: Paul-Gerhard Wenzlaff. 3 Bde. Berlin/Weimar 1979

BOYLE, NICHOLAS: *Goethe. Der Dichter in seiner Zeit.* Bisher 2 Bde. Bd. 1: 1749–1790. Bd. 2: 1790–1803. Aus dem Engl. übers. von Holger Fliessbach. München 1995–1999

CONRADY, KARL OTTO: *Goethe. Leben und Werk.* Bd. 1: Hälfte des Lebens. Bd. 2: Summe des Lebens. 1. Aufl. Königstein/ Ts. 1982/1985; Neuauflage in einem Band: München 1994

DOBEL, RICHARD (Hg.): *Lexikon der Goethe-Zitate.* Zürich 1968; Neuauflage: München 1995, 1997

EISSLER, KURT ROBERT: *Goethe. Eine psychoanalytische Studie.* 2 Bde. Basel 1983/1985

FRIEDENTHAL, RICHARD: *Goethe. Sein Leben und seine Zeit.* München 1963

GOETHE-HANDBUCH. Hg. von Bernd Witte, Theo Buck, Hans-Dierich Dahnke, Regine Otto und Peter Schmidt. 5 Bde. Stuttgart/Weimar 1996–1999

GÖTTING, FRANZ: *Chronik von Goethes Leben.* 11.–16. Tsd. Leipzig 1957

JESSING, BENEDIKT: *Johann Wolfgang Goethe.* Stuttgart, Weimar 1995

JESSING, BENEDIKT/BERND LUTZ/INGE WILD (Hg.): *Metzler Goethe Lexikon.* Stuttgart/Weimar 1999

KLESSMANN, ECKART (Hg.): *Goethe aus der Nähe. Berichte von Zeitgenossen.* (Auswahl aus dem Werk *Goethes Gespräche,* hg. von Biedermann und Herwig.) Zürich/München 1994

LANDGRAF, HUGO: *Goethe und seine ausländischen Besucher.* In: »Mitteilungen zur wissenschaftlichen Erforschung und zur Pflege des Deutschtums«/Deutsche Akademie, München, Nr. 4, Dezember 1932

MAUL, GISELA/MARGARETE OPPEL: *Goethes Wohnhaus.* Mit Beiträgen von Erich Trunz, Katharina Krügel, Marie-Luise Kahler. München/Wien 1996

MICHEL, CHRISTOPH (Hg.): *Goethe. Sein Leben in Bildern und Texten.* Frankfurt a. M. 1982

NAGEL, JOACHIM: *Zu Gast bei Goethe. Der Dichterfürst als Genie-ßer.* München 1998

NICOLAI, HEINZ: *Zeittafel zu Goethes Leben und Werk.* (Abdruck aus: Goethes Werke. Hamburger Ausgabe. Hg. von Erich Trunz. Bd. 14. 5., überarb. Aufl.) München 1977

STEIGER, ROBERT/ANGELIKA REIMANN: *Goethes Leben von Tag zu Tag. Eine dokumentarische Chronik.* 8 Bde. Zürich 1982 bis 1996

VÖLKER, WERNER (Hg.): *Bei Goethe zu Gast, Besucher in Weimar.* Frankfurt a.M./Leipzig 1996. (insel tb. Bd. 1725.)

WILPERT, GERO VON: *Goethe-Lexikon.* Stuttgart 1998

Personenregister

Kursiv gesetzte Angaben beziehen sich auf Bildseiten

Humboldt, Wilhelm von 38, 60,
76, 80–83, 114, 149, 196
Hummel, Johann Nepomuk
206, 209, 213, *241*

Iffland, August Wilhelm 77, 78,
247

Jacobi, Friedrich Heinrich 39,
40, 41
Jagemann, Caroline 179
Jean Paul (Johann Paul Fried-
rich Richter) 66, 83 ff., *87*
John, Johann August Friedrich
196
Johnson, Ben 100
Joseph II., röm.-dt. Kaiser 25

Kaaz, Carl Ludwig 141
Kalb, August von 1 f.
Kalb, Carl Alexander von 2 f., 6,
206
Kalb, Charlotte von 79 f., 83
Karl Eugen, Herzog v.
Württemberg 194
Katharina II. die Große, Zarin
177, 253
Kayser, Philipp Christoph 22
Keller, Gottfried 32
Kestner, Charlotte geb. Buff
162 ff.
Kirms, Franz 163
Klauer, Martin Gottlieb 36
Klinger, Friedrich Maximilian
14, 19, 20, 41
Klopstock, Friedrich Gottlieb 5,
7, 92
Knebel, Carl Ludwig von 3, 78,
92, 116, 123, 153, 168
König, Dietrich August 6
Koreff, David Ferdinand 155

Körner, Christian Gottfried 49,
78, 89, 110, 187
Kotzebue, August von 111, 126,
167, 247
Kraus, Georg Melchior *17*, 78,
85
Krause, Friedrich 254
Kräuter, Friedrich Theodor
David 186
Kügelgen, Gerhard von 138,
139, 140, 141

Landolt, Salomon 32, 33
Lang, Karl Heinrich Ritter von
198
Lannes, Jean, Herzog von
Montebello 128, 138
Lavater, Johann Caspar 19, 23,
31, 42, 43, 44
Leisewitz, Johann Anton 22
Lenz, Jacob Michael Reinhold
11–14, 19 f., 41, 251
Leopold III. Friedrich Franz,
Fürst von Dessau 34
Levetzow, Ulrike von 189 f., 194
Lips, Johann Heinrich 55, 56, *57*
Loder, Justus Christian 129
Louise, Herzogin, ab 1815
Großherzogin von Sachsen-
Weimar-Eisenach 3, 8, 12, 25,
60, 123, 129, 146, 166, 205, 228
Luden, Heinrich 151
Ludwig I., Kronprinz, ab 1825
König von Bayern 125, 182,
216 ff., *219*, 224, *226*, 239
Ludwig XVI., König von
Frankreich 70
Ludwig XVIII., König von
Frankreich 142
Luise, Königin von Preußen
181

Bildnachweis

Stiftung Weimarer Klassik: 9, 17, 29, 35, 57, 65, 69, 75, 103, 131, 159, 173, 193, 199, 207, 219, 223
Goethe-Museum, Düsseldorf: 137, 139, 203, 226, 241
Freies Deutsches Hochstift / Frankfurter Goethe-Museum: 245
Bayerische Staatsgemäldesammlungen, München: 227
Fogg Art Museum, Harvard University Art Museums, Bequest of Grenville L. Winthrop, Photographic Services, Cambridge, MA. © President and Fellows of Harvard College: 87